John Bannon

HIGH CALIBER

ジョン・バノン
カードトリック

ジョン・バノン［著］
富山達也［訳］

東京堂出版

✺ HIGH CALIBER

ジョン・バノン カードトリック
HIGH CALIBER

著
ジョン・バノン
(John Bannon)

訳
富山 達也

日本語版
東京堂出版

High Caliber
By John Bannon

Photographs by Jessica Bannon

Copyright © 2013 John Bannon. All rights reserved. No portion of the book or any of its contents may be reproduced by any means now known or to be invented without written permission from the publisher.

本書は John Bannon から翻訳の許可を得て出版したものである。

ジェシカに捧ぐ

この芸術はきわめて素晴らしいにもかかわらず、未だ栄誉に浴してはいない……。その理由は様々であるように思われる。まず、役に立つ類のものではない、と見做されていること。次に、これが程度の低い者たちによって行われるからであろう。

ジェロラモ・カルダーノ
『*De Subtilitate*』（『精妙さについて』, 1554)

序文

拙著『Dear Mr. Fantasy』を世に出したのが、およそ10年も前のことだとは、にわかには信じ難いことです。あの本の出版以降も、私のノートからですとか、新しく作った諸々のトリックを印刷物として発表してきました。本書『High Caliber』は、そんな『Dear Mr. Fantasy』以降に私が出版したすべてをひとまとめにしたものです。

トリックの大部分は、一連の自費出版小冊子からです。オンデマンド出版という安価なサービスの到来は、こういったちょっとした小冊子を作るのを楽に（そしてある意味で面白く）してくれました。私は小冊子というスタイルが大好きです。小さくて、カラフルですし、便利で扱いやすい。私はこれからもきっと、そういった小冊子形式のものを作り続けていくでしょう。

ですが同時に、これまで出してきた多くの冊子を、よりしっかりとした、より永続的なかたち、すなわちハード・カバーの本へとまとめあげるタイミングだとも思ったのです。今回私は、自分の出した7冊すべての小冊子と、『MAGIC Magazine』に載せたトリックの数々、そしていくつか他に寄稿したものをひとまとめにしました。

全部で40作品以上のトリックです。

少し見方を変えてみれば、私はただ漫然と待ち続けていたのではなく、この本を10年間にわたって書き続けてきたともいえるでしょう。

その間に、いくつかのトリックについては再発表したり、またオーバーホールした上で再発表したりしました。あるトリックの特定のバージョンが、何らかの理由によって陳腐化してしまったら、私はそれを躊躇なく捨て去ってきたのです。

しかしながら、本書には2つほど例外があります。まず"Origami Poker Revisited"、これは私のレクチャー・ノート『Six. Impossible. Things.』が初出で、そのあと内容を会話調にしたものを『MAGIC Magazine』に載せました。本書には両方とも収録しています。

同様に、"Fractal Recall"（私の大のお気に入りです）は、初出が『Mega 'Wave』、そして手直ししたものが『Shufflin'』にと、2箇所に登場します。出だしの部分が少々変わっているだけなのですが、それぞれにメリットがあるものです。どうか、この僅かな重複をお許しください。

これまで1冊でも、もしくはそれ以上の小冊子をお手に取ってくださったことのある皆さま、長年にわたるご支援、ありがとうございます。あなたという刺激があったからこそ、私はいままでこ

ういった小冊子を書き続けることができました。それらの小冊子はいまや絶版となりました。永遠に。

　私は常に、お互いが作用しあえる"セッション"が存在するように、ものを書こうとしてきました。"教師"としてではなく、"仲間"として。

　『Dear Mr. Fantasy』でも書いた通り、『あなたがこれらのトリックを気に入ってくれることを望みますし、それがうまくいけばきっと、"私たちが好きなあるひとつのこと"については共に時を過ごせた、そう感じて本書を読み終わることができると思います』。

ジョン・バノン
イリノイ州　シカゴにて

謝辞

"マジック"というのは、直接的にも間接的にもコラボレーションのアート、すなわち、多くの関わりあいによって作り上げられてきた芸術分野です。間接的な関わり、というのはインスピレーションや背景、基盤といったものを提供してくれる人たちのことですね。マジックというのはある意味では常に、クリエーターたちの影響の産物ですから。そして直接的な関わり、そこにこそマジックの楽しみがあるといえるでしょう。

トリックの創作や執筆、各『小冊子』、そしてこの総まとめ本に関しては、たくさんの人たちが手助けしてくれました。

"シカゴ・セッション[1]"において、サイモン・アロンソンとデイヴ・ソロモン両氏は、常に有益な批評とインスピレーションを与えてくれました。

ラジ・マドホクは、疲れ知らずの編集者であると同時に、長きにわたる相談役であり親友です。

マイク・ヴァンスは、本プロジェクト全体の質を高めるのに、最後の最後まで、きわめて重要な校正をしてくれた人物です。発行者であるゲーブ・ファジュリは、内に外にと懸命にプロジェクト全体を整えてくれました。

オーウェン・パッカードは、ビデオ撮影で私を見栄えよく撮ってくれたのみならず、広告をばんばん打って販売促進に勤しんでくれました。『Magic Seen』と『Magic Magazine』での私の特集記事が組まれたのは彼のおかげなのです。

常に創造性溢れるカード・マジック界のスター、リアム・モンティア。彼は注目に値する人物です。私は自作のトリック以外に、実演可能なときにはいつでも演じているトリックが3つあります。そのひとつはリアムの作品です。

ジョン・バノン

訳注1：バノン、アロンソン、ソロモンの3氏は、シカゴのFrances' Deliにて毎週土曜日に手品の会合をしており、それをシカゴ・セッションと称しています。サーモン・サンドイッチのトマト抜きを頼めばバノン気分。

目次

✸ Fractal Card Magic (2008) — *1*
    The Royal Scam ………………………………… *2*
    Duplicity ……………………………………… *13*

✸ Six. Impossible. Things. (2009) — *23*
    Counterpunch ………………………………… *24*
    4 Faces North ………………………………… *31*
    Watching the Detectives …………………… *34*
    New Jax ……………………………………… *39*
    Full Circle …………………………………… *44*
    Origami Poker Revisited …………………… *46*
    Riverboat Poker ……………………………… *48*
    The Einstein Overkill ……………………… *57*

✸ Open and Notorious (2009) — *63*
    Opening the Open Prediction ……………… *64*
    Fifty-One Fat Chances ……………………… *67*
    Que Será Será ………………………………… *73*
    View to A 'Skill ……………………………… *78*

✸ Mega 'Wave (2010) — *89*
    Mega 'Wave …………………………………… *90*
    Fractal Re-Call ……………………………… *100*
    Short Attention Scam ……………………… *109*
    Mag-7 ………………………………………… *115*
    Fractal Jacks ………………………………… *120*
    Wicked! (Transposition) …………………… *125*

✸ Bullet Party (2011) — *131*
    Bullet Party ………………………………… *132*
    Bullet Catcher ……………………………… *144*
    Drop Target Aces …………………………… *148*
    Four Shadow Aces …………………………… *155*
    Flipside Assembly …………………………… *163*
    Big Fat Bluff Aces …………………………… *169*
    Box Jumper …………………………………… *177*

Fat City Revisited ··· *185*
　　　Poker Pairadox Redux ·· *192*
　　　Question Zero ·· *200*
　　　The Elias Multiple Shift ·· *205*
　　　Crocodile False Cut ··· *208*
　　　Flytrap False Cut ··· *211*

✹Triabolical（with Liam Montier, 2011） — *215*
　　　B'rainiac（Bannon / Montier）································ *216*
　　　Short Attention Spin（Bannon）······························ *226*
　　　Montinator 5.0（Montier）······································ *231*

✹One Off — *237*
　　　Aces Over Easy（2010）·· *238*
　　　One of the Better Losers（2012）··························· *241*
　　　Cull de Stack（『Dear Mr. Fantasy』より再掲）············ *247*

✹All In（MAGIC Magazine, February 2012）— *249*
　　　Chronic··· *250*
　　　Buf'd ·· *259*
　　　Origami Poker Revisited ······································ *267*
　　　Ion Man ··· *277*
　　　Bannon at the Sidebar（Raj Madhok）···················· *286*

✹Shufflin'（2012）— *289*
　　　Spin Doctor（D. Solomon）···································· *290*
　　　The Power of Poker ·· *303*
　　　The Bannon Triumph ·· *311*
　　　Fractal Re-Call（Remix）·· *315*
　　　Origami Prediction ··· *324*

訳者あとがき·· *333*

Fractal Card Magic (2008)

How they are paid in gold
Just to babble in the back room
All night and waste their time…

See the glory
Of the Royal Scam

Steely Dan
The Royal Scam

The Royal Scam

Précis

ロイ・ウォルトンのクラシック作品"Cascade"の発展版です——ステロイドをぶちこんだみたいな。

何枚もの、同一の赤裏♠Aが示されます。それらAのうち何枚かを裏向きにひっくり返し、残りは表向きのままにします。にもかかわらず、Aのパケットはいつの間にかすべて表向きになり、そしてまたすべて裏向きになります——ほとんど魔法のように。すべてのカードの表と裏が繰り返し示されます。

その手続きによって、Aの山が2つできます。ひとつは表向き、もうひとつは裏向き。

予想もしなかったことに、表向きの山のAをひっくり返していくと、裏面がすべて異なったものになっているのです。

さらなる驚きとして、残った裏向きの『A』の山を表向きにすると、スペードのロイヤルフラッシュになってしまっています。

エンド・クリーンで、すべて検め可能です。パームや難しいスライト・オブ・ハンドは使いませんし、何かを付け加えたり取り除いたりもしません。

Mise En Scène

Materiel

バイシクル[1]の赤裏デックの、スペードのロイヤルフラッシュが一揃い必要です（♠A、♠K、♠Q、♠J、♠10）。加えて、それぞれ裏面のデザインが違う4枚の♠Aが必要です（写真1）。

これらのカードは特殊な加工や印刷が施されたものではないので、自分で集めてセットを作ることができます。もし、裏面のデザインが異なる4枚を揃えるのが難しい場合は、4枚のデュプリケートのAはすべて赤裏で代用しても構いません（そしてロイヤルフラッシュは青裏にします）。もしこのアプローチを採るなら、それぞれのAの裏にマーカー・ペンで印を付けてください。それぞれが別のAであることを強調するために別々の印を。なお、Aにこだわる必要はありません。ロイヤルフラッシュ構成カードの1枚であれば、他のどのカードのデュプリケート4枚でも大丈夫です。

訳注1：マジックをする人にはおなじみ、The United States Playing Card Companyの一銘柄名。

写真1

In Formation

　まずは私が好んでいるハーマン・カウントとタカギ・ターンオーバー・ディスプレイを用いる方法と、そのためのセットアップを解説します。古式ゆかしきグライドを使った、より簡単でそれなりの説得力がある方法も後ほど解説します。

　パケットの表側から以下の順序に並べてください。

裏面色違いの♠A
裏面色違いの♠A
裏面色違いの♠A
裏面色違いの♠A
赤裏の♠K（裏向き）
赤裏の♠10（裏向き）
赤裏の♠A
赤裏の♠J
赤裏の♠Q

　左手ディーリング・ポジションで、パケットを裏向きで持って始めます。パケットを表向きにひっくり返し、ハーマン・カウントを用いて、このパケットが7枚で、すべて♠Aであることを示しましょう。

　7枚をカウントするのですが、まずパケットを右手で上から掴み、左手親指で1枚ずつ、計3枚のAを左手に取っていってください。4枚目のAを取るように見せかけ、ここで左手のパケットと右手のパケットをスイッチします。そうしたら最初の3枚のA──いま右手に持っているもの──を1枚ずつ、左手にそれぞれ5枚目、6枚目、そして7枚目のAとして取っていくのです。

　なお、ハーマン・カウントを行う際には声に出して数えていってはいけません。そんなことをしたら、Aの実際の枚数に観客の注意が向いてしまいます。このすぐあとに、演者は8枚のAを見せ、

最終的には9枚で終えることになります。しかし、あなたが実際の枚数について特別に言及しない限り、この不整合が気づかれることはないでしょう。

ハーマン・カウントを済ませたら、一番上のAを表向きでテーブルに配ります。そうしたらパケットを裏向きにひっくり返してください。トップの裏向きのカードを、先ほどの表向きのAの上に、半分くらい重なるように置きます。

パケット全体を表向きに返し、一番上にある表向きのカードを先ほどの2枚の上にまた重なるようにして置きます。パケットを裏向きにひっくり返し、トップにあるカードを先ほどの3枚に重なるようにして、裏向きで置きます（このセルフワーキング的なディスプレイ・カウントは"Takagi Wild Card Routine"からです）。

これで『A』が表裏交互になった一列を作れましたね。今後、これを『テーブルのA列』と呼びます（写真2）。

写真2

最後に、パケットを表向きに返し、エルムズレイ・カウントをすることで4枚のAであることを示しましょう。これで最初のディスプレイとテーブルへのセッティングは完了です。観客たちは、演者が使っているのは、同一のAだけで構成されたセットであると信じきっています。

Alternate Formation（Glide Version）
この代わりの手順では、古式ゆかしきグライドを使うことで、先ほどと同様の目的、およびカードの配置が達成できます。パケットを表側から以下のように並べてください。

裏面色違いの♠A
裏面色違いの♠A
赤裏の♠Q
裏面色違いの♠A
赤裏の♠J

裏面色違いの♠A
赤裏♠K（裏向き）
赤裏♠10（裏向き）
赤裏の♠A

　パケットを裏向きで、左手ディーリング・ポジションで持って始めましょう。パケットを表向きにひっくり返して、一番上に見えている表向きのAに注目を集めます。そのAを表向きのままテーブル上に配ってください。パケットの一番上には、別のAが表向きで見えています。

　これから、いまパケットの一番上に見えているAを、先ほどの最初のAの上に裏向きで配ったように見せます。左手を伏せてください。左手の指を使い、表側にあるカードを1cmちょっと、うしろへグライドします（写真3）。

　そうしたら右手の指で、表から2枚目のカード（Q）を引き出してください（写真4）。

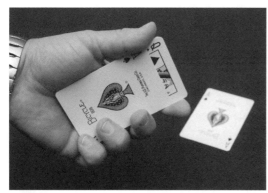 

写真3　　　　　　　　　写真4

　引き出したら裏向きのままAの上に重ね、列になるように並べます（写真5）。左手のひらを上に向くように返します。パケットの表側にはAが見えるでしょう。そのAをテーブル上のAの上に、半分ほど重なるようにして置きます。パケットの表側に、もう1枚のAが見えますね。

　左手を伏せて、またパケットの表側のカードをグライドしましょう。同様に表側から2枚目のカード（J）を抜き出し、裏向きのままテーブルのA列に重ねます。

　これで『A』が表裏交互に並んだ列を作ることができましたね。今後これを『テーブルのA列』と呼びます（写真6）。

　最後に、パケットを表向きにひっくり返して、エルムズレイ・カウントをすることで4枚のAであることを示しましょう。観客たちは、演者が使っているのは、同一のAだけで構成されたセットであると信じきっています。

写真5

写真6

On Parade

　これから、左手に持ったパケットを使って一連の現象を演じていきましょう。パケットの一番上が表向きのとき、他のカードもすべて表向きです。ところがパケットの一番上を裏向きにすると、不可解なことに他のカードもすべて裏向きになってしまうのです。これが何度も繰り返されます。ただ、きわめて視覚的であるとはいえ、ここのフェイズは少々冗長です。プレゼンテーションをデザインするにあたって、この冗長さについては注意を払う必要があるでしょう。

Rollover Once

　OK、先ほどエルムズレイ・カウントをしたことで、手持ちのパケットがすべて表向きのAであると示しましたね。実際には、トップの3枚だけが表向きのAで、ボトムの2枚は裏向きのロイヤルフラッシュ用のカードです。

　表にあるAを、テーブルのA列の右あたりに配ります。このAは、『表向きのAの山』の1枚目になります（写真7）。

　テーブルのA列の右端、Aと思われている裏向きのカードを取り上げ、裏向きのまま左手のパケットに重ねます。

　ここでOPECカウント[2]を行い、4枚の裏向きのカードを示してください。OPECカウントに馴染みのない方にお伝えしておくと、これは仕組みとしては普通のエルムズレイ・カウントと全く同じものです。ただ、最初のカウントがパケットのトップではなくボトムから行なわれるという部分だけがその違いです（写真8）。

　OPECカウントは通常の『1、2、3、4』のリズムで行なうことができます。ちなみに、以下のようにリズムを変えると、ほんの少しですが効果的であることを発見しました。滑らかな4カウントを目的とはせず、ボトム・カードを取る、少し間を取る、カウントを再開し、残った3枚のカードを最初のカードの上に取っていくようにみせる。リズムは『1、一拍おく、2、3、4』です。

訳注2：本書の『Mega 'Wave』の章の同名トリックの中にも解説があります（99頁参照）。

Fractal Card Magic／The Royal Scam

写真7

写真8

　ボトム・カードをいったんトップに移し、それから普通のエルムズレイ・カウントをすることでも同じ結果は得られますが、一体どうして理由のないカード移動を挟むのでしょうか？　このフェイズは4回繰り返されます。ということは、最終的には無意味な移動を4回もやらなければならないということになります。なのでここではOPECカウントのほうが遥かに効率的なのです。

　ここでの現象は、『トップの表向きのAを裏向きのAに取り替えたら、パケットのAも全部裏向きになってしまった』というものです。

Rollover Twice
　さて、前段で裏向きになってしまったカードを表向きにひっくり返すことにしましょう。パケットのトップの裏向きのカードを、テーブルのA列の左側あたりに配ります。このカードが『裏向きAの山』の1枚目になります（写真9）。テーブルのA列の端から表向きのAを取り上げ、パケットの上に載せます。OPECカウントを行い、4枚の表向きのAを示してください。

写真9

Rollover Third
　ここまでで、2つの現象が起きました。『パケット全部が裏向きになった』のと、『パケット全部が表向きになった』です。これから、テーブルのA列の残った2枚で、ここまでと同じことをそれ

ぞれ繰り返していきます。

パケットは、すべて表向きのAであるように見えています。パケットの一番上のAを、テーブルの『表向きのAの山』に配ります。そうしたらテーブルのA列から裏向きの『A』を取り上げ、裏向きのままパケットの一番上に載せてください。

パケットにもう一度OPECカウントを行い、4枚の裏向きのカードであることを示します。

Rollover Fourth

再び、パケットの一番上の裏向きカードを、テーブルのA列の左側にある裏向きAの山の上に置きます（A列には表向きの1枚が残っているだけです）。テーブルのA列から最後の表向きAを取り上げ、パケットの一番上に載せます（写真10を見てください）。

このパケットでOPECカウントを行い、4枚の表向きAであることを示します。

写真10

Rollover Fifth

表向きになることと裏向きになることを繰り返しました。この一連のひっくり返りを終える時間です。これらのひっくり返る部分は全体的にてきぱきとこなすべきですが、最後のほうはより速いペースで行うと良いでしょう。

一番上の表向きのAを、表向きAの山に配ります。テーブルのA列はもはやありません。それでも、左手に持っている一番上のAをパケット上で裏向きに返します——赤い裏面が見えます。最後のOPECカウントを行い、パケットのカードがすべて裏向きになってしまったことを示します。

Maneuvers

間をおかず、一番上の裏向きのカードを裏向きAの山に配ってください。

いま手元には3枚からなるパケットが残っています。左手親指でトップのカードを右側に押し出

してください。そうしたらパケットを右手で摘み、右手親指を前に、それ以外を手前に動かす『スクィグル・ムーブ』を、パケットのトップとボトムの２枚で行います。同時に、真ん中のカードを左手で取って左方向へ、それから下方向に動かしたら、右手の２枚のカードの下に移します（写真11を見てください）。２枚の裏向きカードのあいだに、１枚の表向きAがサンドイッチされた状態で現れました[3]。表向きのAを抜き取り、テーブルの表向きAの山に置きます。

写真11

残った裏向きの２枚を揃えてください。それを右手で上から取ります。右手を、手のひらが上になるように返し、パケットの表側のAを示しましょう。右手を元通りに返し、左手親指で裏向きのトップ・カードを引き取り、それを裏向きAの山へと落とします。

最後のAを示し、同様に裏向きAの山へと落としてください。

First Fabulous Climax

ここまでで、何度となくひっくり返り現象——ときに表向きに、ときに裏向きにでしたが——を済ませました。テーブル上にある表向きの山と裏向きの山のおかげで、これらの現象はより強く印象づけられています。カードの表と裏を繰り返し見せてきたことで、観客たちはすべてのカードはそれぞれ同一の♠Aであるということを信じきっているでしょう。もちろん、それは真実からはほど遠いのですが……。

表向きAの山を取り上げます。Aを１枚ずつ、裏向きに返しながらゆっくりと、１列に配っていきましょう。それぞれが全く別の裏面であることが示されます（写真12を見てください）。これは非常に驚くべき展開です。

Second Fabulous Climax

しかしながら、ベストの瞬間はまだこれからです。裏向きAの山を取り上げてください。ポーカーで自分の手札を見るときのように、カードの表が自分に向くようにします。そうしたら手を返し、

訳注3：ここは本人の演技では割合にさらっと、単体の現象としてというより流れで『１枚表向きになった』ように見せていました。

ロイヤルフラッシュになっていることを示しましょう（写真13を見てください）。エンド・クリーンであり、すべて手渡して検めさせることができます。

写真12

写真13

Presentation

　プレゼンテーションというのは個人的な事柄です。種々の現象すべてをどのようにしてまとめ上げるべきか、少しばかり考えを巡らせる必要があるでしょう。実際、これはちょっとした挑戦です。私の場合、元々の"Cascade"の演出でジョン・ラッカーバウマーが用いていた、『マジシャンは練習をしなくてはいけない』というテーマに基づいたプレゼンテーションから始めました。そして単純な頭韻──Moves〈ワザを使う〉、Misdirection〈スキを作る〉、そしてMaking Money〈カネを稼ぐ〉──これで全部がうまくまとまりました（ときにはあっさりとできてしまうこともあるのです）。というわけで、説明のため、私が普段使っているプレゼンテーションを紹介しましょう。

「ご存知の通り、私は家に大量のトランプを取ってあります。うちにはトランプでいっぱいになった引き出しがいくつもあるんですよ。そうすると皆さん私に聞くんです。『そんなたくさんのカードを使って何をするんですか』って」

「そうですね、実は余ったカードを使って練習をするんですよ。練習はしたほうがいいのです」

「ここに私の大好きなカードのひとつ、スペードのエースがあります。私はスペードのエースのちょっとしたコレクションをしていまして、こういうカードを使って、3つのことを練習するのです。『ワザを使う』『スキを作る』『カネを稼ぐ』。ご覧にいれましょう」

「まず1つ目ですが、『ワザを使う』。言ってみれば指先で行う早業です。エースを何枚かは表向き、何枚かは裏向きに配っていきます」

「すべてのカードは表向きですね。裏向きのカードをこのパケットに載せて、『ワザを使う』んですが、残りのカードもいつの間にかひっくり返ってしまうんです。ほら、全部裏向きになった」

「キーワードはもちろん、『いつの間にか』。表向きのエースをパケットに載せます。そうすると

今度はすべてのエースが表向きになってしまう」

「もう一度。今度はスローモーションでやってみましょうか。裏向きだと、裏向きに。表向きだと、表向きに」

「このまま1日中できます。つまるところこれは練習ですからね」

「けれども、私はこれらのエースをワザの練習をするためだけに使うわけではないんです。『スキを作る』、つまりミスディレクションの練習にも使います」

「ミスディレクションがうまく働いているかぎり、つまりあなたが別のところを見ているときなら、私はこれらのエースを他の完全に別の4枚にスイッチしてしまうことができるんです。これは……まだエースではありますね。でも、全部、全く別の4つのデックから持ってきたエースなんですよ。これがスキを作るということです」

「さて、3つのうちの最後ですが、『カネを稼ぐ』ことの練習、と言ったのを憶えていますか？ このトリックは私の大好きなカードのひとつを使う、とも言いましたよね？ さあ、私の好きなカード、その残りがこれです——ロイヤルフラッシュ。そう、ロイヤルストレートフラッシュはいつでもカネになるんです」

Post Mortem

Credits

　本作は本質的に、ロイ・ウォルトンの有名な"Cascade"、そのスーパー・バージョンです。この発展版では、エンド・クリーンにするために、パケットからいかなるカードも取り除く必要がありません。すべての仕事を成し遂げてくれるカード（普通の赤裏A）は、実にうまく、最後のロイヤルフラッシュの中に溶け込んでいますから。

　私は長い間、"Cascade"を、それと同じくらい古典であるケーン／ガルシアの"Wild Card"と組み合わせようとしていましたが、一度もうまくいきませんでした。2004年の1月、私はゲリー・グリフィン演じる"Queens Out Of Control"と呼ばれるトリックをインターネットで見ました。これはまた、"Cascade"の発展バージョンのように見えたのです。

　結論としては、グリフィンのトリックは、1970年代にEmerson and Westから売り出され、いまでもFun, Inc.で販売中のマジック・ロンネイの"The Sympathetic Cards"、その技術的バリエーションに過ぎないようです。まことに失礼ながら、ロンネイのトリックは技巧、プレゼンテーション、どちらの面から見ても悪夢のようなものでした。グリフィンの手順はハンドリングを少々整えてはいますが（主に"Cascade"タイプの要素を加えたこと）、現象全体としてはまだ支離滅裂なままだったのです。

こういったことがあり、私は再度創作に戻りました。"Cascade"と私の"Call of the Wild"、そしてロンネイとグリフィンの手順を組み合わせ、およそ1カ月の後、私はついにこの"The Royal Scam"に至りました。

　このトリックは多くの方法で"The Sympathetic Cards"（と"Queens Out Of Control"）を改善しています。"パケットひとつだけ"というアプローチは、ハンドリングから無駄をそぎ落として明確なものにし、そしてOPECカウントは1枚のカードの無意味な移動を最小化しました。もっとも重要なことは、クライマックスにおけるカードのグルーピングです（4枚の裏違いのカードと、5枚のロイヤルフラッシュ）。このことでよりシンメトリカルで、ロジカルで、筋の通ったもの（こういった手順としては、ですが）になりました。この結果、より記憶に残りやすく、印象深い作品になったのです。

Duplicity

du・plic・i・ty：考えや発言、または行動における矛盾した二重性の事。
特に、虚偽の言葉や動作により、本当の意図を偽ることを指す。

Précis

　赤裏パケットの1枚のAと、青裏パケットの1枚のAの場所が入れ替わります。まず観客が入れ替わるAを選びます。それからは驚きの展開の連続です。観客の選んだAがそれぞれ対応するパケットから表向きで現れます。そしてそれぞれのパケットの他のカードとは裏面が違うことが示され、クライマックスには、パケットのA以外のカードはすべてブランクであったことが分かるのです。

　すべて検め可能です。普通のカードです。何も付け足しませんし、何も取り除いたりしません。難しい技法も使いません。

Preface

　カード・トリックはこれすべて、トレード・オフです。本作とてその例外ではありません。

　このトリックは『思ったカードの位置交換』に色々と付け加えたもので、私の作品"Twisted Sisters"と同じ系譜にあります。"Twisted Sisters"の驚きというのは、以下の2つの特徴からくるものです。1つ目は最初のQの選択が非常に自由で、2枚目の選択も理に適っていること。2つ目は、皆さん大好きな、多段式のクライマックスです（カードがひっくり返って、その裏の色が違っていて、さらにその他のカードがすべてジョーカー）。さて、本作では、最初のフリー・チョイスについてはトレード・オフということで外します。そう、カードの選択は、効果的なエキヴォックから始めるのです。その代わりといってはなんですが、すべてのカードは仕掛けがなく、検め可能となります。これは素敵な特徴でしょう。しかしさらに良いのは、これらが普通のカードであることで、このあと色々な現象を見せていくあいだ、演者がそれ以上カードを操作する必要がないということです。それどころか、ほとんどすべてのマジックは、観客の手の中で起こることになります。

　"Duplicity"が"Twisted Sisters"よりも『優れた』トリックでなければならない、そんな決まりはありません。多くの人にとって、この"Duplicity"でのトレード・オフは、すべき価値を持たないのではないでしょうか。そこは、『"Twisted Sisters"は、その選択の自由さこそが、現象全体を強めている』と、どれだけ強く信じているかによるところが大きいでしょう。『"Twisted Sisters"は完全なるフリー・チョイスだからこそ素晴らしい』と固く信じている方たちは、わざわざその要素を外そうとは思わないかもしれません。別の方たち——つまり、『ルーティーンの強

みは多段式で、続けざまに起こる驚きにこそあるのだ』と思うタイプの人たちには、検め可能になり、状況の自由度も増すのであれば、選択の自由をある程度なら放棄してもいいかな（それに、エキヴォックはとても良いタイプのものだし）、と思うことでしょう。

あなたに合う方法でやってみてください（常套句ではありますが）。

Mise En Scéne

Playas

上から順に、以下のような2つのパケットを作ってください。

赤裏ブランク（裏向き）
赤裏ブランク（裏向き）
青裏♣A（表向き）
赤裏ブランク（裏向き）
と、
青裏ブランク（裏向き）
青裏ブランク（裏向き）
赤裏♠A（表向き）
青裏ブランク（裏向き）

写真1

どちらのAをどちらのパケットに入れていても構いませんが、Aがパケットの中で唯一の裏色違いになるようにし、またどちらのパケットにどちらのAが入っているかは把握しておいてください。Aは両方とも同じ色でなければなりません。♡Aと◇Aを使うのでも結構です。なんなら、どんな数のカードでも成立しますので、Aである必要もありません。

ブランク・カードの代わりに、ジョーカーあるいは赤のスポット・カード（数字のカード）でも大丈夫です。"Twisted Sisters"のとき、私はジョーカーを好んで使っていましたが、この手順に

おいてはブランクのほうが好みです。理由はこうです。まず、ブランク・カードというのは『普通の』カードではありません。そういうものは観客の興味を惹くことができますし、人々はそれを見たり調べたりしたがるものです。ですので、"Twisted Sisters"のように、一部調べさせられないようなカードがある場合には、私はジョーカーを選択します。ジョーカーは『普通』のカードですし、観客の好奇心を過度に刺激したりしませんから。一方で、カードを検めさせることができる環境でしたら、手順にちょっとした奇妙な感じを加えるためにブランク・カードを使うのが良いでしょう。私は本作のパケットを、パケット・トリック用ケース[4]、その左右それぞれの側にひとつずつ入れて保管しています。

SELECTA

プレゼンテーションは個人的なものです。なので、まずはトリックを通して解説しながら、プレゼンテーションについてはキーとなる箇所を強調していきます。

観客に、赤裏でも青裏でも、好きなほうのパケットを選んでもらいます。観客には選択を替えるチャンスを必ず与え、もしも別のパケットに替えたいということであればそのようにさせます。選択が自由であることを強調すると良いでしょう。

観客が最終的に決めたら（ここでは青裏のパケットだったとします）、パケットを持ち、エルムズレイ・カウントを行って4枚の裏向きのカードであることを示しますが、最後の1枚についてはボトムに入れてください[5]。これを行いながら、観客には「このパケットが4枚のエースであると思ってください」と言いましょう。「クラブにハート、スペード、それからダイヤ」

観客が選んだのが青裏のパケットだったので、演者には赤いほうのパケットが残されている旨を言います。演者のパケットでもエルムズレイ・カウントを行ってください（ここでも、最後のカードはボトムに入れます）。そして、観客には先ほど同様、「このパケットも同じく4枚のAであると思ってください」と言いましょう。

さて、これからエキヴォックを使い、2枚の黒いAをフォースします。友人である、マックス・メイヴェンの有名なトリック、"B'wave"で知った、『取り上げて[6]』という素晴らしい策略を用います。

観客に4枚のAを思い浮かべるようお願いします。「クラブ、ハート、スペード、そしてダイヤがありますよね」と。そうしたら、観客には『赤』か『黒』か、どちらかを『取り上げて』くれるように頼みましょう。この質問はどちらの意味にも取れる曖昧なものです。このカードを使うために取り上げるのか、捨てるために取り上げるかを言わないのがポイントです。あとで振り返ったと

訳注4：よくある黒いビニール製のケースです。
訳注5：いわゆるアンダーグラウンド・エルムズレイ・カウントです。
訳注6：原文は"remove"（取り除く）なのですが、日本語の場合、それだと『捨てる』イメージが若干出てしまう気がしたので、ここではただ単に『取り上げる』としました。『取って』でも良いかもしれません。また、日本語訳としては、『抜いて』『抜き取って』などでも、『抜き取って"捨てる"』や『抜き取ることで"選んだ"』、両方の意味が出せそうです。

きには、どちらの解釈でももっともに思えるでしょう。

　指示された通りに心の中で選択を行ったか、観客に確認します。さらに私は、「もう１回、変えても構いませんよ」とチャンスを与えるようにしています。さて、ここではっきりと聞きます。「あなたは、どちらのAを『取り上げ』ましたか？」ここからのプレゼンテーションは、観客の回答によって少し変化します。

If she answers "Black"
　もし観客が『黒』と答えたなら、観客には２枚の黒のうち、どちらを自分のAにしたいかを尋ねましょう。観客が答えたら、また変更のチャンスを与えます。観客が最終的に決めたら、演者は「ではもう片方のエースを私のにします」と言います。

　台詞としてはこんな感じです。「結構。スペードのエースとクラブのエースです。どちらを自分用にしますか？　本当にそれでいいですか？　変えてもいいですよ？　結構です。では私はもう片方の［クラブのエース／スペードのエース］にしましょう」

If she answers "Red"
　もし観客が『赤』と答えたら、演者はまず赤のAを『取り上げる』こと、すなわち『捨てる』ということをはっきりさせます。これはつまり、黒の２枚のAが『残る』ということです。これは実にさらっと済まさなくてはなりません。そして間髪をいれず、観客に残った黒いAのうち、どちらを自分のものにしたいか聞きましょう。先ほどのと同様、観客がひとたび答えたら、変更するチャンスを与えます。観客が最終的に決めたら、演者は「ではもう片方のエースを私のにします」と言います。

　台詞としてはこんな感じです。「結構。私たちは赤いエースを取り上げましたので、黒のエース、つまりスペードのエースとクラブのエースが残されたわけです。この２枚のうち、どちらをあなた用にしましょうか？　それでいい？　変えようと思ったりはしませんか？　分かりました。では私はもう片方を取るとしましょう。［クラブのエース／スペードのエース］です」

TRANSPOSA

　ここから、プレゼンテーションのもっとも重要な部分が始まります。まず、これから交換現象が起こる旨を伝えましょう。つまり、観客の選んだAと演者のAとが、『入れ替わってしまう』と。この宣言も、意図的に曖昧にしてあります。どのAがどちらのパケットにあるとか、それがもうひとつのパケットにある何のAと入れ替わるかについては触れていないのです。この曖昧さは、"Twisted Sisters" のときと同様、本作全体のキーになるものです。この入れ替わりという要素が、パケットが２つあることを正当化し、選ばれていたかもしれない２枚のカードのもう一方に対しても存在理由を与えてくれます。この曖昧さがあるので、どちらが観客に選ばれて、どちらが演者に残されたかにかかわらず、その位置が入れ替わったという認識を与えることができるのです（入れ替わりという要素により、選ぶプロセス部分に時間的なミスディレクションをもたらしてもいます）。

何でも構いませんので、入れ替わりを『起こす』のに必要なジェスチャーなり何なりを行ってください。観客に、選んだAは何だったかを聞きましょう。選ばれたAは　(i) 観客が持っているパケットの中に、表向きで入っている　(ii) 演者の持っているパケットの中で表向きになっている　このいずれかですね（どちらのAがどちらにあるのかだけは憶えておかなければなりません。私はシンプルに、『スペードは青裏のパケット』とだけ憶えています）。ここでもまた、演者がどちらの状況であるかによって、プレゼンテーションは少し変化します。

If the spectator's Ace is in the packet she is holding

観客の選んだAが、観客の持っているパケットに入っている場合、ゆっくりとパケットを広げてくれるように頼みます（写真２）。

写真２

観客の思ったAが、観客自身の手の中にある、観客自身のパケットから表向きになって現れます。驚きの瞬間です。

同様に、演者も自身のパケットを広げ、演者のほうのAも表向きになっていることを示しましょう。『入れ替わり』は明白ではありません、まだね（もっとも、もうちょっと後というだけですが）。いまのところはAが現れたことだけで充分です。

If the spectator's Ace is not in the packet she is holding

観客の選んだAが、観客の持っているパケットに入っていない場合、それはつまり演者の持っているパケットに入っている、ということです。演者は２枚のAの『位置を入れ替える』ということを強調してから、パケットを広げ、観客の選んだAが表向きで現れたことを示します。さあ、今度は『演者の』Aの名前をもう一度言ってから、観客に、あなたのパケットにそれが入っているはずだと言います。観客にパケットを広げさせ、表向きになったAを示してもらいましょう。

状況がどうあれ、うまくいくことがお分かり頂けるでしょう。これは『交換現象のシナリオによって正当化された、表向きのAの突然の出現』によるところが大きいと私は考えています。最初のケースでは、入れ替わりという事実はただちに明らかにはなりませんが、代わりに別の驚きを提供

することでこれをフォローしています。

BACKA

広げたパケットを左手で持ち、表向きになっているAを右手でゆっくり抜いて、表の全面を見せてください。観客にも、演者と同じようにしてもらいます（写真3）。

再び、Aの『位置を入れ替える』と約束したことを強調します。観客に、ゆっくりと持っているAを裏向きにひっくり返すようにお願いしましょう。Aの裏面は反対側のパケットの色です。同様に演者も自分のAをひっくり返しましょう。明らかに、交換現象が起こったのです——パケットは観客が持っていたというのに（写真4）。

写真3

写真4

最初の驚きに引き続き、2番目の驚きからも良い反応を得られるでしょう。けれども待ってください、まだ続きがあるのです……。

PREDICTA

いま裏向きにした裏面の色の違うカードをパケットの中に戻しますが、2.5cmほど突き出た状態で止めます（写真5）。観客にも同じことをするように頼んでください。

さあ、あなたと観客、両者でゆっくりと左手を返し、パケットの表が見えるようにしていきましょう（写真6）。「このトリックでは、私とあなたの選んだ2枚のエース以外は存在していなかったのです」などと、わざわざ指摘するまでもないでしょう——まあ指摘しても一向に構いませんけれど。他のカードはすべてブランク（あるいはジョーカー、あるいはスポット・カード、あるいはとにかく、Aではないカード）なのです。

Presentation

先ほど言ったように、プレゼンテーションというのは個人的なものです。ここでは説明のため、私が使っているプレゼンテーションをご紹介しましょう。

写真5

写真6

「説明のつかないものをご覧に入れましょう。トワイライト・ゾーン**7**とまではいきませんけれど」

「すべてフェアにいきたいと思っていますので、このあとの判断は、すべてあなたにして頂きたいのです」

「最初に、この赤いパケットと青いパケット、どちらかを選んでください。あなたが選ばなかったほうを私のパケットとします」

「OK、青ですね。想像してみてください。このパケットは4枚のAであると。クラブ、ハート、スペード、そしてダイヤ。さあ、持って」

「では私は赤いほうを。こちらも同じ。4枚のエースだと思ってください」

「さて、ここからも全部、あなたが選ぶんです。4枚のエースを思い浮かべてください――クラブとハート、スペード、そしてダイヤ――そうしたら、赤いほうか黒いほう、どちらかを取り上げてほしいのです。できましたか？ 変えても構いませんよ？ 分かりました。あなたはどちらを取りましたか？」

「結構です。赤いエースを取り上げたのですね。そうすると、残ったエースはスペードと、クラブです。この2枚のうち、どちらをあなた用にしましょうか？ これもあなたが選ぶのです。決めましたか？ 変えても構いませんよ？ スペード？ OK、では私はもう片方のエース、クラブにしましょう」

「これから何が起こるのか……。私はあなたのエースと私のエースの場所を入れ替えてしまおうと思います――あなたの目の前でね。いま、まさに、ここです」

訳注7：『不可思議』や『超常現象』が起こる場所などを指す造語。『昼』でも『夜』でもない曖昧な時間帯である『夕暮れ時』を『不思議なことが起こる時間』という意味に使った、米国のSFテレビドラマシリーズ『The Twilight Zone』が語源。

「ご覧ください」

「ありえないことが3つ起きましたよ」

「1つ目、あなたのパケットを広げてください。あなたのエースである、スペードのエースが表向きですね。そしてこちらでは、私のクラブのエースが表向きになっています」

「2つ目、私が『カードを入れ替える』と言ったのを憶えていますか？ ゆっくりと、あなたのエースを抜き出して……裏向きにひっくり返してください。ほら、ちゃんと入れ替わりましたね」

「最後に、私が『トワイライト・ゾーンとまではいきませんけれど』と言ったのを憶えていますか？」

「エースをパケットに戻して、少しだけ突き出たままにしてください。さあ、ゆっくりと、カード全体をひっくり返して。他のエースはすべて消え去り、あなたの選んだエースのみが残りました」

「これではまるで、トワイライト・ゾーンですね」

Post Mortem

Who

　元となったのは私自身の作品、"Twisted Sisters"です。少枚数パケットでのBrainwave現象に対するエレガントな解決法である、マックス・メイヴェンの"B'wave"からも影響を受けました。"B'Wave"を見てから、少枚数でのBrainwave現象を色々と試してきましたが、同時に2つのパケットを使って現象を起こすことで、少枚数パケットでのThought Card Transposition、つまり思ったカードの位置が入れ替わるという現象を作ることができると気がつきました。その気づきが、回りまわって"Twisted Sisters"という、エキヴォック不要で何から何まで揃った（ダイ・ヴァーノンの『カードがひっくり返る』こと、ポール・フォックスの『裏が違う色のカードになる』こと、カール・ファルヴスの『ブランク・カードを使う』こと）、少枚数での思ったカードの入れ替わりトリックに辿りついたのです。

　すべてのエキヴォックを取り除くことで"Twisted Sisters"が完成しましたが、一周してエキヴォックをまたひとつ戻すことで、"Duplicity"に辿りついたのです。結果として、普通のカードだけでできるトリックになりました。他にも以下のような副次的なメリットがあります。(i) テーブル、あるいは何かするための広い場所はもう必要ない　(ii) 絵札も必要としない。どんな数のカードでも（たとえばAでも）構わない　(iii) お手伝い役の観客を1人しか使わないでいいようにプレゼンテーションを組むことができる

　先にも言ったように、"Duplicity"は"Twisted Sisters"よりも優れた作品というわけではありませんが、演じるための条件はだいぶ良くなっています。完璧な条件下で（たとえば、フォーマ

ルなショーとか、テレビ番組に出演するときとか）だったなら、私は多分"Twisted Sisters"を演じるでしょう。他方、カジュアルな状況では、おそらく"Duplicity"にするでしょうね。実際、少し工夫すれば"Duplicity"はストリートでも演じられます。

On The Street

上で書いてきましたが、"Duplicity"で物を置くための場所が必要になるのは1箇所だけです。1つ目のパケットにエルムズレイ・カウントをしているあいだ、パケット・トリック用のケースを少しのあいだどこかに置いておかなければなりません。この必要条件はどうにかできます。それでは、"Duplicity"を、そういった場所を必要とせずに演じる方法を紹介しましょう。つまりストリート版です（昔は"ウォーク・アラウンド[8]"なんて呼んだものです）。

観客に、ちょっと説明のつかないものを見せたいのだけど、と言います。そして、手のひらを上に向けてまっすぐ伸ばしてくれるように頼みます。閉じた状態のパケット・トリック用ケースをその手の上に載せましょう。ケースを観客の手のひらの上で開いて、2つのパケットがあることを見せます。

「ちょっと説明のつかないものなんです。手を出してくれますか。トワイライト・ゾーンとまではいかない、まあ、カード・トリックなんですけど。それでも、説明のつかないものであることに変わりはありません……」

「最初に、この2つのパケットのどちらか、赤か青かを選んでほしいのです。選ばれなかったものを私のにしましょう……」

観客が色を決めたら、その色のパケットを取り出しますが、ケースは観客の手の上で開いたままにしておいてください。エルムズレイ・カウントを行います。そうしたら演者はケースを取り上げ、観客にはパケットを渡して持っていてもらいます。『演者用の』パケットをケースから取り出し、空っぽになったケースはどこかに片付けてしまってください。ほら、これでうまくいきましたね。あとはルーティーンを続けてください。

LIVING LARGE

ジャンボ・カードで演じると"Duplicity"は一層印象深いものになります。演者のハンドリングや、かたまりでの扱いがより自由になるので、ジャンボ・カードを使い、立って行う"Duplicity"は直接的かつ簡単になります。一点、大きなカードを使うので、あなたのエルムズレイ・カウントのスキルがボトル・ネックになってしまいますが。もし適切なジャンボ・カードを組み合わせることができるのなら、それで演じてみてください（なお、2007年のFechter's Finger Flicking Frolics[9]でジャンボ・カードでの"Duplicity"を演じた際、私は黒のAを2枚と、ブランクの代わりに赤の数札を使いました）。

訳注8：カクテル・パーティーのような演技環境のこと。
訳注9：いわゆるF.F.F.F.で4Fと略される、招待されないと参加できないマジックのイベントです。

付加的な利点ですが、私のジャンボ・カード理論からすると、ジャンボ・カードを使って演じられるトリックを、観客は厳密な意味での『カード・トリック』とは受け取りません。つまり、ジャンボ・カードというのは『カードみたいなもの』ではありますが、厳密には『カードではない』のです。普通、こんな大きなカードを使ってカード・ゲームをしたりしませんからね。したがって、ジャンボ・カードで行われるトリックは、あなたが演じている他のカード・トリックと混同されることはなく、何か特別なものとして認識され、記憶に残るのです。

TWO

　もちろん、"Duplicity"を2人の観客に演じることもできます。2番目のAは厳密にいえば『選ばれた』ものではありませんので、付加価値はそこまで大きくないかもしれませんが。

　もっとも直接的な方法ですが、まず主たる観客にパケットを選んでもらい、それを持っていてもらいます。それから演者のパケットを取り上げてエルムズレイ・カウントを行い、それを2人目の観客に渡して、演者のために持っていてもらうようにお願いします。ここではまだ『あなたの（演者の）』パケットなのです。彼女はそれを持っているだけに過ぎません。あとは適切なタイミングで、2人目の観客に適切なアクションをとってもらいましょう（つまり、パケットを広げ、Aを抜き出してひっくり返し、そして手を返して残りがブランクであると示す、ということですね）。

　また、トリックのエキヴォックのパートを、2人の観客に振り分けてもいいでしょう。最初の観客に『取り上げる』Aの色を選ばせます。そうしたら、2番目の観客にはどちらのAをあなた用にしますか、と選ばせるのです。選ばれなかったほうは最初の観客のカードになります。

ELMSLEY COUNT

　"Twisted Sisters"で触れましたが、最初のエルムズレイ・カウントをせずに、選ばれたパケットを観客の手に載せるだけでも構いません。この場合、表向きのAが現れるわけですが、ここでは、それが表向きだからではなく、選んだAだからという理由で、驚きになります。しかしながら私は、それぞれのパケットがそれぞれ同じ色の、裏向きのカードであるということを示しておいたほうがより効果的であると確信しています。もしエルムズレイ・カウントができるのならば、やらないでおく理由はないと思いますね。

Six.
Impossible.
Things.
(2009)

Alice laughed: "There's no use trying," she said; "one can't believe impossible things."

"I daresay you haven't had much practice," said the Queen. "When I was younger, I always did it for half an hour a day. Why, sometimes I've believed as many as six impossible things before breakfast."

〖*Alice in Wonderland*〗

Counterpunch

　これはいわゆる『サカー』・トリック、つまり観客が以下のように信じ込むような状況を作り上げていく手順です。(i) トリックは途中で台無しになってしまい、どうやってもうまく終わりそうにない　(ii) マジシャンは間違いに気づいていない　しかしながら、(iii) トリックは満足のいくかたちで決着がつく　そして、(iv) マジシャンが最初からずっと観客を欺いていたことが示唆される（最後の要素については必ずしも必要ではありません。ですが、『サカー・トリック』とはなんぞや、という議論は、また別の機会にしましょう）。これらを満たすようなトリックは、その絶対数こそきわめて少ないものではありますが、より観客を驚かせ、その心に残り得るものです。

Précis

　カードが1枚選ばれ、デックの中に戻されます。「選ばれたカードを見つけるには、手伝ってくれるカードが必要です」と言ってマジシャンがおまじないをかけると、たちまちデックの真ん中で4枚のAが表向きになります。マジシャンはそれらのAを抜き出し、デックをテーブルに置きます。マジシャンは「選ばれたカードをデックから消失させ、Aの間に出現させてみせる」と宣言します。

　ですがここで問題が。その『選ばれたカード』というのが、実は『Aのうちの1枚』だったのです。

　この事実を告げられたマジシャンがおまじないをかけると、Aのうち3枚が消えています。手の中には1枚のAだけが残されており、もちろんそれが選ばれたカードなのです。

Mise En Scéne

　4枚のAをデックのトップにセットしておきます。順番は気にする必要はありませんが、フォースするのはトップのカードです。実のところ、私が『クライスト・クロス・フォース』と呼んでいる新しいブラフ・フォースと、サイモン・アロンソンの『ヘッド・オーバー・ヒールズ』という技法とを組み合わせることによって、(i) Aをフォースする　(ii) 4枚のAをすべてひっくり返す　(iii) ひっくり返ったAをトップに（カバー・カード　1枚付きで）コントロールする　その上、(iv) 選ばれたカードがデックのどこかにいってしまったように見せる　ということをすべて達成できてしまうのです。素晴らしいですね！　さらに言っておきますと、これはかなり簡単にできるものなのです。

　まず骨子であるフォースがどんなものかを見てもらってから、『ヘッド・オーバー・ヒールズ』と組み合わせていくことにしましょうか。

The Christ-Cross Force

　デックを左手でディーリング・ポジションに持ちます。左手親指でデックの側面を下方向へリフルしていき、観客にストップと言ってもらいます。言われたところで止め、その分け目を大きく広げましょう。

　右手でデックを上から保持したら、右手人差し指で分け目から上のパケットを持ち上げます。ゆっくりとスウィング・カットを行って、上半分のパケットを左手に取ってください。

　左手のパケットを横向きに90度回転させて垂直にし、右手のパケットの左サイドで1・2回軽く叩きます。そうしたら左手のパケットをディーリング・ポジションに戻しましょう。残りのパケットをその上に置きますが、右にずらし、さらに角度もつけておきます（写真1）。

写真1

　少し間を取り、それからまっすぐ観客を見て次のようなことを言います。「あなたは他ならぬここでストップと言いましたが、何か特別な理由があってのことですか？」演者としては何もインチキをしていないことを強調したいのですが、同時に観客にデックの正確な状態（つまりそれぞれのパケットが上下どちらだったか）を忘れさせるためのタイム・ミスディレクションを必要としているのです。これはかの偉大なる『クロス・カット・フォース』で用いられているのと同じ原理ですが、テーブル上ではなく手の中で行うことができるのです。しかもこれだけではありません。

　アングル・ジョグされた上側パケットをひっくり返し、下側パケットの上で表向きにして広げていきましょう。このときは次のように言います。「さて、あなたはこれらのどのカードのところでもストップと言うことができたわけなのですが……」

　それでは古典的なクライスト・フォースの伝統に則りましょう。最初の裏向きのカードが出てくるまでカードを広げていき、この裏向きのカードを、相手がストップと言ったカードであるかのように扱います。これでデックのトップ・カードをフォースしたことになりますね。しかし私たちがやろうとしていることは、それだけには留まりません。

CC Meets HOH

少し遡りましょう。サイモン・アロンソンの『ヘッド・オーバー・ヒールズ』を行うには、表向きのカードを手の中で広げながら、1枚をスプレットの下にカルする必要があります。しかしここではより簡単な、ほとんど自動的にできる方法を説明します。

上側のパケットを表向きにひっくり返したところから始めましょう。一番上のカードを右手に取り、次のカードをその下に取ります。右手の指を使って下側のカードを右に引きます（写真2）。

そのままデックを広げていきますが、広げたカードは右手の2枚のあいだに入れていきます（写真3）。このときの台詞は、「これらのどのカードでも選べました……」です。

写真2

写真3

2枚目のカードはほぼ自動的にスプレッドの下へとカルされます（代替案として、普通にカードを広げ、どこかの時点で適当なカードをスプレッドの下に、お好きな方法でカルするのでも構いません）。

裏向きのカードのところまで来たら、表向きのカードをスプレッドした状態のまま持ち上げ、そのスプレッドを使って一番上の裏向きカードを指し示します（写真4）。続いて左手を上げ、トップ・カードを右に押し出し、観客がそのカードを憶えられるようにしてください（これはAのはずです）。観客がカードを憶えたら、左手を下げるとともにトップ・カードを引いてパケットに揃えます。

いよいよHOH（ヘッド・オーバー・ヒールズ）の出番です。表向きのスプレッドを左手のパケットと合わせますが、2cmほどインジョグしておいてください。裏向きのカードの最初の何枚かを広げながら、これらのどのカードを選ぶ可能性もあったと言及します（写真5）。

そうしながら、先ほどカルしておいたカードを、密かに4枚目の裏向きカードの下に差し込みます。終わったらスプレッドを閉じましょう。上側の表向きのカード群は、裏向きのカード群からインジョグしたかたちで、おおまかに揃った状態になるでしょう。

右手を上からかけ、上下のパケットを揃えます。しかしこのとき、手前側を少し持ち上げること

によってパケットのあいだに右手親指でブレイクを作ります（写真6）。

写真4

写真5

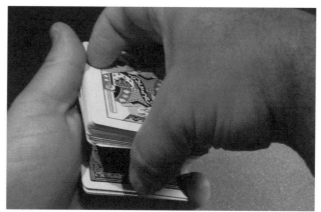
写真6

　裏向きのカード4枚が、カルしたカードの上に挟み込まれており、いまや表向きパケットの側になっていることが分かるでしょう。カルされたカード（いまはカバー・カードとして働いています）と4枚の挟まれたカード（4枚のA）は、右手親指ブレイクのすぐ上にあります。

　では仕上げに、右手でブレイクより上のパケットを右にずらし、左手パケットの上にひっくり返しましょう。いま4枚のAはトップ・カードの下で表向きになっています。私はいつも、続けてさっとサム・ファンを行い（もちろん表向きのカードが見えないように）、「デックの真ん中あたりのどこかに、選ばれたカードがあります」と言ってからファンを閉じています。

Down The Garden Path
　さて、ここで次のように言います。「私の仕事は選ばれたカードを見つけることですが、そのためには、特別なカードの手助けが要るんです」そしてシャーリエ・カット（普通のカットでも構いません）を行い、表向きのAをデックの真ん中に移します。

　デックを手の中で広げていくと、4枚のAがスプレッドの真ん中付近で表向きになって出てくる

でしょう。この手順にはいくつもの『お楽しみの瞬間』がありますが、これはその最初のひとつです。なぜここでAが出てくるのでしょうか？ 演者は一体どうやって、Aを選ばれたカードを『見つけだす』手助けに使うなんてことができるというのでしょうか？ 何か手違いがあったのでしょうか？ そもそも観客は最初にAを選んでしまって大丈夫だったのでしょうか？

　Aより上のカードをすべて取り上げ、揃えて脇によけておきます。残りのカードを揃えて、右手で上から持ってください。「このエースが、選ばれたカードを見つける手助けをしてくれます」と、もう一度念を押しましょう。左手親指で、Aを1枚ずつ右手のパケットから左手に引き取っていきます。幸運なことに、4枚のうち最後のAが選ばれたAです。最後のAを取りにいきますが、ここで古典的なビドル・スティールの要領で、それまでの3枚のAを右手パケットの下にスティールしてしまいましょう（写真7）。右手のパケットをテーブル上のパケットに重ねます。

　あなたは観客に対して遙かに先んじています。なんと、この時点でやるべき仕事は終わってしまいました。いま、選ばれた1枚のAが4枚のAを演じてくれています。

　（ここでは右からの見え方に注意してください。パケットを持っていると思わせるには、左手首をわずかに内側に捻り、カードを深めに保持しておくのが大いに有効でしょう）（写真8）

写真7

写真8

　ここで「選ばれたカードがデックから消えて、エースのあいだに現れます」と言いましょう。それから、『選ばれたカードを消す』という宣言が間の抜けたものであることを実質的には認めつつ、観客を見ながら次のように言います。「——ふむ、信じていませんね？」観客は、『信じていない』というわけではないでしょうが、この時点では『どう考えていいのかよく分からない』といったところでしょう。『多分うまくいくのだろうけれど……』という漠然としたイメージを観客は抱いていますが、それはつまり、演者が何とかしてこの窮地を脱しなければならないということを意味します。しかし一方で、解決策は見当たりません。緊張感がありますね。

Maximum Dissonance

　演者は『Aたち』の上で指を鳴らし、「これでトリックはうまくいったと思います」と言ってから、観客に選んだカードを尋ねましょう。不調和はいまや最高潮に達しています——マジシャンの台詞

に反して、トリックはうまくいったようには見えません。ですが幸いにも、この不調和状態はとても簡単に解消できるのです。

選んだのはAだと彼女が応えたら、しばらく何も言わず黙り込みます（私見ですが、本当に間違えてしまった風を装い、それから『魔法』を使って問題を解決する、という方法は採るべきではないと思います。緊張状態は間もなく解消されますし、そうすれば観客はすべてが演者の計算づくだったと結論づけるでしょう——つまり自分たちは色々と『引っ掛けられた』のだ、と。これは紳士的なペテンとでもいいましょうか、いかにも騙された、というより、楽しくやられた、という感じですが、それでいいのです）。

それではゆっくりと、1枚しかAを持っていないこと、そして疑いの余地なく選ばれたカードを見つけだしたことを示しましょう。

Post Mortem

Background and Credits

良い『サカー』・トリックを見つけるのはとても難しいことです。この手順は、尊敬すべきポール・ウィルソンが見せてくれた"Punch, Too"から着想を得ました。ポールのトリックでは、Aをコレクター・タイプの現象に用います。しかし演者は気がついていないようなのですが、カードを集めるために使うと言ったAのうち1枚が、同時に選ばれたカードの1枚でもある、というものです。ポールが言うには、彼の手順はラリー・ジェニングスの『Thoughts on Cards』に収録されている"Sucker Punch"を元にしているそうです。ご覧頂いたように、私の手順はポールの手順とはかなり異なったものになりました。"Counterpunch"は、いまではBiddle Trickと呼び慣わされている手順（ジョビーの『Card College』, Vol.3を参照してください[1]）と、エディ・フェクターの"No Pile"という手順をリミックスしたものです。

『ヘッド・オーバー・ヒールズ』を、従来のような1枚だけではなく、4枚のカードを密かにひっくり返すのに使うというコンセプトは新しいものです。ヘッド・オーバー・ヒールズは、サイモン・アロンソンの『Try The Impossible』（2001）に載っています。クライスト・クロス・フォースも同書からです。

Low Tech Turnover

Aをフォースしてひっくり返すフェイズについて、少し洗練されていない方法も解説しておきましょう。こちらのやり方を好む方もいらっしゃるかもしれません。まず4枚のAをあらかじめトップ・カードの下で表向きにしておきます。これをするもっとも簡単な方法ですが、Aをトップに集めておき、そのすぐ下からブラウ・リバースを行います。これで4枚のAが表向きデックの一番下でひっくり返った状態になります。そこでダブル・アンダーカットを行い、表側のカードを1枚、

訳注1：日本語版は『ロベルト・ジョビーのカード・カレッジ 第3巻』（ロベルト・ジョビー著, 壽里竜訳, 東京堂出版, 2006）。

一番下に送りましょう。ここでデックを裏向きに返すと、4枚のAはトップ・カードの下で表向きになっているはずです。

　一般的なクライスト・フォースでAをフォースします。デックをリフルし、観客にストップと言ってもらいましょう。観客がストップと言ったところで上側のパケットを右にずらし、ここで良いか確認します（写真1）。上側パケットをひっくり返して表向きにしたら、裏向きのカードが出てくるまで広げていきます（これはAです）。そこでスプレッドを分け、その裏向きのカードの表を観客に見せてください。

　表向きのスプレッドをデックに重ねて揃えます（いま、デックは上半分が表向きで、続けて裏向きのAが4枚、表向きのカードが1枚、そして残りのカードが裏向きになっている状態です）。そのまま続けて、最初にトップ・カードだった表向きのカードの下にあるナチュラル・ブレイクからデックを分けましょう。取り上げた表向きのカードのかたまりを本を閉じるようにひっくり返して重ねてください。これでデックは最初の状態に戻りました──トップ・カードの下で4枚のAが表向きになっています。あとは普通に進めてください。

Cleaning Up
　さて、片付けなくてはならないものが少々残っていますね。そう、デックの真ん中あたりで表向きになっている3枚のAです。そのままデックをスプレッドしてAを現す、なんていうのは間違ってもやってはいけません。そんなことをしたら、あなたがどうやってトリックを行ったのか、誰にでも分かってしまいます。密かにまたひっくり返すか、何か派手に出現させるか、あるいは私がしているように、次のトリック"4 Faces North"を続けて演じるのが良いでしょう。

4 Faces North

　この作品は『Dear Mr. Fantasy』で発表した私のTriumph手順、"Last Man Standing"の、特殊なバリエーションです。特殊、と言ったのは、これが先の"Counterpunch"後の状況を利用したもので、『単独で行う』手順ではないからです。こういった状況設定のため、ハンドリングはある程度簡素化されました──カードは選ばせませんし、それ故に戻させも、コントロールもしません。この手順はひっくり返ったAに対して効果的なクリーン・アップになりました。というのも、本作の最後のディスプレイ──4枚のAを除いてすべてのカードが裏向きであるという状態が、"Counterpunch"での最初のAの出現と同じ見た目となっているのです。

Précis

　"Counterpunch"のときに選ばれたAを、表向きでデックの中に入れます。デックの半分を表向きにし、裏向きのもう半分と混ぜ合わせます──それも疑いようのないくらいはっきりと。デックは直ちにスプレッドされますが、すべて裏向きになっているのです。ただし4枚のAだけは、ひとまとまりになって、スプレッドの真ん中で表向きになっています。

Mise En Scéne

　"Counterpunch"が終わり、演者は選ばれたAをただ1枚、右手に持っています。左手でデックを取り上げ、裏向きでディーリング・ポジションに持ちます。左手親指でデックの左側面を押し上げると、ナチュラル・ブレイクのところから、つまり3枚のひっくり返ったA群の下からデックを開くことができます。

　選ばれたAを、手前側から表向きで半分ほど差し込み、デックを閉じます。右手を上からデックに掛け、親指で表向きのAをデックに押し込みますが、このAの上に右手親指でブレイクを作りましょう。

　いまデックを両手で保持しており、右手の親指でひっくり返った3枚のAの下、1枚のAの上にブレイクを保持しています。

Do The Tenkai

　さてこの状態から、次のようにしてテンカイ・オプティカル・リヴォルヴを行いましょう。右手でブレイクから上のカードを全部取り、手のひらが上になるように手を返します。同時に左手を、手のひらが下になるように返します（写真1）。両手で同時に『捻る』動作をするわけです。

31

写真1

　右手を返したために、パケットは90度回転し、長辺が自分のほうを向いているはずです。左手のパケットを右手のパケットの上に置きますが、2つのパケットが長さの半分くらい重なっているようにします。デックを半分だけひっくり返し、もう一方に重ねたかのように見えるでしょう——ここでは上側のパケットが表向きに、下側のパケットが裏向きのように見えます。

　デックを左手のディーリング・ポジションに持ち直します。上側パケットが半分ほどアウトジョグされた状態になります（写真2）。右手で下側の、裏向きのように見えているパケットを引き出し、『ウィーヴ』・シャッフル——つまりはパーフェクトである必要のないファロ・シャッフル——の位置に持っていきます。

写真2

　2つのパケットをかみ合わせてウィーヴ・シャッフルを行いますが、以下のことだけ注意します。(i) 右手パケットのトップから3枚のカード（ひっくり返ったA）が最終的にデックのトップに来るようにする　(ii) 同様に、左手パケットのボトム・カード（選ばれたA）が、最終的にデックのボトムに来るようにする　この2点の制限を除けば、ウィーヴ・シャッフルは完璧である必要はありません（それどころか、別段上手にやる必要もありません）。かみ合ったパケットを、その長さの半分まで押し込みます……が、まだ完全に揃えてはいけません。

The Goodwin/Jennings Display

かみ合わせたデックを左手ディーリング・ポジションで持ち、表向きに見えるほうのパケットが演者から遠い側になるようにします。右手の指で、表向きパケットの外端をリフルします。なお、このアウトジョグしたパケットは、一番下のカードだけ向きが違っているので、それが見えてしまわないように注意してください。

観客からはパケットがすべて表向きに見えます（写真3）。

（ドミニク・デュヴィヴィエのハンドリングを試してみるのもいいでしょう。かみ合わせたパケットを右手で持ち、デックの外端を左手の親指で下へとリフルしていくものです（写真4））

写真3

写真4

かみ合わせたまま、パケットを縦方向に、演者に向けてひっくり返します。観客側のパケットは裏向きのように見えるでしょう（これはささやかな矛盾なのですが）。先ほどと同じように、裏向きパケットの外端をリフルします——すべて裏向きに見えるでしょう。繰り返しますが、アウトジョグしたパケットのボトム側の3枚が見えてしまわないように注意してください。この動作に合わせて、裏向きのカードと表向きのカードとでシャッフルすると言います。

ちなみにいま表向きで見えているカードは選ばれたAであることと思います。私は最初、これが気に入らなかったのですが、単なる幸運な、偶然の一致であるかのように関心を払わないようにしたところ、なかなかどうしてうまくいくことが分かりました。選ばれたAの出現についてコメントするかどうかは、あなたの判断にお任せします。

Four Faces

かみ合わせたパケットをカスケードし、左手の中で揃えます。そうしたらデックをカットして、選ばれたAを真ん中に移します。さて、あとはゆっくりとカードをスプレッドして、いまやすべてのカードが裏向きに揃っており、ただ4枚のAだけが表向きになっているのを示しましょう。

Watching the Detectives

　このトリックの以前のかたちは、元々『MAGIC Magazine』に"Among the Discards"として発表したもので、そのときのクレジットは『シカゴ・セッション』——すなわちサイモン・アロンソン、デヴィット・ソロモン、そして私ジョン・バノンでした。確かサイモンの提議だったと思いますが、私たちはある土曜の午後をまるまるウェスリー・ジェイムズの『Enchantment』(Hermetic Press, 2003) 内にあった"Catch-Ace-Trap-Ee"というトリックを弄くり回すのに費やしました。すぐに別の手法や別のバリエーションへと移ってはいきましたが、本当にそのプロット、『ガーデン・パス[2]』・サンドイッチに惹きつけられていたのです。私たちはいくつもの手法を試しました。中で私は、不合理なスイッチの手続きを思いついたのです。これは単に手順の流れを滑らかにするのみならず、演じるのを実に楽しくさせるようなものでした。土曜日のセッションから日が経つにつれ、私たちは皆、このトリックは非常に良いものだということを実感してきました。私はこれを弄くり続け、より長い手順を作りあげたのです。

Précis

　2枚のJと選ばれたAをデックのばらばらの位置に差し込みます。1枚目のJをトップ付近に、もう一方のJはボトム付近に、そして選ばれたAを真ん中——Jの間のどこかに。残り3枚のAは脇にどけておきます。JとAをゆっくりとデックに押し込んで揃え、マジシャンは「いまから2枚のジャックがエースのところへと向かっていきます。最後にはエースの両側まできて、……つまり、選ばれたエースを挟んで捕まえます」と言います。マジシャンはデックをテーブルに広げてから、どけておいたAを取り上げますが、驚いたことに、この3枚のカードが、両サイドを2枚のJで挟まれた選ばれたAになっているのです！

Mise En Scéne

　"Counterpunch"と"4 Faces North"が終わった時点で4枚のAが出ているはずです。もしそうでなければ、4枚のAを抜き出して（あるいは出現させて）ください。Aをテーブルに置いたら、デックから2枚の黒のJを抜き出して、裏向きで演者の右側に置いておきます。

PDFB Switch

　左手でAを取り上げ、裏向きのスプレッドにして持ちましょう。左手を上げてカードの表を相手に見せ、好きなAを言ってもらいます。言われたAを抜き出し、ひっくり返してAのパケットの上

訳注2：Garden-path：lead someone up/down the garden path のように使います。心地よい庭の道で相手を油断させることから、人に嘘をついたり欺いたりするという意味合いを持ちます。『欺きの小径』など。

Six. Impossible. Things./Watching the Detectives

で表向きにします。

　Aのパケットを揃えて左手のディーリング・ポジションに持ってください。ではポジションを確認しましょう。表向きの選ばれたA（ここでは♡Aということにします）、その下に裏向きの3枚のAです。さてここで少々のタイム・ミスディレクションが必要となります——要するに、Aの向きが表だったか裏だったかについて、観客に忘れてほしいのです。それほどの時間は要りません。私はいつも選ばれたカードについての、ちょっとしたお喋りを挟んでいます。

　ここで次のような一連の動作を行います。まず右手で裏向きのJを取り上げ、ちらりと表を見せたあと、Aのパケットの下に差し込みます（写真1）。

　続く動作でパケット全体をひっくり返し、左手のディーリング・ポジションに持ち直してください。トップのJを押し出して2枚の黒いJを見せます（写真2）。そうしたら右手を使って、デックを演者の前にリボン・スプレッドしましょう。ここでも少々のタイム・ミスディレクションが必要となりますので、なにかちょっとした台詞を入れると良いでしょう。

写真1

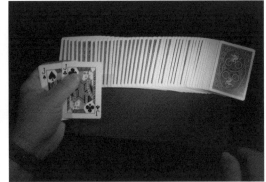
写真2

　これでJをスイッチする準備ができました。これは不整合な、つじつまの合っていない、それでいながら説得力の高いスイッチです。基本的には『Dear Mr. Fantasy』で解説した『ディスクレパント・ファット・ブロック・スイッチ』（Discrepant Fat Block Switch）のパケット版ハンドリングですので、『パケット・ディスクレパント・ファット・ブロック・スイッチ』（Packet Discrepant Fat Block Switch）、略して『PDFBスイッチ』と呼ぶことにしましょう。このスイッチは誰にも気づかれないばかりか、観客の想像の遙か先まで事を進めてくれます——実質的にはこれをするだけでトリック全体の準備が終わり、ほとんどの仕事が済んでしまうのです。このスイッチは私の果たした貢献のひとつであり、他のいくつかの理由とあわせて、私がこのトリックにささやかな満足と自負を感じる要因になっています。また不整合というものは、手順を楽しくしてくれます。もしあなたが私のような人なら、このスイッチを行う度に、にやりとしてしまうことでしょう。

　さてJをAのパケットの上にひっくり返したように見せます。しかし実際には、ブロック・プッ

シュオフを用いて（バックルやプルダウンを使っても構いません）、ボトム・カードより上のカードをまとめてひっくり返すのです。

　動きを止めることなく、パケットのトップ・カード（Jと思われています）を取り上げ、リボン・スプレッドしたデックの右端付近に差し込みます。半分ほど突き出したままにしておいてください。次のカード（もう1枚のJと思われています）を取り上げ、スプレッドの左端付近に差し込みましょう。

　タイム・ミスディレクションという魔法のおかげで、パケットの表裏の配列の状態、それからAとJの相対的な位置関係や向きについて、観客はすでに注意を留めてはいないでしょう——あるいは、もはや憶えてさえいないかもしれません。これこそが、このかなり大胆なスイッチがかくもうまく機能し、多くの人を引っかけてきた理由なのです。

　あとひとつ『仕事』をすることで、選ばれたAをスイッチして最後のサンドイッチ・エンディングの手はずを整えましょう。パケットの右側を右手で摘み、手を返してパケットの表側に選ばれたAがあることを観客に見せます。ここで左手にパケットをリバース・カウントしていき、選ばれたカードをトップに移したかのように見せかけます。ですが実際にはジョーダン・カウントを行いましょう。ジョーダン・カウントによって選ばれたAがトップから3枚目に、そして残っていた最後のAがトップに来ました。選ばれたAをきわめて効率的にサンドイッチしつつ、次のマルティプル・ターンオーバーによるスイッチのお膳立てをしているのです。

　ボトムより上のカードをまとめてブロック・ターンオーバーし、選ばれたAを見せます。Aはリバース・カウントでトップに来たことになっていますから、なにもおかしなところはないように見えるでしょう。

　もう一度ブロック・ターンオーバーを行ってAを裏向きにします。トップ・カードを取り上げてスプレッドの真ん中に差し込み、他の2枚と同じように半分だけ突き出しておきます（写真3）。

写真3

Shift Cards

　では、現状を確認しましょう。観客から見ると、まず2枚のJが示されて、それぞれスプレッドのトップ付近とボトム付近に差し込まれました。それから、選ばれたAがスプレッドの真ん中、2枚のJのあいだのどこかに差し込まれたかたちです。しかし実際には、選ばれたAはすでにあなたの手の中で2枚のJにサンドイッチされているのです。私たちは観客の想像の遥か先を行っています。トリックは実質的にはもう終わっていますが、観客はいま始まったところだと思っています。

　手元に残っているカード（2枚のJと選ばれたA）をなにげなくテーブルに置きます。このとき、3枚のカードが少し広がっているようにしてください。

　デックをまとめながら取り上げますが、3枚のカードは突き出したままにします。「ジャックが集まって、選ばれたエースを挟みます」と説明してください。

　では突き出たカードを押し込んで揃え、デックの中に入れてしまいましょう——というのが、『MAGIC Magazine』に載せたやり方ですが、実は私はその通りにやったことは一度もありません。これらのカードはご存知の通り3枚のAですので、やはりコントロールしておきたいところです。そうすれば、このあと適当なタイミングで出現させ、再びAを4枚揃えることができますからね（これについては後述します）。

　というわけで、エリアス・マルティプル・シフト（Elias Multiple Shift）を行って3枚のAを裏向きデックのトップへとコントロールしてください。この素晴らしい技法の、私のハンドリングについては『Dear Mr. Fantasy』（Bannon, 2005）の"Out Of Touch"の中で詳細に解説しています[3]。もちろん、どんなマルティプル・シフトでも使えます。しかしAをトップにコントロールするようなもの——たとえばナッシュ、カーディーニ、ステランコ、そしてエリアスのもの——であれば、シフトをしたあと、Aをトップへ運ぶのに、シャッフルしたりカットしたりする手間が省けます。

Shift Focus

　アウトジョグしてあったカードを押し込んだら（そしてマルティプル・シフトしたら）、デックをテーブルに置いてください。ここは非常に素敵な場面です。というのも観客は皆、マジックを締めくくるためには、演者はここで何かひと仕事しなくてはいけないだろう、と思い込んでいるからです。

　しかし、そういったひと仕事は何もなしに、演者は脇にどけてあった3枚のカードを取り上げます——選ばれなかった3枚のカードと観客が思っているものです。演者がそうした時点で、観客も何が起こったのかに気づくでしょうから、ここは手早く進めます。

訳注3：日本語版『ジョン・バノン カードマジック -Dear Mr. Fantasy-』（ジョン・バノン著, 富山達也訳, 東京堂出版, 2013, p.95）

ここは、このトリックにおけるとても素敵な瞬間です。演者がどけてあったカードを取り上げたらすぐに、ほとんどの観客は何が起こったのか悟ることでしょう——そして自分たちがまんまと騙されたのだということも。ここには私が"Bullet Train"エース・アセンブリで取り組んだのと同じ、『タイミング要素』があります。主に効率的なPDFBスイッチのおかげで演者は大いに先んじているので、観客はこんなにも早くトリックが終わるとは想像もしていません。何かもっと、すべきことがあるように思えるでしょう。ですが、そうではないのです……。

　パケットのトップとボトムのカードをそれぞれ表向きにひっくり返してください。そうしたら手を返し、サンドイッチされているカード、すなわち選ばれたAを観客に見せましょう。

New Jax

　さて、ここで止めてしまっても充分に素敵な現象ではあります。驚きの『ガーデン・パス』・エンディングで観客は楽しんでいますし、演じている私たちも数々の不整合を楽しめていることでしょう。しかし私は、どこかへ行ってしまったAを再出現させる方法がほしくなりました。そういったルーティーンを組むために、ハリー・ロレインの"One-Eyed Jack Sandwich"として有名になった、アル・リーチの偉大なるトランスポジション現象を再構成したものを加えました。この『Jのサンドイッチ』は、不整合とガーデン・パス構成によって成り立っています。なので私には、"Watching The Detectives"から続けて演じるのにぴったりな手順に思えるのです。

Précis

　選ばれたA（先ほど"Watching The Detectives"で用いたものです）を裏向きで2枚の表向きのJのあいだに挟み、その『サンドイッチ』状態のパケットを、デックをカットして真ん中へと移します。別にカードが1枚選ばれ、デックの上のあたりに戻されます。そうしたらマジシャンはデックからカードを1枚弾き出します。しかし驚いたことに、それは選ばれたカードではありません。……先ほど選ばれたAなのです。選ばれたカードは、Jのあいだにサンドイッチされた状態で見つかるのです。

Mise En Scéne

　前のトリックから続けて行います。裏向きのAが表向きの黒Jの2枚にサンドイッチされています。サンドイッチ状態のカードを右手に、デックを左手のディーリング・ポジションに持ちましょう。手を返して、Aの表側を観客にちらっと見せます。

Bluff Switch Move

　Jのサンドイッチを表向きでデックのトップに置いて揃えますが、このとき裏向きAの下に右手親指でブレイクを取ります。デックはアンダーカットに備えた状態――および不整合を利用したスイッチを行える状態になっています（この技法の原形が、私の最初の冊子である『Mirage』に収録されています）。上からかけた右手で、デックの上3分の1を保持します。このとき右手親指は、トップ2枚の下にブレイクを保持したままです。左手でデックの下3分の2を取り、右手のパケットに上から重ねてください。そうしたら左手のパケットを右手のパケットと揃えます。これまでのところは伝統的なダブル・アンダーカットと何ら変わったところはありません。そのまま動きを止めずに、ブレイクより上のカードすべてを右に30度ほどずらします。ずれた箇所から下側の黒のJが見えていますが、観客はこれを上側のJだと思っています（写真1）。

写真1

　ただちに、ずらした状態のままでデックをテーブルに置きますが、この動作のカバーとして次のようなことを言いましょう。「ちょっとしたサスペンスを作りましょう。このあとすぐ、ジャックをデックの中に戻しますが……どうしましょうかね？　だいたいデックの真ん中くらいにしましょうか。ただしその前に……」

　『このあとすぐ』という台詞、これがスイッチにおいて重要な役割を果たします。これにより、カットを途中で止めていることが正当化されるからです。さて何が起こったのでしょうか？　この時点で実は、上側のJと選ばれたAはすでにサンドイッチ状態から外れています。表に見えるJが変わっているのですが（スペードからクラブに、あるいはその逆に）、観客は決してそれに気づきません。甚だしい不整合ですが、実に効果的です（もしこの点が気に入らないのであれば、Jの代わりにジョーカーを使っても構いません）。また効率的でもあります。大変興味深いことに、一般的なスイッチ手法では、この状態にもってくるのは非常に難しいのです。

Control And Swap

　「ですがその前に、この中から1枚カードを選んでもらいたいのです……」上側のパケットだけを取り上げ、手の中で広げます。ボトムから2枚目にある表向きのJが見えないように注意してください。カードの裏面に触ってもらい、1枚選ばせます。選ばれたカードをアウトジョグしてから、パケットを揃えましょう。そうしたら突き出したカードを抜き出して、観客に表を見せます。

　観客がカードを憶えたら、手に持っているパケットのトップに裏向きで置きます。パケットをカットして、選ばれたカードを中に送ったように見せかけますが、ラリー・ジェニングスのダブル・アンダーカットの手法を用いて、トップとボトムのカードを入れ替えてしまいましょう。

　右手でパケットを上から持ちます。このときトップ・カード（選ばれたカード）の下に右手親指でブレイクを作ってください。左手でパケットの下から半分程度をカットして上に持ってきます。

　左手のパケットを右手パケットの上に重ねて揃えますが、このとき左手親指で左手パケットのボトム・カードより上をすべて右に押し出します。1回目のカットが終わったとき、左手パケットの

ボトム・カードの左前方コーナーが左にジョグされていますが、親指に隠れて見えません（写真2では分かりやすいように大きくずらしています）

　そのまま動きを止めずに、左手で右手親指のブレイクより下のカードをすべてアンダーカットしましょう。ここで左手を左方向へと動かすのですが、上半分のパケットのボトム・カード（A）を左手親指で保持します。左手親指で僅かに下方向の力を加え、サイド・ジョグしたカードのコーナーを下半分のパケットへと押しつけることで、秘密のスイッチが行われます（写真3）。

写真2

写真3

　サイド・ジョグされたカード（元々パケットのボトムにあったカード）は、パケットをカットする過程で下半分のパケットのトップに移ります。選ばれたカードはパケットの中へとカットされたように見えていますが、実際にはボトムへ、つまり表向きのJの下に来ています。そして選ばれたAはというと、これはトップに来ています。

　パケットの外端をリフルして、「選ばれたカードはどこかに行ったか分からなくなりました」と言います。表向きのJが見えないように気をつけてください。手元のパケットをテーブル上のパケットに、右にずらした状態で重ねます。それから2つのパケットをゆっくりと揃え、「今度こそ、2枚のジャックをデックの中へと入れてしまいますね」と言いましょう。

Spin
　私たちは観客より遙かに先んじています。実際のところ、トリックはもう終わったも同然なのです。選ばれたカードはJに挟まれており、選ばれたAはデックのトップに来ています。そして観客は、いまやっとトリックが始まったところだと思っています。あとは最大限、効果的に演出するだけです。

　選ばれたカードを見つけて捕まえてみせる、と言います。そうしたらベンザイス・スピン・アウト・カット（Benzais Spin Out cut）を行いましょう。この技法は、まずテーブル・スリップ・カットをすることから始まります。上半分を左手に、下半分を右手に持ちますが、このとき右手の人差し指を使って全体のトップ・カードを保持してください（写真4）。

写真4

　この一連の動作が、デックの中にあるJのサンドイッチに干渉してはいけません——つまりこのために、わざわざJを真ん中ではなく、上から3分の2のところにコントロールしたのです。

　カットを行いながら、両手を鋭く外側に弧を描くように動かします。同時に右手の人差し指で『スリップ』したトップ・カードを前方に押し出します。適切に行われれば、トップ・カードはくるくると回りながら飛んでいきますが、これはあたかもデックの真ん中あたりから飛び出したように見えます。この錯覚は実に素晴らしく、このよく知られたプロダクション手法が、時の試練に耐えてきたのも頷けるというものです。

　左手のパケットがトップになるようにデックを戻します。カードを揃え、左手のディーリング・ポジションに持ってください。右手で飛び出していったカードを取り上げます。それが選ばれたカードであると、誰もが信じ込んでいるでしょう。

　選ばれたカードの名前を尋ねます。観客の回答を聞いたら、演者はそのカードを見つけて捕まえようとしていたことを再度強調します。飛び出したカードを表向きにひっくり返し、それが先に選ばれたAであることを示してください——選ばれたカードではありません。Aをテーブル上、演者の左斜め前に表向きのまま置いたら、デックを手の中で広げます。Jの間に裏向きのカードが1枚あるはずです。Jのサンドイッチより上のカードはテーブルに置きましょう。

　サンドイッチを広げて右手に取ります。もしこの手順を一連のルーティーンの一部として演じていたのであれば、選ばれなかった残りの3枚のAがサンドイッチのすぐ下にあるはずです。サンドイッチを広げるときに、次の3枚のカードも同じように広げてください（あとでこれらの下にブレイクを作れるように、です）（写真5）。

　手を返して、選ばれたカードがJのあいだに『捕まっている』のを示しましょう。

写真5

Full Circle

　実のところ、これはトリックというほどのものではありませんが、筋が通っていてかつ意外な、見失われた３枚のAの再出現です。この手順はルーティーンに対してある種の完全性を加えるとともに、よい締めくくりにもなるでしょう。"New Jax" は "Watching the Detectives" のあとに、いい具合の『間奏』を提供してくれます。それも同じカード——２枚の黒いJと選ばれたAを使って。"New Jax" が終わる頃には、観客は他の選ばれなかった３枚のAについては忘れてしまっているでしょう。なので、いまこそがそれらを再出現させ、この一連の手順をひとつの円環として綺麗に締めくくるのに最適なタイミングです。これにより４枚のAが出た状態で終わりますから、別のフォー・エース・トリックに続けることも可能です（あるいはここで止めるなり、なんなりと）。

　ポジション・チェックをしておきましょう。いま左手にデックの半分をスプレッドして持っており、右手は３枚のカードからなるサンドイッチを持っている状態ですね。

　選ばれたカードが挟まれているのを見せたあと、Jのサンドイッチを左手のカードの上に置いてください。右手でサンドイッチの真ん中のカードを抜き出し、裏向きでテーブル上のパケットに重ねます。それから左手のパケットを揃えますが、このときトップから５枚目のカードの下にブレイクを作ります——すなわち、表向きの２枚のJと裏向きの３枚のAのまとまりの下です。パケットはスプレッドされた状態なので、揃える動作でブレイクは簡単に作れるでしょう。

　右手を上から掛け、ブレイクより上のカードをすべて取り上げます。上側のJを左手のパケットの上に引き取りますが、もう一方のJの下には３枚のAが隠れています（写真１）。

写真１

　続けて左手を返して、表向きのAをテーブルから拾い上げます。こうすることにより、左手がデ

ィーリング・ポジションに戻った際、表向きJの上にAが裏向きで右にサイド・ジョグした状態になります（写真2）。

写真2

　左手を戻しながら、裏向きになったAを押し出して、右手に持っているJ（と密かに持っている3枚のA）の下に、左へ少しずらしたかたちで取ります。表向きの2枚のJのあいだに裏向きのAが1枚挟まれたように見えているでしょう。続けて左手の表向きのJを右手のパケットの下に、さらに左にずらして取ります。

　サンドイッチを一時的に右手で保持し、左手は残ったパケットをテーブル上のパケットに重ねます。空になった左手を右手のパケットへと動かし、それを揃えながらディーリング・ポジションに持ち直してください。そうしたら右手でテーブル上のカードをリボン・スプレッドしましょう。

　これらの操作は、すべて『後片付け』であるかのようにさりげなく行います。『先ほどのトリックが終わり、演者はJ-A-Jのサンドイッチを再度作り直そうとしている』、これ以上のなにものでもありません。もちろん実際には、演者は手順を素敵に締めくくるべく、4枚のAを再出現させる準備を終えたわけです。

　パケットをスプレッドの上にかざして揺らしたら、1枚ではなく4枚のカードがJに挟まれているのを見せましょう。そうしたらAを1枚ずつ抜き出し、表向きにしてテーブルに置いていき、トリックの（そして一連のルーティーンの）素敵な結びとしてください。

Origami Poker Revisited

　予言の一形態に、『あとから分かる自己参照的』な予言というのがあります——言い換えるなら、意外なロイヤルフラッシュによるエンディング。つまり、手順の最後にロイヤルフラッシュが現れたときに、誰もがこれを『意図された結末』だと認識するというもので、これは予言されていないけれど予言のようなものなのです。使うのはたった12枚のカード。これまで発表された中で、もっとも無駄がなく、もっとも意義深く、そしてもっとも合理的なオリガミ・カード・トリックです。

　スペードのロイヤルフラッシュの5枚、赤のハイ・カード[4]5枚、クラブのハイ・カード2枚（この後半7枚のうち、1枚だけ10を入れておくといいでしょう）をまとめて、トップから次のように並べます：

　5枚のロイヤルフラッシュ・カード（順不同）
　残り7枚のカード（順不同）

　演じるのに、まず表向きでパケットを広げます。ただし、最後の3〜4枚は見せないようにしてください（写真1）。

写真1

　演者はいま『ハイ・カード』のパケットを持っているのだと簡単に説明します。広げたカードを閉じ、裏向きにしてオーバーハンド・シャッフルの位置に持ちます。

　実際にカードを混ぜるかのように見せながら、実際には最初の5枚を1枚ずつ左手に引き取りま

訳注4：高い値／高位のカードでAや絵札を指します。ここでは違いますが、10もハイ・カードに含むことがあります。

Six. Impossible. Things./Origami Poker Revisited

す。5枚ランしたら、残りの7枚は本当に混ぜてしまって構いません。

　カードを手の中で広げ、密かに上から7枚数えます。上7枚を表向きにし、裏向きの残り5枚とシャッフルしてください。

　ひとたびカードが表と裏とで混ざったら、さらにオーバーハンド・シャッフルを行いましょう。それから観客にも同じように混ぜてもらいます。

　以前のバージョンと同様に、カードが個別にひっくり返されない限り、観客の好きなようにシャッフル、カットしてもらうことができます。

　観客がシャッフルを終えたら、演者はカードを受け取り、タテヨコ3×4の格子状に、以下の図の数字の順に配ります。これは行ごとに折り返して、蛇行させるかたちです。このとき配るカードは1枚おきにひっくり返してください。

```
1   2*  3   4*
8*  7   6*  5
9   10* 11  12*
```
(*配る際にひっくり返すカード)

　並べたカードのどこから『折っていくか』を観客に指示してもらいます。パケットがひとつになるまでこれを続けます。最後に折るとき、スペードのフラッシュが表か裏、どちら向きになっているかを確認してください。もしフラッシュのカードが裏向きだったら、最後に『もうひと折り』ということでパケット全体をひっくり返してしまいましょう。

　最後にパケットをスプレッドすると、裏向きのパケットの中でロイヤルフラッシュだけが表向きになっています。

　スプレッドからロイヤルフラッシュのカードを順番通りに抜き出しましょう。ひょっとすると、観客はあとで思い出すときに、スプレッドしたパケットの中でロイヤルフラッシュが順番通りに並んでいたと思い違いをしてくれるかもしれませんよ[5]。

訳注5：本項における解説はきわめてシンプルなので、本書後半『All in』の会話体での"Origami Poker Revisited"（267頁）を併せてご参照ください。なお、この原理および元のトリックについては、先述の『ジョン・バノン カード・マジック』で詳細に解説されています。

Riverboat Poker

　私とバノンは共通の友人に招かれ、ちょっとしたディナー・パーティに参加していました。食事のあと、バノンはひとつふたつ……いや、5つくらい？　カード・マジックを演じるつもりのようでした。彼はホストにトランプを貸してほしいと頼み、そしてその間にも、彼の『フラクタル[6]』・パケット・トリック——あのロイヤルフラッシュで終わるやつ——をひとつ演じていました。皆は当然のごとく感心し、そこでゲストのひとりがこう言ったのです。

　「バノンさん、あなたとカードの勝負は絶対やりたくないものですね」

　バノンは笑って「私と？　いや、ありがとう、と言っておきましょうか。だけど君が本当に避けるべきなのは私じゃなくて私の大叔父でしょうね。あの人は一族の鼻つまみ者で、……どういう人種かは映画で見たことがあるかもしれませんが、あのリバーボート・ギャンブラー[7]というののひとりだったんですよ。ギャンブルで生計を立てるのは簡単なことではありません。だから私の知る限り、そこでは誰もがイカサマをしていたのです。つまりどういうことかというと……そうだな、いまからちょっとした面白いものをお目にかけましょうか」

　そんなお喋りをしている間にトランプは届いており、バノンは話をしながらデックをざっと見ていって、4枚のAを抜き出しました。

　「祖母は彼の持ち物をまだいくらか持っていましてね。それと古い手紙もありました。私はそこでランアップ・システムについての記述を見つけたんです。『ランアップ』とは何か、ご存知ですか？　それは相手の目の前で、密かにカードをスタッキング[8]する秘密の方法のことなんですよ。その方法というか、公式をメモしたのがこれです」

　彼はポケットから書き付けを取り出し、広げて私たちに見せました。そこにはこう書かれていました。

訳注6：演技終了後にすべてのカードを観客に渡して検めさせることが可能なパケット・トリックを、バノン自身は"フラクタル"なトリック、と呼んでおり、その名のシリーズをいくつか単売商品として出しています。

訳注7：リバーボートというのは文字通り川用の船で、米国で19世紀初頭以降に多く使われていたものを指します（バノンのストーリーの中では20世紀に入ってからのものを指している模様ですが）。当初は川から海へ、またその逆といった水運の担い手でしたが、時代が下るとそれに加えて通常の移動や旅行などにも使われるようになりました。その流れで船内に宿泊施設やバー、カジノなどを備えたり、移動劇場のような装いのリバーボートも出てきたりと大型化していきます。動力は蒸気機関やディーゼル・エンジンが多く、蒸気式後部外輪船というと、ディズニーランドのマーク・トウェイン号を想像して頂くと分かりやすいです。ああいう見た目のものが、今回のお話に出てくるリバーボートのイメージに近いと思われます。

訳注8：特定のカードを特定の並びで特定の場所へとセットしてしまうこと。麻雀でいうところの『積み込み』のようなものです。

プレイヤーをn人として、以下のようにシャッフル：

1
2n+1
n-1
n
1
2n
トス
適切な場所でカット

　いったい何のことでしょう。もはやギリシャ語か、あるいは火星語のような意味不明さではありましたが、それでもなお興味をそそるものでした。他の人たちは明らかにこれに釘付けです。彼らは皆、『デックをスタックする』ことについて聞いたことはあったものの、実際にそれが行われるのを目にしたことはなかったのです。バノンは彼らの注目をしっかりと惹きつけていました。もちろん、私のも。

　「リバーボート華やかなりし、かの時代を振り返ってみますと、彼らはこういうシャッフルはしていませんでした」

　バノンはリフル・シャッフルをしながらそう言いました。「多分、まだこの方法は生まれていなかったんでしょうね。だから当時の人々は、オーバーハンド・スタイルでカードをシャッフルしていたんです。こんな風にね」彼はデックをオーバーハンド・シャッフルしました。

　バノンはメモを自分のほうへと向けました。「だからここに書かれているのは、そう、オーバーハンド・シャッフルでの方法なんです」彼は4枚のAを取り上げ、デックの上に置きました――表向きで。「それではエースをスタッキングしていきましょうか。何が起こっているのかみんなにも見えるように表向きにしておきましょう。さて、では5人のプレイヤーがいるとしましょう。この場合、『n』は5。つまりシャッフルはこんなかたちで進めていきます」

　「1」彼はトップにある表向きのAを左手に取り、残りのデックをその上にトスしました。

　「2n+1。ここでは11です」彼は素早く11枚カードを取り、デックをトスしました。

　「n－1、これは4」今回は4枚取って、そしてデックを重ねます。

　「nは5」5枚取ります。

　「1は、うん、1ですね」1枚取ります。

「そして2nは10」そしてさらに10枚取りました。彼がカードをシャッフルしているあいだ、ときどき表向きのAがちらっと覗いたりしてこれは非常に面白い。ですが私は、こんな簡単な方法で果たして本当にうまくいくんだろうか、と少し疑問に思い始めていました。

「『トス』、なのでカードを一度大きくまとめて取ります」彼はかなりの枚数のカードを大きなかたまりで取り、残ったデックをその上へと重ねます。彼がカードを広げていくと、デックの上からおよそ3分の1くらいのところで、1枚目の表向きのAが出てきました。彼は続けて広げていき、「このように、エースはばらばらの場所に散らばっていますね」と言いました。彼は広げていたカードを閉じ、公式の書いてある紙を見直します。「『適切な場所でカット』、これを理解するのには少々時間を要しました」彼はデックを2回カットしました。

彼はイケてる女子大生と、そのボーイ・フレンドのほうを見て言いました。「うまくいっていると思うかい？ 見てみよう」

彼は5人分のハンドを配り始めます。もちろんのこと、最初の3巡では必ずディーラーのところに表向きのAが来ました。ところが4巡目、彼の手札には他の人と同じく、裏向きのカードが来たのです。何か間違ったのか？ バノンは裏向きのカードを表にしました——♣4。

長い間のあと、バノンは言いました。「ポーカーは、5枚配るものですよね」。

彼は最後の1巡を配ります。そして最後の表向きのAはディーラーへと配られたのでした。……こうなることは分かってはいたはずでしたが。

観客は大いに感銘を受けたようで、「バノン、あなたが本当にそういうことができると、なんでいままで知らなかったんだろうか」と、わいわい話していました。ですがいま見たものについて考えるにつけ、私はそれをトリックだとは思えなくなっていたのです。だってこれは、紙に書かれていたものそのままのデモンストレーション——ただそれだけです。まあ、バノンは場の皆にこのギャンブルの奥深き秘法を紹介はしましたし、観客たちはいまや「それ実際に見たことがあるよ」と言うことができるわけです。「ある人が実際にデックをスタックするのを生で見たんだ」とね。

しかし、まだ終わりではなかったのです。

「エースはいいカードですが、しかし相手がみんなフォールド、つまり勝負から降りて、勝負にこだわらなかったら意味がない。もしそうなったら、たとえエースを4枚持っていても1セントにもなりませんからね」バノンは他の手札を取り上げ、Aを裏向きにしてまとめ、デックをカットしてその中に入れてしまいました。

「これは最初の問題に過ぎません。では2つ目の問題ですが、それはリバーボートは危険なところだということ。だからいかなる突発的な事態にも対処できるよう、準備をしておかなくてはならなかったんです。どういうことかお目にかけましょう。実際にリバーボートでポーカーをしたら、

どういうことが起こるのかを」彼はデックをシャッフルし始めます——もちろんオーバーハンドで。「今回は全部のカードを裏向きにしておきましょう」

それから彼は再び5人分の手札を配り始めました。言った通り今回はすべて裏向きで。2巡配ったところで、彼は言いました。「ご存知のように、リバーボートでの生活は大変危険に満ちていました。たとえばバーでケンカが始まって、プレイヤーの1人が脳天にボトルの一撃を喰らって気絶、退場するとかね。どの手札のプレイヤーが居なくなったことにしましょうか？ お望みなら、それぞれの手札を見てから決めてもらっても構いませんよ」

見てみましたが、どれも大したカードではありませんでした。女子大生は中くらいの値のカード2枚の手を指しました。バノンはそれを表向きで脇に捨てます。それから彼は3巡目を配りました。「さて、いま4人しかプレイヤーがいません。ここでミス・キティ[9]がある人の肩を叩いてウインクをする。ミス・キティがどういうタイプの女性か、君はまあ、分かりますよね？ いずれにせよ、彼はテーブルを離れました。どの手札のプレイヤーがいなくなったとしましょうか？」

私たちはもう一度手札を見ました。その中のひとつでJのワンペアができていたので、言うまでもなく、私たちはそれではない手札を捨てることにしました。バノンが4巡目を配ります。「残ったのは3人。さあ、ここで1人の紳士が、別の1人のイカサマを告発、デリンジャー[10]を抜いてそいつを撃ちました。いなくなったのは誰にしましょう？」

もう一度手札を見ましたが、決めるのは簡単でした。私たちはさっきのJのペアがある手札を残すことにしました。バノンが最後の1巡を配ります。「OK、いまや君と私の2人だけです。ではドローしましょう。君のハンドは何でしょうね？」バノンが残った手札をめくります——2枚のJ、10、2、A。「エースがキッカー[11]のジャックのペアか。私がこのプレイヤーだったら2枚ドローしますね」彼は数札の2枚を捨てて、手札を再び裏向きにしました。そこに彼は2枚カードを配ります。

それからバノンは自分のハンドを覗き見て、少し考えてから言いました。「スタンド・パット（この手札のままで）かな。ではショウダウン。君のハンドは？」

私たちは自分のハンドを表にして見せました。フルハウス——Jが2枚とAが3枚でした。これは凄いぞ。

「フルハウスはとても強い役です。そのハンドならかなりの大金を稼ぐことができたでしょう。

訳注9：直訳すると仔猫ちゃん。文脈的にオトナの時間が待っています。
訳注10：2発装弾タイプの小型銃。主に護身用途。
訳注11：ポーカーでは、5枚未満で役が作られた場合に、役と関係ないカードの中でもっとも強いカードが何かで勝敗を決めますが、そのカードをキッカーといいます。ここの例だとバノンの相手のハンドは2枚のJでワンペアができています。もし別のプレイヤーが2枚のJと2と3と4を持っていた場合、ワンペアということでは同じなのですが、それ以外のカードを見たとき、一番強いカードはそれぞれAと4です。この場合はキッカーとしてAを持っているほうの勝ちになります。

……こういうのに出くわしさえしなければね」彼が自分の手札を表にすると——スペードのロイヤルフラッシュ。「こうなってはたとえフルハウスであっても負けハンドのひとつに過ぎないというわけですね。『リバーボートでは誰もがイカサマをしている』というわけです」

※

「いやあ、あのポーカー・ディールは面白かったですよ」パーティからお暇（いとま）する際、私はバノンに言いました。

「私もそう思うね」とバノン。彼は続けて言います。「そして本当に簡単なんだ。ほとんどセルフワーキングなんだよ。最初のフェイズはそのまま"Vernon Poker Demonstration"で、私はほんのちょっと、大小1つずつ変更を施しただけでね。大きな変更というのは、エースを表向きのままにしたことだ。おかげで一連のシャッフルが視覚的に面白いものになった。これが表向きで行われるのは、かつて他では見たことがなかったと思うね」

「クールでしたよ。何というか、実際にカードがスタッキングされていくのが目に見えて。それで他の変更点というのは？」

「そっちは純粋に演出的なものでね。普通、演者は公式をぼそぼそと暗唱し、それからシャッフルをするたびにもそれをぼそぼそと復唱したりするものなんだ。だけど私は公式を書き留めて、それを観客に堂々と見せてしまうほうがいいと思った。こうしたほうが、なんだかよく分からない呪文めいたものと違って、より本物らしく見えるかなと——まあ、実際に本物なんだけど。私はこのトリックをもっと面白く、そして興味を惹くものにしたかったんだよ。ヴァーノンがしたように、『最良の方法』とは、『そのままストレートにやること』さ」

「手順を初めから順を追って見せてくれませんか？」コンド[12]のロビーにはいくつか椅子や小さなテーブルが置かれており、私たちはタクシーを待つため席につきました。

バノンは公式の書かれた紙を私に手渡しました。「君にあげるよ。まず必要なのは、4枚のエースを抜き出しつつ、♠K、♠Q、♠J、そして♠10をデックのトップに持ってくることだ。順番はどうでも構わない。借りたデックだったとしても、エースを取り出しながらフラッシュのカードをカルするのは簡単だ」

私は自分のデックを取り出し、言われた通りに並び替えました。「なるほど。それで次は？」

「エースは抜いた状態でオーバーハンド・シャッフルのデモをしてみせ、トップ4枚のフラッシュのカードをボトムに送る。このトリックの舞台設定をリバーボートにしたのは、オーバーハンド・シャッフルを正当化するためだ。もっとも、『リフル・シャッフルはまだ生まれていなかった』と

訳注12：アメリカ英語の話し言葉。分譲マンションのこと。

いうくだりは私の創作だけど。……実際のところはどうだったんだろうか？　さておき、フラッシュのカードをボトムに送ったら、４枚のエースを表向きでデックのトップに置こうか。スペードのエースは表向きのエースの中で一番うしろ、デック側にしなくてはいけない」

「OK。それから？」

バノンは例の紙を指差しました。「ここに書かれている通りにシャッフルすればいい。書かれた枚数だけランして、残りを重ねる。ただし、このステップだけは例外だ」そう言ってバノンは『$2n+1$』のステップを指差しました。「ここでは11枚ランしたあと、残りのデックをシャッフルされた左手のカードの下に入れる。この11枚のカードはトップに戻さないといけないんだ」

私はそれを紙にメモしました。

バノンは続けます。「『トス』のステップでは、そこそこ多めのかたまりを取り、残りのデックをその上に重ねる。つまり本質的にはデックをカットして、スタックをトップ近くのどこかに送るのと同じだね。ヴァーノンの手法とは違い、カットすべきクリンプはない。だから代わりに、１枚目の表向きのエースが出てくるまでデックを広げている。ここまでは大丈夫かな？」
私は頷きました。

「さて、広げたカードを閉じながら、表向きのエースより４枚上のところにブレイクを作る[13]。ちなみにこの４枚はスペードのフラッシュのカードだね。ではブレイクのところからダブル・アンダーカットをしてくれ」

これは本当に簡単だぞ、と私は思いました。私は、紙にもう２つの注釈を加えました。

プレイヤーが n 人として、以下のようにシャッフル：

1
2n+1 （トップに戻す）
n-1
n
1
2n
トス（＝適当な場所でカットするのと同じ）
適切な場所でカット（『適切な場所』＝一番上の表向きのAより４枚上のところ）

訳注13：Aの上にある４枚の『その上』にブレイクを取ります。そこからカットをしたとき、トップがスペードのフラッシュの４枚になるように、です。

ジョン・バノン カードトリック　HIGH CALIBER

　私が改めてシャッフルの手順をなぞってみているあいだ、バノンはこう言っていました。「その最後のシャッフルを『n』ではなく『2n』としたのは、これこそヴァーノン・タッチだね。ここで数値を2倍したために、最後のエースは4巡目では出てこないで、5巡目で出てくるわけだ。素晴らしいね」

　私が5人分の手札を配り始めると、確かにAが自分の元に来ます。私はそれなりにカード・マジックをやってきたほうですが、それでもスタックが本当にうまくいったことに感動しました。特に4巡目でのミスと、最後の1巡でのヒット、これらの素晴らしさには同意せざるを得ません。

　「とてもいいですね」と私。

＊

　「でも2段目はどうなんです？　つまり、この次々にプレーヤーが脱落していくところですが」

　「2段目はマーティン・ガードナーのポーカー・ディールに手を加えたものでね。配ったカードをこのまま集めて、再び5人分の手札を配ると手元にロイヤルフラッシュが来る。しかし何枚かのカードの配置を換えれば、プレーヤーが徐々に減っていく演出のセットアップができるし、それでもなお、演者はロイヤルフラッシュが得られるんだ。君が想像しているよりずっと簡単にね」

　彼は続けます。「デヴィット・ソロモンが"Switch Poker"というデヴィット・ブリトランドの手順を弄くり回していたんだ。そのトリックでは、カードを1巡配るごとに、プレイヤーの誰か1人が演者と手札を入れ替える。観客はどの手札を入れ替えるのか決めることができるんだ。私はそのドラマ性が気に入ってね。そこから、プレイヤーが1人ずつ脱落していくという筋立てと、どの手札を取り除くかは観客が決められる、というかたちを考えついたんだ」

　「どの手札を捨てるか観客が決める前に、毎回それぞれのハンドを見てもらうようにした。というのも、ほとんどの場合でどこかの手札にはペアができるから、そのハンドには最後まで残ってほしかったんだ。ほら、最後まで残った手札には、5巡目でエースが配られただろう。そしてもし彼らがエースがキッカーのペアを持っていて、2枚ドローしたら、その2枚もエースだから──」

　「つまりエース・オーバー[14]のフルハウスですね」と私は口を挟みました。

　「その通り。しかしペアがなかった場合でも、最後の手札では3枚か4枚のカードをドローすることができるし、少なくともエースのスリーカードは得られる──これは全然悪いハンドじゃあない。というわけで、我々はドラマティックな面白さを手に入れ、素敵なショウダウンを手に入れ、さらに『脱落していく』という要素によって、すべてがコントロール不能だったかのように思わせ

訳注14：フルハウスは同値のカード3枚と別同値のカード2枚で構成される役です。フルハウス同士の強さは、3枚組のほうの強さで決まり、こちらの値を取ってxxオーバーのフルハウスという呼び方をします。この場合はAが3枚なので、『エース・オーバーのフルハウス』です。

るわけだ」

　そこについては同意しないわけにはいきませんでしたが、どうしてそれがうまくいくのかはまだよく分かっていませんでした。

　「ではやり方についてだ。最初の段が終わって、『たとえ強いハンドでも相手が全員フォールドしてしまってはカネを得ることはできない』と言いながら、配った手札を集め始める。最初の手札だが、演者の左にあるやつから始めるんだ[15]。両手を使ってこれらのカードの表を見せてから裏向きに戻すのだけど、このときなにげなくカットすることで、トップの2枚をボトムに送るんだ。いいかな?」私は頷きました。

　「そうしたら2番目の手札の山を取って、いま持っているカードの上に裏向きのまま重ねる。そして先ほどと同じく、両手を使ってカードを広げ、表を見せる。カードを揃えながら、2番目の手札のトップ・カードだったものを、持っているパケットの一番下に送る。必要な調整はこれだけだ。残りの2つの手札は好きな順番で取り上げて、表を見せ、手元のパケットに重ねていけばいい」

　すべきことがたったこれだけと知って、私は驚きました。

　「さて、いまからエースをパケットの中に戻すのだけど、適当に差し込んだように見せかけて、実際にはボトム3枚のすぐ上に入れなければいけない。まず、演者のところのカードを、エースが4枚かたまっていて、もう1枚の余分のカードがパケットの表側に来る状態にする。スペードのエースが、トップから2枚目、言い換えるなら表側から4枚目に来ているね」

　「そうしたら、手札の山を集めてできた手元のパケットを両手のあいだで広げて、ボトム3枚の上で分ける。その3枚を持ったまま左手を返し、表向きのエースのある手札に重ね、まとめて取り上げて手を戻して。そこに右手で持っているカードを載せてスプレッドを閉じればいい。あとはそのカードを揃え、パケットをデックの上に重ねる。これで準備は完了だ[16]」

　「これで?　本当にこれで全部なんですか?」

　「これで全部だ。5人分、最初の2巡を配って。そして3巡目の前に、4人のプレイヤーのうち誰か1人が脱落する。演者はディーラー役だからもちろん5番目の手だよ。3巡目を配り、残り3人のうちまた1人が脱落する。4巡目、残り2人が1人に。5巡目はたった1人残ったプレイヤーと演者自身に配る」

　彼が説明しているあいだに、私は説明された通りに配りましたが、これはバノンの言った通り、

訳注15：この段階で、演者以外の4人の山は、ボトムがいずれもロイヤルフラッシュの構成カードになっています。
訳注16：このときのスタックは、トップからXXXX, RF, XXXX, RF, XXX, RF, XX, RF, A, AS, A, A, XXXXという並びです。蛇足ですが確認用に。RF：ロイヤルフラッシュの構成カード　AS：スペードのエース　A：その他のエース　X：なんでも良いカード

コントロールされていない、あるいはコントロールなど不可能なように見えました。私はそっと自分の手を覗き見たのですが――やっぱりちゃんとロイヤルフラッシュができていたのです。

　バノンは続けます。「さっき言ったように、観客には、どの手札を捨てるか決める前に、ハンドの内容を確認するように促すんだ。多くの場合、この最後に残る手札は……」そう言って彼は私の相手側の手札を示して、「ワンペア、もしくはそれよりいい手になっているわけだ。そして必ずエースが1枚ある。さらに素晴らしいことに、デックのトップ2枚はエースで、相手にはまだドローのチャンスが控えているんだ。つまり、もしワンペアがあって、さらにキッカーのエースを自分の手に残しておけば、このドローでフルハウス。最悪の場合でもエースのスリーカードになる。悪くないだろう」

　「ええ、全くもって悪くないですね」と私。「ところで最後のハンドがツーペアだったらどうするんです？　あるいはスリーカードだったら？」

　「いい質問だ。もしツーペアやそれ以上のハンドだったら、『キッカーのエースを残しておいては』なんて、観客に言う必要もない。観客の好きなようにさせればいいさ。観客がスリーカード狙いで2枚ドローしたら、観客の手は結局フルハウスだ。ツーペアから1枚ドローすると、別のエースが来るだけだね。ドロー・ポーカーでは、ツーペアも決して悪いハンドじゃあない」

　タクシーが到着したので2人でカードを片付けます。そんな中、私は他のリサイクル・タイプのポーカー・ディール・デモンストレーションについて思いを馳せていました――ガードナーのもの、マーロー＆ガードナーのもの、ロレインのもの、それからもちろんバノンの"Lessons Are Extra[17]"。どれもがほとんどセルフワーキングで行える、素晴らしいカード・コントロールのデモンストレーションです。しかし、いま教わったこの手順には、それらに勝る多くのメリットがあります。表向きでのランアップ、次々に脱落していく相手、それから非常に良いハンドができたのにロイヤルフラッシュに遭遇してしまうというエンディング。私は間違いなくこの手順を練習するでしょう―――誰かが「君とカード勝負はしたくないもんだな」と口を滑らせてくれたときにしか演じられないとしてもね。

訳注17：『Smoke & Mirrors』DVD所収。

The Einstein Overkill

　では古くからある言葉のトリックを始めましょう——そう、同語反復(トートロジー)です。本当です。そして古いと言いましたが、『Greater Magic』の当時でさえ、このトリックは "Old Wine In New Bottle（温故知新）" という章に掲載されていたのでした。元々はカードで演じられていたのですが、アル・コランはこの言葉のトリックを、ボウルいっぱいのコインに適用しました。そのトリック、"Jackpot Coins" で、コランはアルベルト・アインシュタインを引っ掛けたと伝えられています。それ以来、このトリックは "The Trick That Fooled Einstein（アインシュタインを騙したトリック）" として知られるようになりました。

　私はカードに立ち戻り、ハンドリングをいくらか単純化しました——予言ではなくストップ・トリックとして演じることにしたのです。このストップ・トリックとしてのハンドリングによって、ぎこちないカウンティングや、通常は必要とされるセットアップをなくしました。このハンドリングの単純化に加え、私は3枚のカードのコントロールと、マーロー／アッカーマン／ハリスの "Overkill" というトリックで初めて見たサトルティとを組み合わせたのです。その成果として、まるで演者が観客を操ったかのように見せられ、さらに突然のAの出現によってその感覚はより強められることでしょう。

Précis

　マジシャンはデックをシャッフルし、観客の前に置きます。「ラケル[18]、私はいまからうしろを向くから、そのあいだに少ない枚数のカードを取り上げてほしい。まあ、ほんの少しでもいいし、あるいは多めでも構わない。ただデックの3分の1より多くは取らないように。カードを取り上げたら、どこか私からは見えないところにしまってくれるかい」

　さらにマジシャンは謎めいた一言を加えます。「運が味方してくれれば、君は『まさにここ』という場所でカットしてくれるはずなんだ」

　観客は言われた通りにします。マジシャンは残りのデックを取り上げて手早くシャッフルしたあと、テーブル上にカードを置いていき、ひとつの山を作りはじめます。何枚かのカードが山に加えられたあと、マジシャンは言います。「ううん、近いような気がする。ラケル、私はカードを1枚ずつ配っていくから、何か強い衝動を感じたところで『ストップ』と言ってほしい。運が味方してくれれば、『まさにここ』といったところで、ぴたりと止めてくれるはずだ」

訳注18：バノンの観客例で頻出する女性名。RaquelとLizで、右（R）にいる人と左（L）にいる人と分けているのかと思っていましたが、特に関係ありませんでした。なお、訳者はリズのモデルが誰かを指摘・当てた、世界唯一の人物とのこと（バノン談）。

ジョン・バノン カードトリック　HIGH CALIBER

マジシャンがカードを配り始めます。ある時点で、彼女がストップと告げました。そこからさらに数枚配るか、あるいは数枚戻すかまで選択肢を与えられます。

「ラケル、もし君が『まさにここ』といったところでぴったり止めてくれていたら、このパケットのカードについては3つのことが言えるんだ。1つ目、ここにはまず君が持っているのと同じ枚数分のカードはあるだろう。2つ目、そこに加えてもう3枚のカードがある。そして3つ目、さらに残ったカードを君のカードと足すと、合計が21枚になる。さて君のお手並、拝見してみるとしようか」

マジシャンと観客は、それぞれのカードを一緒にテーブルに配って数えていきます。彼女のカードは16枚、マジシャン側にはまだ何枚か余分があります。「まず、君と同じ枚数分はあったね」とマジシャンは言います。

「そしてさらに3枚」3枚のカードが、テーブルの脇に置かれます（他の山には重ねずに）。

「そして君のカードと足して21枚になるだけのカードが残されている」マジシャンは手元に残ったカードを観客の山の上に配っていきます。「さあ、君のカードは16枚だったね。これで17、18、19、20、そして……21枚！」21のところでマジシャンの手持ちのカードがちょうどなくなります。

マジシャンは自分が先ほど配った山をデックに重ねます。「君は、『まさにここ』と私が思ったところでぴったりで止めてくれたんだ。しかし同じように、『まさにここ』というところでカットしてくれていただろうか？　ひとつ、それを証明する方法がある。もし私が『まさにここ』と思ったところで君がぴったりのカードを取り上げてくれていたなら、そこにはエースがあるはずなんだよ」マジシャンが観客の山を表向きにすると――表にAがあります。

「もちろん、それはこの3枚のカードについても同じでね」脇によけてあった余りの3枚を表にすると、それが残り3枚のAなのです！

Mise En Scéne

この手順は完全にセルフワーキングであるにもかかわらず、非常に多くの現象を含んでいます。私は最初、純粋に数理的な手法によってこの現象を達成する方法を考えましたが、あとになってサトルティをベースにしたこの手法を思いつきました。これはまったく、児戯ともいえるくらい簡単なものです。

デックのトップにAを集め、フォース・シャッフルをして位置を保ちます。演じる準備が整ったら、アンダーカット（あるいはシャッフル）によってAのうち3枚をボトムに送ります。4枚目のAはそのままトップに残してください。

デックをテーブルに置き、観客に『少ない枚数のパケット』を取り上げるよう説明します。「ほんの少しでもいいですし、あるいは多めでも構いません。ただデックの3分の1より多くは取ら

いようにしてください」この指示で、カットされる枚数は20よりも少ない枚数に制限されます（注：観客が24枚以上カットしてしまうと、トリックはうまくいきません）。

彼女がカードをカットして隠しているあいだ、顔を背けていましょう。

向き直り、残りのデックを取り上げて喋りながら、なにげなくオーバーハンド・シャッフルを行います。ただしこのシャッフルでは、最後の数枚を1枚ずつランしてください——3枚のAをボトムからトップに持ってきたわけです。

ではストップ・トリックのためにカードを配りましょう。配った枚数を憶えておく必要があります。また、理想としては、観客には20枚を超えたところでストップと言ってもらいたいのです。とはいえ、20枚というのは配るには多い枚数なので、私は次のようにしています：まずシャッフルでAをトップにコントロールしたあと、少し間を取り、ほとんど独り言のように「では、うまくいくか見てみよう」と言います。それからトップ3枚を広げ、ゆるく揃えてテーブルに置いてください。それから6枚で同じことをし、さらにもう6枚——これで合計15枚の山ができます。ここで観客を見て次のように言いましょう。「うーん、近いような気がする。ラケル、私はここからカードを1枚ずつ配っていくから、何か強い衝動を感じたところで『ストップ』と言ってほしい。運が味方してくれれば、『まさにここ』といったところで、ぴたりと止めてくれるはずなんだ」カードを配っていきますが、いま置いた15以降も心のなかではカウントを続けていき、テーブルに配った総枚数が最終的に何枚だったかをきちんと把握しておくようにしてください。

（たとえば15枚でストップをかけられた場合、観客が12枚以上のカードを取っていたらトリックは失敗です。20枚でストップをかけられた場合、16枚までなら観客が取っていても大丈夫です。同様に、24枚でストップをかけられた場合、観客が20枚までカットしていてもトリックはうまくいきます。私はこれを実質的な最大値として用いています——ただし理想をいえば、観客が取り上げる枚数はある程度コントロールできるわけですから、それは20枚よりも少なくできるはずです。ストップをかけられる際の枚数について、最小値はいま上で書いた通りです。最大値はありません。配るカードが残っている限りにおいては、ですが）

観客がストップと言ったら、そこの数値から3を引きます。この新しい数値が、マジシャンがあとで言う、3つ目の台詞で用いる数字です。先の演技例で見てみれば、ラケル嬢は24枚配ったところでストップと言ったに違いありません。24−3＝21ですからね。

最初の2つの台詞は常に同じです。「もしあなたがぴったり正しいところで止めてくれていたなら、このパケットのカードについて、3つのことが言えます。1つ目は、ここには君が持っているのと同じ枚数分のカードはある。2つ目は、それに加えてもう3枚のカードがある」

3つ目の台詞は、演者の配ったパケットの枚数に応じて変わります。上記の例でいうと、24枚配ったところで止められているので、「そして3つ目、さらに残ったカードを君の取ったカードと合わせると、合計は21になる」となります。24から3を引けば21になるからです。もし30枚配

ったところで止められていた場合はこんな風になります。「そして3つ目、さらに残ったカードを君のカードと足すと、合計が27枚になる」30－3＝27ですからね。

　そして演者の台詞は常に正しいのです。どうしてそうなるのかはご自身で考えてみてください。この言葉のトリックは、あなたが（いったん仕組みを理解したあとで）思うほど、見え透いてはいませんし、時の試練にも耐えてきたものです（そしてどうやら、アインシュタインをも引っ掛けたらしいのです[19]）。

　いずれにせよ、観客に彼女のカードを取り出してもらい、ふたりで一緒に、それぞれのカードを声に出して数えていきます。上の例では、彼女のカードは16枚で、演者にはいくらか残りが出ます。第一の台詞、「同じだけの枚数はある」は真実でした。

　残りをファンにし、右手で持ちます。「さらに3枚」と言い、ファンの下側から3枚、ぱちっと音を立てて取り、テーブル上に小さく広げます（これらは3枚のAです）。

　残りのカードは、観客のカードと足すと、先ほど計算した魔法の数字になるだけの枚数があります――例でいうと21です。残りのカードを観客のパケットの上に配りながら、先ほど中断した枚数目から数えていきます。最後の台詞もまた、正しいことが明らかになります。

　この予言は相手を悩ませるに充分です。というのも、観客がはじめに何枚のカードを取ったのかは観客自身すら知りませんし、また演者には、カードを配っているとき、どこでストップと言われるかを知る方法がないからです。そして、もし仮に彼女が仕掛けを見破ろうとしても、意外な結末が彼女の追跡を断ち切ります。

　『さらに3枚』のカードがAであることは分かっていますね。そして観客がパケットをリバース・カウントしたため、元々トップにあったAがいまはパケットのフェイス側に来ているのです。このサトルティは、観客がちょうどAのところでカードを取り上げたかのように主張してくれます。必要なのは少々のタイム・ミスディレクションと、物事を『起こった事実』ではなく、『演者がそうあってほしいと望むかたち』で表現することです。また、いま見てもらった通り、「運が味方してくれれば」という表現から、『演者がそうしてほしいと思ったところで』彼女がカットし、ストップと言った、というように言い換えています。

　では続けましょう。「もし『まさにここ』と私が思ったところでぴったり、君がカードを取り上げてくれていたなら、そこにはエースがあるはずなんだよ」観客の山を表向きにひっくり返します。言った通り、フェイス側にはAがあるでしょう。これは、まるで観客がAのところでカットしていたかのように見えるのです。

訳注19：『アル・コランとアインシュタインが同じ場所にいたタイミングがあったか』をデヴィット・ブリトランドが調べ、どうもそれがなかったので、「これは宣伝文句に過ぎないのだろう」と結論づけていました。

そうしたら他の3枚のAを見せます。不確実に見える要素が山ほどあったので、このAの出現が予想されることはないでしょう。

Open and Notorious (2009)

> In theory, there is no difference between theory and practice. In practioce, there is.
>
> Albert Einstein[1]

訳注1：アインシュタインの言として引用されることもありますが、オランダの情報学者である、Jan L. A. van de Snepscheutの言のようです。

Opening the Open Prediction

　The Open PredictionとかFifty-One Faces North、それからThe Paul Curry Problem、いずれの名前で呼ばれているかはさておき、これはカードを配っていくタイプの、いわゆる黒き獣[2]のトリックです。観客は、デッキ全部を１枚ずつ表向きにひっくり返して配っていかなければならないのです（裏向きのまま配る１枚を除いて）。あなたがしなくてはならないのは、それを面白くすることです。それにしたがって、この『プロブレム』は色々なレベルのものになってきます。あなたは次の２つのことを確信していなくてはなりません。１つ、トリックの結末には労力に見合った価値があること（予言が成就すること）。２つ、配っていく手続きにはドラマが備わっていること（出てくるべきではないところでカードが出てきてしまうかもしれない、そんな可能性が常にあるように見えること）。そのうえで、次は実行可能な方法と、興味を引くようなフレームワークが必要です。

　真に効果的であるためには、オープン・プレディクションは純粋なメンタリズムの見地から演じられなくてはなりません。『メンタル・マジック』は、メンタリズムほどには効果的ではありません。これは『トリックス・ワーク』推定とでも呼ぶべきものが原因です。観客たちは、自分の見ているものが『マジシャン』の演じる『トリック』だと分かっているので、『トリック』なのだから『うまくいく（ワーク）』だろうと思っています。つまり、マジシャンがトリックを成功に導くだろうと。オープン・プレディクションは、結末が最初から明かされているというまさにその本質のために、観客を驚かせることは不可能であり、その興味はサスペンスにのみ依存しています。観客が、自分たちが見ているものは本当の『実験』ではなく、『トリック』なんだ、と認識してしまった時点で、サスペンスは本質的に損なわれてしまいます。観客たちが心の深いところで、トリックがうまくいくということをすでに知っていたのなら、そこに本物の『サスペンス』は生じません。

　私たちのほとんどが、『メンタリストとして、純粋なメンタリズムだけしかやらない』というわけではありませんので（マジシャンとしてマジックもやりますよね）、先述の観客のトリックス・ワーク推定は、様々な手法やプレゼンテーション、ないしそれらの組み合わせを使うなどして克服しなけれはならない大きな障害です。実際、ほとんどのメンタリストにおいてさえ、このトリックの根本設定、つまり『公開された』予言は、似たような推定を引き起こしがちです。もちろん、一番の問題は、彼らがひとたび目的を明確に理解し、このトリックはうまくいくだろうと確信してしまったら、観客は手法の面であなたを先回りし、演者がどうやってトリックを成立させようとしているのかと、めまぐるしく仮説を立てて検証をしてしまうことです。

訳注2：原文は『bête noire』。これはフランス語のイディオムで、直訳すると『黒い獣』ですが、『疎まれている』『忌み嫌われている』という意味になります。

この問題に取り組むにあたっては、自分に合ったやり方をする必要があります。手法、プレゼンテーション、観客の推定、すべてに対して適切に取り組まねばなりません。もしあなたが参加者に、デック全部を配っていってもらう時間を取らせようと考えているのならば、その時間を観客にとって価値あるものにしなければなりません。この問題は克服可能でしょうか？　私は次のようなアプローチを採り、主に非常にくだけた状況下においてではありますがうまくいっています。このトリックはとても長いので、まず間違いなく、あなたの能力をすでに受け入れ、あなたの虜になった観客にしか見せられません。

方法的見地からは、この種のオープン・プレディクションのトリックというのは2種類のアプローチに行き着きます。要するに、フォースするか、スイッチするかです。『フォース』の方法論でいく場合、特定のカードを裏向きに配らせるフォースが必要となります。これの明確な長所は、決定的瞬間（裏向きの1枚が何なのかが明かされる瞬間）が、これ以上ないくらいクリーンであるということです。他方、『スイッチ』という方法論の場合ですが、こちらはどのカードでも裏向きに配ってもらうことができます。最後には予言していた特定のカードとスイッチしてしまいますからね。そうするとこちらのアプローチの場合、配る手続き部分については遙かに自由にできるというメリットがあるのですが、決定的瞬間のほうが問題になります。

今回はこれらの異なるアプローチを用い、『プロブレム』を探究する旅に出てみましょう。私は、あの伝説的な条件[3]を満たすようにプロブレムを『解く』ことを目的とはしませんでしたし、ここでの答えが、それにどれだけ近づけたかについても調べていません。そうではなく、私は一般的な『オープン・プレディクション』の枠組みの中で、実行可能な良いカード・トリックを作り上げようとしたのです。

"Fifty One Fat Chances"はフォースに基づいたもので、かなり前、90年代後半に考えたものです。この手順では、最後の1枚が配られるその瞬間までサスペンスが、言ってみれば観客の興味もまた、持続するような方法を探求しました。完全にセルフワーキングです。

他方、"Que Será Será"はスイッチに基づいたもので、もっと前からやってきたものです。いわゆる『オープン・プレディクション』の体裁にはなっていないのですが、観客はカードを配ったり選んだりするのに、信じられないくらいの自由度があります。他のオープン・プレディクション作品の多くよりも、自由さを強調することができます。セルフワーキングではないのですが、かといってものすごい技法などは全く必要としません。

最後のトリックはオープン・プレディクションとは何の関係もない作品です。しかし、これもまた『デックをすべて配る』トリックで、スチュワート・ジェイムズの古典である"Miraskill"の私のバージョンになります。なお、このルーティーンもまた完全なセルフワーキングです。なので、このトリックを入れても場違いではない……と思います、多分ね。

訳注3：伝説的な条件（fabled conditions）とは、スチュワート・ジェイムズの51 Faces North Conditionsを指しています。これは、オープン・プレディクションに対して、さらに厳しい追加条件を設けたプロットです。『Ibidem』, August 1955 (no.3) 所出。18項目ありますが、内容的には似ているということで、10項目にまとめられることもあります。

ジョン・バノン カードトリック HIGH CALIBER

参考までに以下に記します:
 1. 借りたデックでできる。
 2. デックは普通のもので、さらにカードが抜けていても構わない。どんなカードが何枚抜けているかについて演者は知らずともよい。確かに知っているのは、予言対象のカードが含まれてるということだけ。
 3. セットアップなどのための秘密の時間は必要としない。
 4. いっときたりとも、デックは観客の視界の外には行かない。
 5. デックからカードを抜き取ったり加えたりしない。
 6. 予言を書く道具はすべて借りたものでもできる。
 7. 予言を書く際に、それが予言であると明言する。予言するものはカードの名前である。これは最初のカードが配られるよりも前に明かされる。
 8. 厳密に即席である。カードをセットするためにひとりになる時間や、特別な道具は不要である。
 9. 別の解釈や別の現象はない。
10. 借りた物以外は使わない。
11. 観客が配り始めたとき、演者は予言したカードがどこにあるのかを知らない。この手法ではそれは問題にならない。デックの中で予言以外のどのカードがどの位置にあるかも知らない。
12. 演者は観客がどこでカードを裏向きで配るのかを、観客が実際にそうするまで決して知ることはない。
13. 観客はトップから順にカードを配っていく。変化があるのは1枚裏向きに配るときだけである。
14. まぐれ当たりのトリックではない。観客が演者の説明通りに行えば、失敗はない。
15. 最初から最後まで、カードは演者によって操作されない。トリックの前も間も後も。
16. 裏向きに配られたカードが予言されたカードであることは、観客が確かめる。
17. この手法は誰かによって違法な目的に使われ得る。
18. これはカードではあまり知られた手法ではない。カード以外でも使うことができる。

Fifty-One Fat Chances

　バノンは1ドル札をテーブルに置きました。「君にこの1ドル札を勝ち取るチャンスをあげよう。無論、こんなものじゃ勝者の褒賞にはそぐわないということは分かっているつもりだ。だけどね、正直に言うが、ほとんどの場合は私の負けなんだよ。なぜなら、君には51回、勝利のチャンスがあるからなんだ」

　これから何が始まろうとしているのか、私には見当も付きませんでしたが、それがカード・マジックだろうということだけは確信していました。

　それまで夜通し使っていたトランプを、バノンは指し示します。ビンゴ！　やっぱりだ。彼は言います。「デックを取って、半分より少ないくらいでカットして。そうしたらカットしたほうをひっくり返して残りのデックの上に置いてくれ」

　私はその通りにしました。一番上で表向きになったカードは♣2でした。バノンは、「いや、それじゃないんだよ」と頭を振りながら言いました。「では半分より多いところでカットしてくれ。そうしたらひっくり返して残りのデックに載せて」私はその通りにしましたが、彼の言っていることの意味が分かりません。

　今回は♡4が出てきました。「それも違うね」とバノン。なにがなにやらさっぱりです。

　するとバノンがようやく説明を始めました。「私たちが探しているカードはダイヤの9なんだよ。もしダイヤの9が出てきさえすれば君の勝ちなんだ。とても簡単だろ？　さて、表向きになっているカードをテーブルに配っていってくれるかい。裏向きのカードが出てきたらそこでストップだ。その中にダイヤの9が出てくれば、これはお終い。君は晴れて1ドルを獲得できる。私からのほんの気持ちです、というわけだ[4]」（バノンは今は亡き名手デル・レイの決め台詞を真似たくて仕方なかったのでしょうけれど、私は特に反応してあげませんでした）

　裏向きのカードが出てくるまで、だいたい15枚ほどはテーブルに配ったでしょうか。表向きのカードは、どれも◇9ではありませんでした。バノンは表向きで置いたカードの隣を指さします。「そこに何枚か[5]、裏向きでカードを配っておいて。これは君の『セカンド・チャンス』の山ということにしよう。2枚でも3枚でも構わない」私は2枚、裏向きでカードを配りました。

訳注4：" Compliments of me." はデル・レイが演技中によく使っていたキャッチ・フレーズ。「気持ちばかりのものですが、ご進呈いたしましょう」のような意味合い。

訳注5：原語はa fewで、英語話者の感覚だと普通は3前後を指します。2の場合はcoupleを、少なくとも5以上の場合にseveralを使うことが多いです。

バノンは続けます。「ではまた何枚かカードをカットして、ひっくり返してデックの上に載せて。裏向きのカードが出てくるまで、表向きカードを配っていって。おさらいだが、もしダイヤの9が出てきたら、君はこの1ドル札を手に入れることができる」

私はさらに13枚か14枚のカードを配りました。◇9はまだ出てきません。バノンは言います。「もう数枚、裏向きのカードを先ほどの『セカンド・チャンス』の山に配って」私は今回、3枚のカードを配りました。

「結構」と彼。「さあ、またカードをカットして、ひっくり返してトップに載せて。配っていって。ダイヤの9はもういつ出てきてもおかしくないだろう。そうすれば、賞金は君のものだ」

私は持っていたカードの半分以上をカットし、表向きの山に配っていきました。なんてこった、◇9はありません。バノンはこう言いました。「2枚か3枚、『セカンド・チャンス』の山に配って」私は3枚配りました。

だいたい10枚くらいが手元に残っています。「それをひっくり返して、そうしたら配って」とバノンが言いました。「ダイヤの9はない？　それって一体どのくらいの確率だろうね？」私は不思議に思いました。なにしろカットはすべて私のコントロール下にありましたし、バノンはデックに触りさえしていませんでしたから。

「ここまで君には40回かそこらのチャンスがあった。でもさらに『セカンド・チャンス』の山がある。取り上げてくれるかい。それじゃあ、最初のカードを表向きに配って。次のカードはそのままボトムに回そう。グッド。では次のカードは表向きに配り、その次はボトムへ。いいね。そのまま同じように続けて。カードが1枚になるか、ダイヤの9が出てくるまでね。最後に残った1枚はそのままにして、まだ表向きにしないように」

私はこの混ぜては配るという作業を続けました。カードを表向きにするたび、私はこのトリックの無情さに打ちのめされていきます。どうしてかは分かりませんが、この時点で私は、『◇9はきっと出てこない』という、確信めいたものを感じていたのです。その通り、私は1枚の裏向きカードに到達してしまいました。ダイヤの9は出てきていません。私はただ1枚残ったカードをじっと見つめます。

バノンは1ドル札を取り上げ、自分のポケットへと戻しました。「お金は私のものということでいいよね。君には51回のチャンスがあった。一方私には、イカサマをするチャンスがあったのさ。たとえば、……あらかじめ◇9をデックから抜いておいたりとかね」

あ……、それは考えてもいませんでした。こんのヤロ……

「冗談だよ。その手に持った最後のカードをひっくり返してごらん」それはまさに◇9でした。

Open and Notorious／Fifty-One Fat Chances

※

　バノンが言います。「オープン・プレディクション、あるいはFifty One Faces Northと言ったほうがいいのか……。私はね、いままで10年以上もの間、これを演じ続けてきた。そう多くのマジシャンは引っ掛けられないだろうが、普通の人にはまるで手がかりがないだろうね」

　私は初心者ではありません……が、その考えを改めねばならないようです。私は考えます。「バルドゥッチ・フォースがあった……と思うんですが。なかったですか？」

　バノンは微笑んで言いました。「この手順は、オープン・プレディクション・プロブレムに対してバルドゥッチ・カット・ディーパー・フォース（Balducci 'Cut-Deeper' Force）を使うという、カール・ファルヴスのアプローチを発展させたものなんだ。このプロットにおける問題のひとつ、それは、裏向きのカードが1枚配られてしまったが最後、サスペンスの大部分がなくなってしまうことだった。それで私は次なる作業──古典の『ディール・アンド・ダック』（deal and duck'）というか、『ダウン・アンダー・ディール』（down-under-deal）を加えたんだ。加えられた複雑さは、実にたくさんの役割を果たしてくれた。これのおかげで最初のバルドゥッチ・フォースを、観客の意識や記憶からうまいこと隠したり、取り除いたりできているんだよ。そして、終わりまでずっとドラマティックさも保てるというわけだ」

　私はデックを取り上げ、揃えます。「それからね」とバノン。「君はデックに触る必要すらないんだ。本質的には、君の相手が、自分で勝手にフォースされてくれるからね」

　「OK、OK」と私。「順を追って説明をお願いします」

　彼はデックを私の手から取りました。「君がすべきたったひとつ、それはデックのトップ・カードが何かを知ることだ。このあと、君はもうデックには触らない」彼はデックのトップ・カードをチラッと見せました。◇9──またか。「このカードがもちろん、君の『オープン』・プレディクションになるんだ」

　「1ドル札を見せて、このゲームについて説明するんだが、私はバルドゥッチの例のあれが済むまで、やっていることについての詳細はわざと説明しきらないんだ。相手がカットをして、ひっくり返す。私は『それじゃないね』としか言わない。相手が超能力者でもない限り、何を言ってるのかさっぱり意味が分からないことだろう。続けて相手に『さらに深めに』取り上げてはひっくり返させる。ここで私はまた言うんだ。『それも違うね』と。こういった困惑が、カットする手続きからいくらか注意を逸らしてくれている。そして、このとき仕込みはもう終わっているわけだ。では詳細について説明しよう」

　「ちょっと待ってください」と私は言いました。「バルドゥッチ・カットについてなんですが、あなたの指示は普通とはちょっと違いますよね？『カットして』、それから『さっきより深くカットして』とは言わずに、『半分より少なくカットして』、それから『半分より多くカットして』、確か

そう言いましたよね？　私はそういうの、なんていうか好きなんですけど」

「実に鋭いね。いや、常々思っていたんだよ、『さっきより深めにカットして』と言うより、『半分より少なく、半分より多く』という指示のほうがくだけた感じだし、作業っぽさも少ないなと。だからいつもそういう風に言っているんだ」バノンは続けます。「さて、この『ゲーム』の内容についてを説明し、公開予言(オープン・プレディクション)を行うとしよう。君は表向きのブロックをすべて配る。もちろん、フォースのおかげでダイヤの９は裏向きのかたまりの一番上にある。さっきはここで、私は君に『少し』カードを配ってもらったよね、『セカンド・チャンス』の山として。ひとたびダイヤの９が配られさえすれば、もう君は悠々としていられるというわけだ」

「そこもちゃんと説明してください、お願いしますよ」と私。

「もちろん。『セカンド・チャンス』の山に７枚か８枚のカードが必要なんだが、最初の１枚のカード──フォース・カードだが──これが配られてしまえば、残りの６枚や７枚なんてのは何だっていいのさ。つまりだ、このあと続く『カットして、ひっくり返して』というシークエンスはバルドゥッチのあれではない。公明正大なものなんだ。これによって、最初のカットも同様に公明正大なものだったと、誤って記憶される可能性もかなり高いだろうね」

なるほど、これが私がバルドゥッチ・フォースをされたかどうか思い出せなかった理由でした。最初以外、ひっくり返して配るという操作はいずれも完全にフェアなものでしたから。

「私は君に、『何枚か』を『セカンド・チャンス』の山に配るように言う。何枚配られたか憶えておく必要があるが、それで全部さ。最初、君は２枚配った。２回目の『カットして、ひっくり返して配る』動作のあと、君は３枚配った。これで合計５枚。あるタイミングで、私は君に特定の枚数配るように言っていたんだ──全部で７枚、もしくは８枚になるようにね。３回目を配ったあと、私は君に言ったね、『２枚か３枚』配ってくれと。ついてきてるかい？」

「大丈夫です」と私。「『セカンド・チャンス』の山に適切な枚数を配らせたら、残りのパケットをひっくり返して配ってもらって、それで作業は終わり、ということですか」

「まさしくその通り。いま『セカンド・チャンス』の山には７枚か８枚のカードが配られていて、一番下のカードはフォース・カードだ。もしカードが８枚あるなら、相手にはダウン・アンダーするよう指示する。つまり、最初のカードは表向きにしてテーブルに配り、２枚目のカードはパケットの下に戻すんだ。もし７枚しかないのなら、アンダー・ダウンするように指示をする。これは最初のカードをパケットの下に回し、次のカードを表向きでテーブルに配っていく、ということだ」

「ダウン・アンダー・ディールはいささか数理的に見えると思いませんか？」そう私は尋ねました。

「いや。普通の人にはそうは見えないよ。擬似乱数的というか、混ぜていく作業に見えるし、そう感じられている、と私は思うよ。コントロールされている、というのではなく、ね。それに、た

とえ少々コントロールされているようだとしてもだ、一体何をコントロールできるというんだい？手順の構成によって、この最後のディーリング部分は手順の中でもっともサスペンスが盛り上がる箇所になっている。──手順のクライマックスという、もっともサスペンスが盛り上がるべきところで、然るべくね」

✺

　このプロブレムに対するバノンのプレゼンテーションに、私は少し驚いていました。「お金を賭けるというのは少々品がない感じがしませんか？」そう私は尋ねました。「特に、相手は絶対に勝てないわけですし」

　バノンは肩をすくめてこう言います。「私はうまくいっていると思うけどね。オープン・プレディクションというプロブレムでは適切なプレゼンテーションを作るべきだ。さもないとひどく無味乾燥なものになってしまうから。配る手続きには正当な理由を与えなくてはならない。それに賭けといってもワン・サイド、賭け金を出すのはこちらだけだ。相手は何も失うことはないし、そもそも普通の状況下なら大いに勝てそうじゃないかね。お金を賭けるというのは、観客の興味の度合いを引き上げてくれると思うよ」

　彼は続けます。「オープン・プレディクション・プロブレムにはある種のアイロニーがある。このトリックは公開された予言というその本質からして『サスペンス』に基づくものであって、決して『サプライズ』に基づいているものではない。だというのに、これはやはりトリックだからね。ここに真の意味でのサスペンスは存在しえないんだ」

　私は自身が感じた無情さを思い出していました。◇9はきっと出てこないだろうと感じた、いや、出てこないと『確信した』ときのことを。それから、トリックス・ワーク推定という、バノンの理論を思い出していました。確かに、最初からではないにせよ、観客はある時点で、『トリックはうまくいくのだろうな』と理解するでしょう。そうでもなければ、そもそも演者はそれを試みたりするでしょうか？　誰かに『見てください』と頼んだりするでしょうか？　文脈が結末を想像させるのです。私はこういった観客の推定を逆に利用するというバノンの先駆的な取り組みについてもよく知っていましたが、さておき、彼がいま指摘したように、多くの場合これは考慮すべき障害です。

　「ラスト前、あなたは『ダイヤの9は最初からデックの中には無かったかもしれない』と仄めかしたと思うのだけど。なんでそんなことを言ったんですか？」私は、あの瞬間がこのトリックの中で、一番気まずい瞬間だと感じたのを思い出しました。

　バノンは笑って言います。「私はその部分が大好きでね。配っていく長い長い作業の終わり際に、目的のカードはデックの中にハナっから無かったんじゃないか──しかもそれは方法として十分あり得る話なわけだが──そんなことを聞かされるわけだ。これは面白いドキドキ感、そしてギクシャクした感じを作り出すだろう。これは緊張状態を生む。なぜならその発言はもっともらしく聞こえるし、するといままでやってきた作業は全部無意味だったってことだからね。君の相手は訝り、

一瞬かもしれないが、『何でこんなことを延々とやらせたんだ』と思うだろう。もちろん、この緊張状態はすぐに、そして簡単に解消できる。なんたって観客は、しまいにはダイヤの9を見つけるんだから」

「バノン先生、あなたときどきマジで酷いよね」

Que Será Será

　先に手口を言っておきましょう——スイッチです。観客はきわめて自由に、どの1枚でも脇へと置くことができるでしょう。なぜなら、そのカードは予言しておいたカードへとすり替えてしまいますからね。それでは、私の最初期のトリックのひとつである"Discrepancy City Prediction"をリミックスしていきましょう。私ジョン・バノンの『Impossibilia』（L&L 1990）、それから私の最初のレクチャー・ノート『Cosmic Debris』（1987）もご参照ください。私はこのトリックをオープンではない予言、つまり、『ストップ』・トリックとしてデザインしました。そのトリックでは、3枚のカードが脇に置かれ、それから観客がカードを配っていき、どこか好きなタイミングで1枚をその3枚の『予言』の上に配ります。観客が止めたところのカードを見ると、これが♠Qで、元々置かれていた3枚の『予言』を見ると他の3枚のQなのです。このトリックを通じ、とあるディスプレイ・カウントを世に出しました（このトリック自体、ほとんど技法そのまま、と言ってもいいくらいです）。この技法は、ある明白な不整合があるにも関わらず、非常に効果的であることを長年にわたって実証してきました。デイヴ・ソロモンとジャック・パーカーは共に『ディスクレパンシー・シティー・ディスプレイ』（Discrepancy City Display）を使った素敵なトリックを作ってくれており、これはこの技法が『ディセプティブで実用的』であることを証明して余りあるものです。本トリックの根幹もそのディスプレイにあるため、"Discrepancy City Prediction"と基本的には同一とも言えるトリックです。しかしここでは『オープン・プレディクション』という衣装をまとったものにしています。

Précis

　「私たちの生活、仕事、家族や友人、これらはすべて運命によって決められていると思いますか？物事は単にそうなるべくして起こる、そう思いますか？ Que será, será—『なるようになるさ』」シャッフルしたデックから、マジシャンは4枚のカードを抜き出し、これらは予言のカードだと言います。4枚のうち1枚はデックに戻されます。そうしたらデックを観客に渡し、シャッフルしてもらいます。

　デックがシャッフルされているあいだ、マジシャンはこう説明します。「いまから、カードを1枚ずつ表向きでテーブルへ配っていってほしいのです。そして、配っているあいだのあるタイミングで、1枚のカードを裏向きのままでここに配ってください」マジシャンは置かれている3枚の『予言』のカードを指しつつ、「とはいえ、どんなカードでもいいわけではありません。あなたに配ってほしいのは、自分が『スペードのクイーンだ』と確信できるカードです。そう、『これから配る1枚こそがスペードのクイーンだ』と確信したとき、そのカードは表向きでは配らずに、裏向きのままこっちに配ってくれますか。ではお願いします」

ジョン・バノン カードトリック　HIGH CALIBER

　観客が配り始め、表向きに山を作っていきます。「疑う余地もありませんが」とマジシャンは注意します。「もしあなたがスペードのクイーンを表向きにしてしまったら、運命はきわめて悪い方向へと傾き、私たちの知る世界は、唐突な終わりを迎えてしまうかもしれません」

　あるタイミングで、観客は裏向きでカードを配ります。♠Qが出てくるかどうか確かめるため、観客には最後まで配り続けるように指示が出されます。最終的に、すべてのカードは配られ、そしてそこに♠Qはありませんでした。

　マジシャンはこう述べます。「あなたは気づいたかもしれません。スペードのクイーンだけでなく、その他のどのクイーンも見なかったな、と」マジシャンは裏向きの４枚のカードを取り上げ、一番上のカードを表向きにします。それはまさに♠Qです。「それはつまり、あなたが見事にスペードのクイーンを見つけ、彼女を他の姉妹たちの元へと無事に帰すことができた、ということです」他の３枚を見せると残りの３人のQなのです。

Mise En Scéne

　使うのはどのようなデックでも構いませんが、（密かにでも堂々とでも構いませんが）♡Qをよけておいてください。私は普段、カードの箱の中に入れたままにしておくか、ジョーカーを片付けるときに一緒にして、同様にそれらをカードの箱の中にしまったりしています。このトリックを演じるにあたっては、まずデックの表をざっと見て、残りの３枚のQと、何でもいいのでもう１枚のカードを抜き出します。

　この４枚のカードを表側から以下のように並べ替えてください：◇Q、♣Q、♠Q、Xカード
このパケットを裏向きにテーブルに伏せ、広げておきます。このとき、カードは４枚だけであり、隠された余分のカードなどは無いということが、観客にはっきりと分かるような扱い方をしてください。

　さて、デックを取り上げファンにし、テーブル上に広げた４枚のうち一番上のカード（Xカード）をファンに差し入れます。ファンを閉じて、デックを軽く混ぜたら、それを観客に渡し、同様にシャッフルしてもらいましょう。このとき、これから予言をしようと思っていること、そしてそれは♠Qになるだろうということを説明します。あなたはQを３枚しか抜き出してはいないのですが、しかし『カードを４枚取り出して、１枚戻す』という操作が――完全なハッタリであるにも関わらず――視覚的かつ論理的に、手続きとその最終的な結果の説得力を上げてくれている、私はそう考えています。

　観客は表向きにカードを配り、あるところで１枚を裏向きで、先ほど抜き出した３枚の上に配ります。この配っていくパートは、オープン・プレディクションの制約を完全に満たしています。観客はデックをシャッフルすることができます――最初でも、配っていく途中のどの時点でも。裏向きでカードを配ったあと、観客がもし別のものに替えようと思ったときには、別のカードに変更することもできます。いずれにせよ、どこかの時点で、彼女はカードを裏向きに配り、残りのカード

を表向きで配り終えます。

　♠Qが出てこなかったこと、そして他の3枚のQも出てこなかったことを指摘します。裏向きの4枚のカードを取り上げ、揃えて左手に持ちましょう。このとき、トップから2枚目（♠Q）の下に、ダブル・ターンオーバーに備えてブレイクを取ってください。

　動きを止めずにダブル・ターンオーバーを行い、パケットの上で表向きにします。観客が、まさにこのカード♠Qのところでストップしたように見えるでしょう（写真1）。

　続けて、他の3枚もQであることを示して、この一連の手順に説得力を加えましょう。右手を返して伏せ、パケットの右側を親指が下、他の指が上に来るようにして摑みます（写真2）。

写真1

写真2

　パケットをひっくり返し、左手に取っていくかたちでエルムズレイ・カウントを行いましょう。カウントによって3枚の表向きQと1枚の裏向きカード（♠Qと思われているもの）が見えます。この最中、裏向きカードが出てきたらそれをアウトジョグしておくようにしてください（写真3）。カウントのあと、裏向きのカードを右手で抜き出します。♠Qです。これをひっくり返して表向きにし、パケットのフェイス側に重ねます。

写真3

実際には◇Qが2回見えたり、裏向きの♠Qが最後ではなく3枚目に来ていたりという矛盾はあるのですが、それでもなお、このディスプレイの見た目には説得力があります。ひっくり返ったカードが見ている者の注意を引きつけ、◇Qが2回出てきていることからは注意を逸らしてくれるのです。演者は実に説得力のあるかたちで4枚のカード（そう、4枚だけです）がクイーンであることを示しました。これはオープンに行なった♠Qの予言の説得力をさらに高めてくれます。

少々片付けるべきことが残っています——パケットの一番下にある、ひっくり返ったカードです。私はいつも、ラリー・ウェストのクリーンアップ・ムーブを行います：まず右手親指を上、それ以外の指を下にしてQのパケットを右から摘みます。右手親指で、ボトム以外のカードをまとめて左手に押し出してください。続く動作で、ボトムのカードを使って上の3枚のカードを裏向きに、左手へとひっくり返します。それから右手のカードをトップに載せれば完了です。ここにもやはり不整合はあるのですが、オフ・ビートの状況下では手早くできますし効果的です。

Post Mortem

Don't Do It

聞くところによると、ここのところ多くの人々が、『最初4枚のQで始め、それを3枚として示す』ことで、ディスクレパンシー・シティ・ディスプレイを『改善』したそうです。その改善したという方たちは、ディスプレイのあと、どうでもいい1枚のカードを隠しながら、このパケットの4枚のQを示すのでしょう。敬意は表しますが、私はこれは改悪だと思います。ディスクレパンシー・シティ・ディスプレイの説得力の源というのは、演者がいかなる余分のカードも持っていないし隠してもいない、ということを観客に決定的に示せるハンドリングにあります。余分なカードは無いと観客が理解していることが、このイリュージョンを強力にサポートしてくれるのです。4枚を3枚に見せ、そのあとで5枚を4枚に見せるのは少々あからさまであり、いかにも理論屋がやりそうなことです。あなたがかの偉大なるアルテューロ・アスカニオの生まれ変わりでもない限りは、こんなことはしないでください。

Less Is More

この手順は少しスピードアップすることができます。観客が裏向きのカードを配ったら、もうそれから替えなくていいかを確認し、替えないと言われたら、彼女に残りのカードの表をざっと眺めて、そこにQがないことを確認してもらうのです。これはかなり手順を短縮化することでしょう。彼女が残りのカードを見ていくときに、演者は4枚の裏向きカードを取り上げ、ダブル・ターンオーバーに備えてゲット・レディしておきます。

再度あなたの『信念』を考えてみましょう：配り続けることは本当にサスペンス満載でドラマティックなことでしょうか。それとも単なる引き延ばしでしょうか？　オープン・プレディクション支持者は往々にして、配っていく手続きに本来的に内包される『ドラマティックさ』を強調します。ですが、それが正しいかどうかは、『トリックス・ワーク』推定が、発動してしまうかどうかによります。もし発動してしまうなら、1枚の裏向きカードがこれだと決められた瞬間、トリックとしては終わりです。この推定によって観客は、裏向きのカードがきっと予言されたものであろうと結

論づけてしまいますから。もしこの推定が発動しなければ、そのときは残りのカードを配っていくことに関してもいくらかのサスペンスが残っているでしょうね。なお総合的に考えると、私は手順を、方法が許す限りでスピードアップさせることに賛成です。

View to A 'Skill

　バノンが言いました。「そのデックは全部揃っているかい？　OK、ではシャッフルして」

　私は自分のデック——52枚揃っていて、ジョーカーは無し——をシャッフルします。私たち2人は先ほどまで、マジック・ショップの奥まったところに座っていて、私はこのデックを延々とシャッフルしていました。あそこでやっていたレクチャーは、いままで受けた中で最悪……というほどではありませんでしたが、私などはすでに、あの若い彼がやったり言ったりしていたことを思い出すのが困難になってきている始末でした。ですがいま、バノンと私はお気に入りのバーで、お気に入りの席に座り、お気に入りの話題について話しています。そう、カード・マジックについて。

　そんなこんなで、バノンは私にカード・ゲームを見せようとしていました。彼は単にカードを扱うマジシャンであるだけでなく、同じくらい熱心な、カードを使ったゲームの愛好者でもあります。私がシャッフルしていたあいだに、彼は2枚の紙片に何かを書きつけ、それを脇に置きました。

　「私がまだ幼く、超能力もまだ成長過程だった頃、よく母さんとこのゲームをやったものでね。常に自分が勝てる、というわけではなかったが、私はだいたいいつも『誰が勝つのか』が分かったんだ。それでよく母さんを半狂乱にさせたものだ」とバノンは言いました。

　「デックのだいたい半分をくれるかな」彼は続けます。「ゲームのやり方はこうだ。最初に色を選ぶ。赤がいいかい？　それとも黒？」私は「赤を」と言いました。

　「もし替えたければ替えても構わない。本当に、色に関して、完全に自由に選んでほしいんだ」私は「赤のままでいいです」と言いました。

　「OK、じゃあ私は黒いカードということになる」彼は自分のデック（半分ですが）をさっとオーバーハンド・シャッフルします。「さて、我々はこれから、それぞれ自分のパケットのトップのカードをめくっていく。もし両方のカードが赤だったら、君はそれを手に入れる。もし両方ともが黒なら、私がそれを受け取る。それからもし片方が赤で片方が黒の場合、これはどちらもそのカードは受け取れない。捨てることになる。それで、カードを多く獲得したほうの勝ちだ。分かったかい？」

　うん、簡単そうです。私は「はい」と頷きました。ゲーム開始です。私には、バノンがどこに向かおうとしているのか分かりませんでした。ゲームは非常にシンプルで、そしてとてもフェアなように思えましたから。カードはすでにシャッフルされていることも分かっていました。結果を決めてしまうような、何らかの方法があるとは思えません。

ゲームはかなり早く終わりました。ほとんどのラウンドで、勝者はいなかったような気がします。多くのラウンドを経て、まずバノンの手持ちのカードが無くなりました。「君がまだ持っているカードから、適当な枚数を私にくれ」と彼。「どれでも構わない」私は手元にある8枚のうち4枚を彼に渡し、残りの4ラウンド分を終わらせました。

写真1

「まあ、こういうゲームだ。戦果はどうだったかね？」バノンは自分の勝ちだったカードを取り上げ、数えていきます。私も同じようにしました。「私は14枚だった」と彼。「君は何枚持っている？」私は12枚しかない、と伝えました。

「12枚か。そうすると私の勝ちみたいだね。2枚差だ。いいかい、母さんが半狂乱になった理由は、私が『誰が勝つか』が分かっただけじゃなく、『どのくらいの差で勝つか』まで分かったからなんだ」バノンは、先によけておいた紙片に目線を移します。「最初のを読んで」と彼。

私は紙片に書かれていたものを読み上げました。「JB（ジョン・バノン）が勝つ──2枚差で」

さて、バノンは大いに私を引っ掛けてくれましたが、私はなぜそうなるのか理解できませんでした。私がシャッフルし、私が自分の色を選びました。ゲームは十分に公平だったはず。にもかかわらず、バノンは結果を正確に当てたのです。

「もう一度やるかい？」とバノン。……やらいでか。「もちろんです」と私。彼はカードのほうを手で示して、「じゃあ、シャッフルを頼むよ」

私たちはもう1ゲーム行いました。まず私がシャッフル。再び、彼は自由に色を選ばせてくれました。私はまた赤のカードにしました。それから彼にデックの半分を渡します。ゲームを始めるとき、彼は「自分のパケットはいつでもシャッフルしていいよ」と言いました。今回は私のほうのカードが先になくなりました。バノンはまだ6枚カードを持っています。バノンは私に好きな3枚を抜かせました。そうして、残りの3ラウンドを終わらせたのです。すべてにおいて公明正大だったように思われました。

「どうだった？」とバノンが尋ねます。私は自分のカードを数えました。「14です」と私。

「私のはどうだったかな？」彼はジェスチャーで自分の山を示します。私は同じように彼の山の枚数を数えました。「あなたも14枚だ」

「勝者無し？　不思議なこともあるもんだ」そして彼は残りの紙片に視線を移します。

私はそれを引っ掴み、ただじっと見つめました。『同点——勝者無し』

彼は微笑みました。私も。

✸

「それで？　教えてくれるんですか？」以前にも言いましたが、バノンは自身の秘密をことさらに守ろうとするタイプではないのです。

バノンが言います。「スチュワート・ジェイムズの"Miraskill"はきわめて素晴らしい、セルフワーキングの数理トリックだ。だが問題もあって、たいていはパームを使ってデックにカードを加えるか、取り除くかしなくちゃならない。方法は別のものでも良いんだが、ともかくデックの色のバランスを崩すために、何らかの操作が必要になる。これじゃあとても『セルフワーク』とはいえない」

私は彼の言っていることがいまいちよく分かりませんでした。"Miraskill"についてはあまりよく憶えておらず、私がいま見たような、フェアな条件のトリックであったか思い出せませんでした。
- 私のデックで、カードは全部揃っていた
- 私がシャッフルした
- 予言は色ではなく、名前で勝者が書かれていた
- 私が色を決めた——予言の書かれたあとに

あ、たった1つだけど、解決策があるじゃないか。「そうだ」と私。「それは私のデックで、ちゃんと52枚揃っていました。だけど、私がデックの半分を渡したときに、何枚かパームして抜いたに違いありません。そうでしょう？」

「いいや」とバノン。「君の見たままだよ。この方法を使うと、"Miraskill"は完全にセルフワーキングになるんだ。説明しよう」バノンが解説を始めます。

「"Miraskill"の基本的な原理、それは52枚揃ったデックで始めて、シャッフルしてから2枚ずつ取っていくというさっきのような手順を踏むと、最終的に赤のペアも黒のペアも同数になる、というものだ。つまり、赤のペアになったときにはここに山にして、黒のペアになったときはそっちの山に、赤黒になったときは捨て山にしていくわけだが、全部やり終わったときには赤の山も黒の

山も同枚数になるんだ」

「ありえないでしょう！」

「ありえるよ。ではここからトリックを詳しく見ていこうか。クラシックである"Miraskill"から２つの重要な変更をした。まずは手続きの部分だ」バノンはデックを拾い上げ、シャッフルしました。トップの２枚を押し出して表向きにひっくり返します（写真２＆３）。

写真２

写真３

「一般的な方法だと、トップから一度に２枚ずつカードを取っていく。これでトリックはうまくいくし、相手が君みたいな人なら手もなく騙されてくれるだろうが、手続きとしてはちょっと奇妙だよね。私は色々読んだり見たりしたけれど、この妙な配り方をきちんと解決している演出にはついぞお目にかかったことがない。一度に２枚ずつ取っていくというのが、私にはいつも、明らかな『手法ありき』に思えたんだ」

彼は私にデックの半分を手渡しました。「それで、私は手続きを変えたんだ。カードをペアでひっくり返していく代わりに、『戦争』と呼ばれているトランプ・ゲーム、その『ゲームの手続き』に似たような方法を使うことにしたんだ。そのゲームとの違いは、数値ではなくて色を使うという点だ。各プレイヤーはデックを半分ずつ受け取り、双方１枚ずつ表にひっくり返していく。このゲームの仕組みは、ここで実にうまく活きるんだ。実際にはペアでカードを扱っているのだが、そのようには見えないんだよ。なぜなら各プレイヤーは一度に１枚ずつしかカードを配っていないからね」

彼が自身のパケットをシャッフルしたので、私も同様にシャッフルしました。見たところ、カードの実際の並びは全く関係がなさそうです。私たちはそれぞれ、自分のカードをいつでも、トリックに影響を与えることなしにシャッフルすることができたのです。

「２つ目の変更がより実質的なものだった。だがまずは、ここにある予言だ」とバノンは言い、紙片に手を伸ばしました。「私は手順が始まる前に両方とも書いた。最初のは、『私が２枚差で勝つ』。そして次のは『引き分け』。この予言についてはある程度柔軟に変えられるが、私はこの組み合わ

せがベストだと思う」

　私は彼に尋ねました。「この予言は、私が色を決める前に書きましたよね。どうすればそれでうまくいくんですか？」

　彼は微笑みました。「それがこの方法のもっとも優れたポイントのひとつだ。すぐに分かるだろうが、とりあえず進めてみようか。色を選んで。赤か黒か。フリー・チョイスだよ」今回、私は黒いカードにしました。「OK、ではゲームを始めよう」と彼。

　私たちは手早く1ゲームを済ませました。バノンがカードを使い果たしたとき、私にはまだ4枚のカードが残っていたので、彼に2枚のカードを手渡します。私にはまだ、どこまでの自由さが許されているのか、よく分かっていませんでした。実際、カードも完全にランダムであるように思えましたし。「どちらが何のカードを受け取るかは、本当に何の関係も無い、ってことですか？」私は尋ねました。私たちは最後の2ラウンドを済ませます。

「全く関係ないね。いまどうなっているか見てごらん。"Miraskill"の原理から、私たちはいま、互いに同枚数のカードを持っている。何枚あるかは分からないが、同枚数ということだけ分かっているんだ。観客はこれを知らない。そしてこれが、『常に同枚数になる』なんてことは、たとえ百年あっても観客には分かりっこないのさ」

　瞬間、私は彼が何をやっていたか分かりました。賢いやつめー……！

「……これで、ミスコールの準備は完璧に整った、というわけですね。つまりあなたは、……単にひとこと、嘘を言っただけなんだ」

　バノンは自分側のカードを拾い上げ、広げて数えながら続けました。

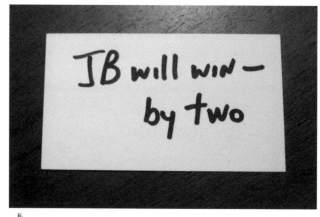

　J̇Ḃが2枚差で勝つ

「誰がゲームで勝ったかを決めるために、君は自分のカードを数えなくちゃならない。私は自分

の『勝った』パケットを取り上げる。それから観客に『（枚数は）どうだった？』と聞くんだ。私はもう自分の山を取り上げているから、ほんの少しだが、観客に対して時間的に優位な状態にある。私は素早く自分のカードを数えて、そこにプラス２してしまうわけだ。数え終わったら、トータルに２を足した数を、勝ち取ったカードの枚数として言う。これは当然、観客が持っている枚数より２枚多くなるはずだし、そして当然、予言通りというわけだ」

※

　私は事の単純さに驚き、ただ頭を振るしかありませんでした。

「自分から先に数を言う、というのがきわめて重要なんだよ」と彼が続けます。「"Miraskill"の原理、これでカードの枚数が同じになるなど誰も想像もしないし、観客のカードの枚数を知ることができるような方法があるとも思わない。だから、もしこちらが最初に言ってしまいさえすれば、『予言を成立させるために、演者が嘘をついているのかもしれない』と観客が思う根拠だとか理由なんてものはないわけだ」

　バノンのミスコールの手法が、いかに完璧に機能するかが分かりました。最初の予言にはさらなる利点もあります。それは、『観客は誰も、なにが起ころうとしているのかを知らない』ということです。仮に観客が予言があったことを憶えていたとしても、何が予言されていたのかは正確には知りません。演者が予言に注目を集めるより前に、すべてのダーティー・ワークは済んでいる、というわけです。

　バノンはカードを集めて続けます。「『誰が勝つのか』を予言できたと最初に仄めかしているんだが、『何枚差で勝つか』まで分かるということは、最後のために取っておく。観客の注目は、誰が勝つかというところに向けておきたいんだ。カードの実際の枚数ではなくね」

　彼はデックをシャッフルし始めました。「さて、ここでトリックを繰り返すことができる。そして、２枚目の予言は『引き分け』だから、何もする必要はない。"Miraskill"の原理がすべてやってくれる。これは素晴らしいことだよ。なにせ２回戦ともなれば、より厳しい監視の目にさらされるだろうからね」

「第２戦では、私にカードを数えさせましたよね？」と私は指摘しました。

「その通り。私はまず君に自分のカードを数えさせ、それから私のも数えてもらった」と、バノン。私はバノンの２枚目の予言を拾い上げながら、自分が対戦相手だったときに、どんな反応をしたのかを思い出していました。「『引き分け』で終わるのは良いですね」と私は言いました。「引き分けは実に予想外でした。ゲームがうまいこと成立しなかったんじゃないかという感じで。それで、私は予言が本当に成り立つかどうか、よく分からなくなっていたんです。あなたが本当に引き分けを予言しているとは全く思っていませんでした」

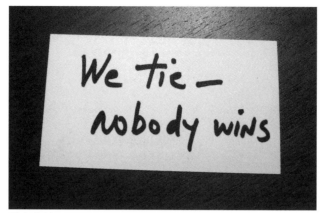

引き分け

「ああ、私もその部分が大いに気に入っていてね。もちろん、これはオリジナルの"Miraskill"から持ってきたんだが、これがミスコールを完全に補完してくれている」

「すべてを明かすついでに」とバノン。「きわめて小さな可能性ではあるんだが、トリックがうまくいかない場合というものがあることは言っておこう」

「そんなことが?」私は尋ねました。

「赤のペアと黒のペアが同一数になる、ということは保証されているが、いくつのペアができるか、ということは定かじゃない。ペアがひとつも出てこないことも、可能性としてはあり得る。さすがに0を2だとミスコールすることはできないからね。同じく、ペアが1つか2つしかできない場合、という可能性もあり得る。こういった場合、2枚を4枚だとミスコールするのは怪しいし、4枚を6枚だとミスコールするというのも、それよりかは僅かにマシな程度だろう。私の場合、3ペアもあれば、適度な余裕をもって6枚を8枚だと言うことができるだろうけれど」

「しかしそれはどのくらいの確率で起き得る状況なんでしょうか?」

「マッチしないペアがひとつも出てこない場合、つまり出てくるペアが全部マッチした場合だが、それぞれの色は全部で13のペアになる。だから取り得るペアの数は、最小で0、最大で13だ。最小側の3パターン(0, 1, 2)と最大のパターン(13)だけが問題になる。しかしこれらが実際に起こる可能性はほとんどないけどね」

この程度のリスクなら負う価値がある、と私は判断しました。「3段目を付け加えようと考えたことは?」

バノンは少しのあいだ黙りました。「これはすでに長い手順だ。私は常に手順をスピードアップする手法を模索している——通常は、喋る量を減らすことでね。加えて、2度もミスコールするのは気分が良くない。それに第3段も同様の自由さを備えていなければならないと思うし……いや、

やはり2回で充分だろうね」

彼は腕時計を見ました。そろそろ出る時間です。

※

すがすがしいシカゴの冬、車へと歩きながら、私はまだ"Miraskill"の概念に驚嘆し続けていました。

「何故うまくいくのか、いまだによく分かりません」と私。

「スチュワート・ジェイムズが、どのように"Miraskill"の原理に辿り着いたのかは私もよく知らない」とバノンが打ち明けてくれました。「だが、これは数理的な原理の中でもっとも複雑で、直感に反するもののひとつだろうね」

「説明できます？」私は尋ねました。

「そうだね、思い返してみよう。ジェイムズが発見したのは『よく混ざった、欠けのないデックからカードを2枚ずつ取っていくと、赤のペアの数は、黒のペアの数と同じになる』ということだった」バノンが説明を続けます。「マッチしていないペアから見ていったほうが理解しやすいだろうと思う。つまり1枚が赤で、もう1枚が黒というペアだ。カードをめくってマッチしないペアが出てきたら──つまり赤1枚と黒1枚──デックに残っている赤と黒の枚数は奇数になっていて、けれどやはり互いに同じ枚数だ。ついてきているかい？」

「ええ、いまデックには25枚の赤と25枚の黒がありますね」

「その通り。それが意味するところはこうだ。どれだけカードが並び替えられても、少なくともひとつはマッチしないペアがある」

「どうしてそうなるんでしょうか？」私は尋ねました。すでにこの説明がよく分からなくなってきていたのです。

「マッチした赤か黒のペア・カードは、常に2枚が同時に取り除かれる。ということは赤と黒それぞれの枚数は、次のマッチしていないペアが出てくるまでは奇数のまま。枚数が奇数ということは、マッチしたペアを2枚ずつ取り除いていった場合、赤も黒も必ず1枚カードが残るよね。だから必ず、あと1組はマッチしないペアがあることになる」

「うんうん」

「理解しておくべき重要なポイントは、マッチしていないペアの数は常に偶数になる、ということ。

これはつまり、マッチしていないペアは常に同量かつ偶数枚の赤と黒のカードになっているということだ」

「はいはい」

「マッチしていないペアは、赤いカードと黒いカードからそれぞれ同数かつ偶数枚のカードを抜いていくのだから、残った赤と黒のカードもまた同数で偶数だ。これはつまり、赤と黒のマッチしたペアの数もまた、同じになるということさ」

「分かりました。その通りですね」

✺

　帰宅して、この"Miraskill"について少し調べてみようと思いました。私は『Stewart James In Print: The First Fifty Years』(Jogestja, 1989) と、分厚い2巻組の大著『The James File』(Hermetic Press, 2000) を書棚から引っ張り出しました。アラン・スレイトとその仲間たちは、ジェイムズの膨大なトリックと数々の論評を、編集することで分かりやすくしてくれていました。予想通り、『Stewart James In Print : The First Fifty Years』にはオリジナルのルーティーン (The Jinx, 1936) が収録されていました。さらに『The James File』のp.1883には"Miraschool"という名前の章があり、章全体を費やして多くのバリエーションやハンドリング、そしてアイディアが掲載されていました。またこれもバノンが言っていたことですが、彼自身の手順は90年代後半に作ったものだそうですが、近年になって (2008)、同じようにトランプ・ゲームの『戦争』を取り入れたバリエーションが発表されたとか——"Mirabill"というタイトルのe-bookで、著者はビル・カッシュマン、販売しているのはOutlaw Effectsだそうです。

　たぶん、夜も更けたせいか、ジンのせいか、あるいはやる気をくじくような大量の読み物のせいかもしれませんが、ともかく私は己の中の諸々のリソースを検討し……寝ることに決めました。

✺

　数日後、私はバノンから一本の電話をもらいました。彼が言うには、例の"Miraskill"の手順（彼は"View to A 'Skill"と呼んでいるとのこと）について、まだ言い足したいことがあるのだそうです。

　「この前の晩にやったセルフワーキング・バージョンの、明快な純粋性を壊してしまうリスクはあるんだが……」と、バノン。

　（バノンが『明快な純粋性を壊してしまう』みたいなことを言うとき、それをどう捉えていいものやら、私には分かったためしがありません）

「……借りたデックで、"Miraskill"の原理を効果的に利用できる別のやり方があるんだ。セルフワーキングではないんだが、でも別に難しいわけじゃない」

「本当に？　どうやって？」

「このあいだ私たちが論じた内容とそっくりそのまま同じだ。ただし、ミスコールをする代わりに、はっきりと声に出して自分のカードを数えていくんだ」

「え、どうやって……」そのとき私はぴんときました。「あ、『フォールス・カウントを使う』、そうでしょう？」

「その通り。パケットの枚数が同一だと君は知っている。しかし他の誰も、君がそんなことを知っているとは知らない、ということを思い出してほしい。そこで、君はパケットを実際に持っているより２枚多くカウントする。繰り返しになるが、誰も君が結果を調整しているなんて疑っていない」

「たとえば、ビドル式のカウントを使うんだ。朝飯前だろう？　まず１ゲーム目を行う。終わったら右手で自分のパケットを取り上げ、ビドルないしはエンド・グリップに持つ。左手親指を使って１枚ずつ左手に取っていきながら数える。やりながら声に出して数えていくんだ」（写真４）

写真４

「２枚のカードを数えたら、３枚目のカードを取るときに２枚目のカードの上に左手小指でブレイクを取る。４枚目のカードを数えて、５枚目のカードを取るときにブレイクより上のカード２枚を右手のパケットのボトムにスティールするんだ」

「パケット全部を数え終わるまでカウントを続ける。何枚で始めていたとしても、それより２枚多いのが合計になる。つまりこれは、観客の持っている枚数よりも２枚多いということを意味する。そして、観客はまだ自分のカードを数えてすらいないというわけだ」

ジョン・バノン カードトリック　HIGH CALIBER

「そいつはいいですね」と私。ビドル・カウントは大部分の人たちにとって簡単だろうし、普通の人はみんな引っかかるでしょう。ただ、熟達した人——たとえば私たちの良き友であるデイヴ・ソロモンのような——は、死んでもやりたがらないでしょうけど。「デイヴはそういうのはあんまり好きじゃないでしょう」と私。

「分かっているよ」とバノン。「だけど、エドワード・ヴィクターのイレブン・カード／ビル・フォールス・カウントなんかを使えばいいのさ」

私は特にEleven Card / Bill Trickというジャンルのトリックのファンではなかったこともあって、そういったヴィクター・タイプのカウントをひとつも学んだことはありませんでした。私は一瞬それについて考えます。……私は、やはりミスコールのほうが好きだなあ。

「面白い、それでいて実行可能なアイディアですね。でも、あなたが正しいと思うよ」

「え？　正しいって、何が？」

「このやり方は、作品の明快な純粋性を壊してしまうってこと」

Mega 'Wave
(2010)

So, it works in practice...What about theory?

T-Shirt seen at the University of Chicago

Mega 'Wave

　　[Mega-,]【接頭辞】『その種の他のものより、遥かに大きく優れている』の意。

　"Mega 'Wave" はスティーヴン・タッカーによる "Omega" シリーズのトリックから、いくつかのコンセプトを部分的に改造、改作、改装、改良、改編してまとめあげたものです。

Précis

　マジシャンは4枚からなるパケットを2組見せます。片方は表向きの4枚のQ、もう片方は裏向きで、しかも太いバンドで巻かれている状態です。

　1人の観客に、どのQでもいいのでスート（マーク）を思い描くようお願いし、それを声に出して言ってもらいます（フォースではありません）。

　マジシャンはQのパケットを持ったまま、バンドで留められたパケットをテーブル上に置きます。そして彼は、『マジックと読心術の違い』と『指先のテクニックと超能力の違い』、つまりは『ホーカス・ポーカス[1]とマンボ・ジャンボ[2]の違い』を見せようと言います。

　「もし私がこのパケット中のカードを1枚、密かにひっくり返そうと思ったら……、まあそんなことができる手段というのは本当に限られていますよね」

　『ホーカス・ポーカス』のデモンストレーションとして、マジシャンは「このパケットの中で、選ばれたクイーンだけを、テクニックを使ってひっくり返してみせましょう」と宣言します。4枚のQがすべて裏向きであることを示したあと、マジシャンはパケットをくるりと回し、表向きにして広げます。すると選ばれたQだけが裏向きにひっくり返っているのです！　マジシャンとパケットは、観客から凝視されているかも知れませんが、この現象が起こるとき、観客は何ひとつ怪しいところは見出せないでしょう（Qのパケットは、決してマジシャンの背後に回されたり、または別の方法で観客の視界の外に行ったりしません）。

　「続いて『マンボ・ジャンボ』の場合」と言ってマジシャンはこう説明します。「その場合は……、マジシャンは超能力を使ってお客様がどのクイーンを選ぶか予知して、そのクイーンを前もってひっくり返しておくだけで良いのです」と。マジシャンはバンドで巻かれたパケットを取り上

訳注1：アブラカタブラとかテクマクマヤコンとか思ってください。
訳注2：謎の宗教的な儀式や呪文だと思ってください。

げ（ずっと観客の視界の中にありました）、バンドを外し、そして広げます。なんとパケットの真ん中でひっくり返っているのは選ばれたスートのQ！　これにより『観客が何を選ぶのか、マジシャンは前もって分かっていた』ということが証明されるのです！

　しかしマジシャンは、このQもテクニックでひっくり返したのかもしれない、という推測を口にします。結局のところ、観客はマジシャンが１つ目のパケットでまったく同じことをしているのを見ているわけですから。そこで、これがテクニックによるものではないと観客に示すため、マジシャンはひっくり返った表向きのQを抜き出し、それを裏向きにします。するとそのカードの裏面は他のものと違う色なのです！　しかしそれだけではありません。マジシャンは裏向きにした色違いのQを裏向きパケットの中に差し入れますが、少し突き出したままにしておきます。手を返してパケットの表を見せますが、他の３枚のカードはすべてジョーカーであり、この１枚の他にはQが無いことが示されるのです。裏の色の違う『選ばれたQ』は、何とパケットの中で唯一のQだったわけです！

　興奮が一段落したあと、マジシャンはさらにもうひとつの見解を述べます。それは『ホーカス・ポーカス』やら『マンボ・ジャンボ』よりも、もっと良い説明があるということ。マジシャンは最初のパケットから裏向きのQを取り出し、自分の袖口でそっと撫でます。「このように……、そう、すべては『タネとしかけ』があるからできるのです」カードがひっくり返されるとQが消失しています。Qの絵柄があった場所にはただ『SMOKE & MIRRORS[3]』と書かれているだけなのです。

　すべてのカードは検め可能です。どちらのパケットにも、妙な仕込みやギャフ・カードは使っていません。エクストラ・カードも使っていませんし、何かを付け加えたり取り去ったりもしていないのです。カードは常に観客の視界の内にあり、マジシャンの背後だのテーブルの下だのに隠れたりもしません。

　とても簡単にでき、たった２つの基本的なカード技法しか必要とせず、パームやバーノン・トランスファーなども不要です。

Mise En Scéne

SET-UP

　８枚からなるパケットを使用します。まずQ（別にQでなく他のものでも構いません）を、以下の順序でパケットの一番上から並べます。

（すべて表向き・青裏）
黒Q
赤Q
赤Q

訳注3：『タネとしかけ』の意。

黒Q[4]

　続く3枚のカードは紙、ないしはプラスチックのバンドによって1つに留めておきます。私バノンは最初、トレーディング・カードの保護用に使う薄いプラスチック製のカード・スリーブを、頭から3～4cmくらい切り取って使っていました。あれは3枚のカードをぐるりと巻くのにぴったりです。しかし、いまはアメリカの1ドル札を使っています。パリっとした新札でカードを巻き、端を互いに差し込んで留めるとなかなかいい感じです（写真1）。もちろん、1ドル札ではなく、より高額な紙幣やちょっと変わったもの、たとえば外国の紙幣などにすれば、トリックはより興味を惹くものになるでしょう。もっとも、「なんであんな妙なものでカードが包んであるんだろう？」と観客が思ってくれるであろうこと以外、そこについては特にこれといった理由もないのですが。

写真1

　他にも、色が付いていてもいなくても構いませんが、4cm程度の幅の紙帯で3枚のカードを巻き、それをテープで固定するのでもいいでしょう。とにかくパケットをぐるっと巻けるものであればなんでも大丈夫です。バンドはスルスル動かない程度にはぴったりしているべきですが、さらっと取り外せないほどギチギチなのも良くありません。束ねられたパケットは上から順に以下の通り：

【赤裏ジョーカー】
【赤裏ジョーカー（裏向き）】
【赤裏ジョーカー（裏向き）】
青裏ブランク・カード（裏向き）

　上記、【　】内の3枚はバンドで留められていますが、パケットのボトム・カードは、バンドに入れずにフリーにしておきます。私はブランク・カードのフェイスには『SMOKE & MIRRORS』と書いています。もちろんこのセットは、裏面の色は逆でもいいですし、デザインも対照的な別のものなどに置き換えても構いませんが、フリーにしたブランク・カードについては、表向きのQと同じ色の裏にしておいてください。

訳注4：この4枚が文中にでてくる『1つ目のパケット』のことです。

Practical Fractal

　8枚のパケットを取り出して左手に持ち、トップの4枚のQを右手でスプレッドします。右手でファン状態にして取り上げながら左手の留められたパケットを指差し、「これについては少しあとでお見せします」と注目させておいてください。この『スプレッドしたQを使って、バンドで留められたパケットを指し示すジェスチャー』の中で、Qの裏面が青であることをさりげなく示します（写真2）。

　スプレッドしたままQを左手のパケットの上に表向きのまま置き、上2枚のQを右手に取ります。残りの2枚のQは、左手の留められたパケット上で広げたままにします（写真3）。

写真2

写真3

　「これから、テクニックを使ったマジックと超能力の違いをご覧にいれます」と言います。頭の中でQを1枚選び、それから何を選んだか言うように、観客のひとりに頼みます。間をおかずに以下のような台詞で畳み掛けるのもいいでしょう：「おっと、ここは慎重に選んでくださいね。なぜかというと、このトリックが終わったときにあなたは、『もしも違うクイーンを選んでいたらどうなっていたんだろう……』と、不思議に思うことになるでしょうから……」など。

　もし赤いQが選ばれたら、右手のQをそのまま戻してパケットを揃えます。逆に黒いQが選ばれたら、右手のQを左手Qの下に入れ、パケットを揃えます。要するにここは、『選ばれた色のQが、4枚のパケットの真ん中の2枚のどちらかになるようにしたい』のです。

　ここで、一番下のカード（1枚独立している青裏ブランク・カード）の上にブレイクを取ります。私はこれを左手小指でのプルダウンで行っています（バンドで留められた3枚パケットがあるので、ほぼ自動的にできます）。パケットを右手で上からつかんで取り上げ、先ほどのブレイクを左手小指から右手親指に移します。これはよく知られている、ビドル・グリップです（写真4）。

　トリックの演出を始めながら、ここから簡単な手続きひとつでこのトリック全体に関する『準備』を済ませてしまいましょう。「ラケル、私はこれから言い古されたお話、つまりマジシャンと読心術師の違いについて説明しようと思うんだ。言い換えれば、『テクニック』と『超能力』の違い。つまり、『ホーカス・ポーカス』と『マンボ・ジャンボ』の違いだね」

写真4

　左手親指で、右手パケットのトップから1枚のQを引いて取ります。同様に2枚目のQを引き抜くとき、右手パケットのボトムのカードを同時に引き抜きます。これは2枚目のQを引き抜くときに、その下で右手親指のブレイクを単に離せば良いでしょう（写真5）。

　観客の選んだカードが来たら、その下に左小指でブレイクを取ります。これは2番目か3番目のQのいずれかです。そして次のQを左手に取りつつ、選ばれたQを右手パケットの下にスティールします（写真6）。これらの動作はすべて、基本的なビドル・スティールのそれです。

写真5

写真6

Hocus-Pocus
　見た目上、あなたは単に4枚のQを左手に数え取ったところです。

　……ということで、いざ、ポジション・チェックをしましょう。左手のパケットは3枚の表向きのQと、その中ほどに1枚の裏向き青裏カード（正確にはパケットのフェイスから3枚目）という状態です。一方で右手は、バンドで留められた裏向きの赤裏カードを持っているように見えます。実際には、観客の選んだQがパケットのボトムで表向きになっています。

　右手の『留められたパケット』をテーブル上に置き、そして注目を左手のパケットに集めます。

この『1つ目のパケット』——その秘密の役目は、『選ばれたQを、バンドで留められたパケットへ加える』こと——こちらに関する基本的な考え方はこうです。まずひとつは『なんのためにパケットが個別になっているのか、ということをパケット自体でちゃんとアピールすること』。そしてもうひとつは、『バンドで留められたパケットのQが、元々Qのパケットに入っていたものと"同じもの"であると観客が結論づけてしまうのを妨げること』です。

ここがこのトリックの一番の難所です。2つ目の読心術のパケット内でひっくり返っているQは、1つ目のテクニックのパケットのQと同じものだ、という『早すぎる結論付け』を、いかにして回避すればいいのか。この手のトリックの慣例とは逆に、あなたが絶対に『やってはいけない』ことは、2つ目のパケットでQが表向きになっているのを見せるよりも『前に』、1つ目のパケットから観客の選んだQが消えているのを示してしまうことです。もしそんなことをすれば、観客はほぼ全員、「ああ、2つ目のパケットは初めから、いま消えた選ばれたクイーンの目的地ってことだったんだな」と結論付けてしまうでしょう（それもほとんど瞬時に）。そしてお分かりかと思いますが、……彼らの想像通りなのですね、これが。

そうではなく、1つ目のパケットの中での、鮮やかで、手早く、間接的なひっくり返り現象でここはよしとしましょう[5]。

「選ばれたクイーンがひっくり返ってしまう。これ自体はテクニックを使えばとても簡単なことです」と演者は説明します。そして先ほどのQのスートが何だったかを観客に（再度）言ってもらいます。そして観客に注意深く見るように言って、パケットをくるりと回してからスプレッドし、選ばれたQが1枚だけ、裏向きにひっくり返っていることを示します。

これはもっとも簡単な方法です。ですが、『ビドル・ポジションでの一連の動作』と、『裏向きになったカードを見せる』あいだには、少々時間をおいたほうがいいでしょう。たとえば、ひとまずパケットをひっくり返し、そのままアウト・オブ・ポジション・エルムズレイ・カウントで、4枚の裏向きカードであることを示しても良いと思います。選ばれたQについて、スートが何だったかを観客に（再度）言ってもらいます。ここでパケットを表向きにひっくり返し、くるりと回してそれをスプレッド、選ばれたQだけがひとりでにひっくり返っていることを示します。選ばれたQは、その1枚が裏向きで、他のQ3枚が表向きであることによって間接的に示されます。この示し方で問題ありません。観客はこれから何が起こるかなど知りませんし、ひっくり返ったカードが（表を見せていないとはいえ）選ばれたQではないなどと考えるような理由もありませんからね。パケットはテーブルに置きましょう。

Mumbo Jumbo
さて、今度はあなたの注意をバンドで留められたパケットへと移しますが、すぐに取り上げたりはしないでください。落ち着いて、まずはお膳立てをしましょう。「ラケル、さあ今度は超能力……つまり、マンボ・ジャンボについての話をしましょうか。もしどうにかして、『君がどのクイ

訳注5：つまり、『演者が、選ばれたQを消して別パケットに移動させました、というような現象』には見せないようにしてください、ということです。

ーンを選ぶのか』を事前に知ることができたとしましょう。その場合、私は君の選ぶスートのカードを、ひっくり返しておくだけでいいわけです、前もってね」留められたパケット（下に1枚、留められていないカードが隠れています）を右手で取り上げます。パケットを左手に置き、バンドをスライドさせ、パケットの観客側から外します。これによって表向きの選ばれたQは裏向き赤裏ジョーカーと一緒になります。観客に選んだQのスートを（再度）言ってもらいましょう。

「どのクイーンを選んだんでしたっけ？　ダイヤ？……今日これを始める前に、私がダイヤのクイーンをひっくり返していたら……どうします？」

ここでエルムズレイ・カウントを行いますが、最初の2枚を『数え』たら**6**、その2枚をスプレドし、続いての2枚もスプレドした状態でカウントします（写真7）。これで選ばれたQが、ずっとバンドで留められていたパケットの中から表向きで現れるのです！

写真7

あなたはいま、実に羨ましいナイスな状況にあります。選ばれたカードの裏は色違いで、パケット中で唯一のQ、しかも観客は皆、「さっきと同じように、何かテクニックを使って単にひっくり返しただけだろうな」などと思っています。さらには、すべてのカードはレギュラーで検め可能という状態……！　心の中でニンマリして、そしてトリックを終わらせるとしましょう。このあとに控えるマルティプル・クライマックスで、劇的にたたみかけるのです！

「さてラケル、私には君が何を考えているか分かっています。『これもテクニックとかじゃないの？』ってね。なんたって君は、さっき私がこれをテクニックでやるのを見たばかりだから。しかし、君がそう考えるだろうことも、分かっていました」右手でゆっくりと、表向きになっているQをパケットから抜き出します。そしてそれをひっくり返し、裏面が違う色であることを示すのです（写真8）。

訳注6：普通に1枚取って、続いて2枚目と称して右手で2枚をブロック・プッシュオフしつつ、1枚目のカードを右手パケットのボトムに引き戻しています。

「だから、この［ダイヤの］クイーンは他の3枚とは違う色にしてあるんです。しかもそれだけじゃない。嬉しいことに君は［ダイヤの］クイーンを思ってくれました。でなければトリックが成立しなくなるところだったんです。ほら、これらのカードは他のどれ1枚としてクイーンではないんです。君はトリックがうまくいく『たったひとつ』のカードを思ったんですよ」（上記の台詞と並行で）裏向きにした色違いのQをパケットに差し込みますが、少しだけアウトジョグした状態にします。

ここで、スプレッドをゆっくり表向きにすると、選ばれたQを除く他のカードは、すべてQではなくジョーカーである、という寸法なのです（写真9）。

カードを表向きでテーブル上に置きます。

写真8

写真9

Smoke & Mirrors

OK、これでトリックは表向きには終わりました。カードはすべて検めてもらうことができます。ただ実際には、1つ目のパケットにあるひっくり返ったカードには、ちょっと怪しさが残っています。元々、私はブランク・カードをブランクそのままにしておいていました。そして、もし観客の誰かが「（1つ目のパケットで1枚裏返っている）クイーンを見たい」と言ったら、そこでQの『消失』現象を起こすようにしていたのです。とはいえこの『消失』は、もちろんクライマックスを弱めるものですし、この文脈では特にそう感じられました。

しかしトリックが表向きには終わったあと、締めの一言として使うのならば、本来はクライマックスを弱める現象が、効果的にトリックをまとめ、締めくくるものになり得ます。そんなわけで私が計画したのは、オチになるキーワードか何かをブランク・カードに書いておき、最後の変化現象でちょっとした締めとすることでした。

たとえばブランク・カードに名刺っぽく連絡先などを書きつけて、こんな流れで締めるのもアリでしょう。「本当のマジックをご覧になりたければ……以下にご連絡ください」とか。これが少々長すぎなので、『SMOKE & MIRRORS』と書いておく、というエンディングを考えました。これは『ホーカス・ポーカス－マンボ・ジャンボ』の言葉の枠組みに完璧にマッチしたのです。

現象の結びとして一拍おいてこう言いましょう。「以上がホーカス・ポーカスとマンボ・ジャンボです。ですが……、マジックの本当の秘密がなにか、ご存知ですか？」と（さてここで、私たちはデモンストレーションから『本当の秘密』へと話を広げました。このように言いだすことは別におかしくありません。なぜならプレゼンテーションの主題は『手法』だからです。たとえそれが口先だけのものだとしても。そしてもちろん、『手法』とはすなわち『秘密』なのです。また『秘密』に対する言及は観客のワクワク感を高めてくれます）。

裏返っている『Q』を抜き出し、それを袖でそっと擦ります。「本当の秘密とは、ホーカス・ポーカスでもなく、マンボ・ジャンボでもない。そう、すべては『タネとしかけ』があるからこそなのです！」ゆっくりと『Q』を見せると、いつの間にやら『SMOKE & MIRRORS』の文字に変わっているのです。

これでトリックは終了。まさにすべてが調和したフラクタルなエンディングです——カードはすべて検め可能で、かつすべてが演出に沿った役割を果たしました。

Notes

Background and Credits

スティーヴン・タッカーのリリースした"Omega"と"Omega Plus"のパケット・トリック、これらは2005年2月頃にe-bookで、補足の"Improved Omega Plus"のほうは時期が不詳ですが多分少しあとにリリースされたはずです（これらを"Omega"と総称します）。このトリックのプロモーションは私の興味を引きました。なぜなら私の"Twisted Sisters"ルーティーンに対する直接の言及があったからです。2005年の11月に私はe-bookを買い、この作品で遊び始めました。

"Omega"はいわゆるFour Card Brainwaveプロブレムを題材としています（これは私の友人マックス・メイヴェンの"B' Wave"によって有名になりました）。"Omega"のコアとなる概念は、『選ばれたQを、Qのパケットと、離れた場所に置いてある予言パケットとのあいだで往復させる』ことによって、『選ばれたQが最初から予言してあった』ように見せるものです。これのクレバーなところは、(i) Qはどれを選ばれても良い　(ii) いくつものクライマックスがある（ひっくり返り、そのQはバックの色が別で、さらには他のカードはQでない）そして (iii) 予言パケットにはギャフ・カードを使わず、すべて検めが可能　というところです。このように、メイン・コンセプトはとても否定しようのない巧妙なものなのですが、しかし"Omega"および"Improved Omega Plus"はいくつかの側面で問題を孕んでいることが分かってきました。

まず、"Omega"の構成は非常にクレバーなのですが、1つ目のパケットをある程度『ジョーク』的な扱いにします。つまり、演者は背後にパケットを回し、操作して、さあご覧ください、選ばれたQがひっくり返っているでしょう、というように見せるのです。なんというか、厳密にはマジックではないのですね。現象ですらないとも言えるかもしれません。このパケットはきちんと扱われるべきですし、トリックの流れの中に適切に配置されるべきでもあります。手順の流れで必要だからといって、あからさまに分かるかたちで蔑ろにされていいものではないでしょう。さらに、もっ

とも厳しいタイミングでパームやアドオンを行うこと、2つ目のパケットが2枚なのを4枚として扱うあたりなど、もはや問題箇所に対して見て見ぬふりをしているとしか思えません。いくらかの再考と再構成が必要だ、と私は感じました。

シンプルですがきわめて重要な変更点は、2つのパケットの物理的な分離、これをしないで済ませることでした。"Omega"系でのパケット分離は手順にいくらかの明快さを加えていましたが、その条件は実際にはトリックに進行上の問題を引き起こしていました。しかし2つのパケットを一緒にすることで、進行上の問題を解決する有力な手段を数多くもたらしたのです。このアプローチは以下のような要素を含んでいました。(i) 背面だのテーブルの下だのといった怪しいワークを使わない　(ii) パームを使わない　(iii) 2枚のカードを4枚と称してテーブル上に置いたりしない　(iv) 1つ目のパケットをきちんと合理的に扱える

私のルーティーンでの重要なトレード・オフは、両方のパケットを一緒にした状態で手順を始めないといけないこと、すなわち物理的にパケットを分離していないことです。といっても、ここでは（2つ目のパケット全体を留めているように見える）バンドによって、『物理的に分離されている』感は高められています。つまるところ、パケットを一緒に出してくることと、このバンドによる視覚的イリュージョンの相乗効果が、実用的かつ『お金の取れる』ハンドリングを可能にしたといえるでしょう。

※ "Mega-"の定義については、『Merriam Webster's Collegiate Dictionary』、第10版のp.723より

OPEC Count

OPEC (Out-of-Position Elmsley Count)[7]は、ファンシーな名前ですがシンプルな技法で、内容はエルムズレイ・カウントと本質的には同じものです。まず、パケットの右サイドを親指を上、それ以外の指は下側にしてつまみます。それから（心の中で数えながら）「1」としてパケットのボトム・カード（トップではありません）を取ります。このポジションからエルムズレイ・カウントと同じ動きをしましょう。2枚をブロック・プッシュオフしてそれを左手に取りつつ、その下で最初のカードを右手にスティール（心の中でカウント「2」）、続いて1枚を取り（心の中でカウント「3」）、そして最後のカードを取れば完了です（ただし、このトリックにおいては、最後のカードはそのままトップに取るのではなく、左手パケットの一番下に取ってください）。

訳注7：『OPECカウント』だと『カウント』がかぶっているのですが、手品業界では慣例なのか、『OPECカウント』と表記していることがほとんどです。英語名称の時点でもすでにかぶっています。

Fractal Re-Call

　1993年の発表以来、ずっと私のお気に入りであった"Call of the Wild"、これは古典的な『ワイルド・カード』のプロットに、いくらかの必然性と一貫性を与えようという試みでした。そこから長いあいだ、このパケット・トリックは一貫して高い評価を受けており、今日に至るまでよく売れています（極端に難しいものではないとはいえ、このトリックはたくさんの技法を使うものなのに。驚きです）。これからご紹介するのは、同様の現象を、レギュラーの、何の準備もしていないデックで起こすことを可能にする、そんな方法です。セットアップが必要ですが、理に適ったオープニング・シークエンスのあとには、トリックに必要な8枚を除いてデックは片付けてしまえます。それでいて先述の作品"Call of the Wild"同様、数多くの現象が意外なかたちで、しかしながら一貫性をもって起こるのです。

Précis

　マジシャンは、自分がかの有名なシカゴのギャンブラー、ステート・ストリート・エディに初めて会ったときのことを物語ります。そのとき、エディからこんな勝負を持ちかけられたのです。マジシャンとエディがそれぞれ4枚のランダムなカードを受け取り、そこから『どっちがうまくやれるか』――いうなればイカサマ勝負というわけです。

　マジシャンはシャッフルされて順序もばらばらなデックから8枚のカードを表向きで取り出します。パケットを裏向きにひっくり返し、4枚はマジシャンの手札として脇に置きました。残った4枚はエディの手札として反対側に置かれますが、さてその内の1枚は偶然にも♠Aでした。

　マジシャンが先攻です。エディの♠Aを借り受けると、マジシャンは自分の4枚のカードをすべて♠Aに変えてしまいます。

　とりたてて反応も示さず、エディは♠Aを取り返すと、自分の4枚のカードをそれぞれ違ったA、つまりクラブとハートとスペードとダイヤのAへと鮮やかに変えてしまったのです。

　マジシャンは♠Aを再度手に取ります。「エディ、君は私が『エースを見せた』と思っているかもしれない。でも実際は、『スペードを見せていた』に過ぎない。……さてエディ、私がカード・ゲームをする場所では……」

　マジシャンがカードを1枚ずつ表向きにしていくと、スペードのロイヤルフラッシュが完成しているのです！

Mega 'Wave/Fractal Re-Call

「……ロイヤルストレートフラッシュはフォーエースに勝つのさ。今日が何曜日でもね[8]」

Mise En Scéne

A Small Set-Up

どんなレギュラー・デックからでも構いません、9枚のカードをトップから以下のようにセットアップをします：Xカード、[♠K、♠Q、♠J、♠10]（順番は問わない）、[ハート・クラブ・ダイヤのA]（順番は問わない）、♠A

トップから9枚目のカードが♠Aになっている状態です。

```
X
♠
♠
♠
♠
A
A
A
♠A
```

比較的シンプルなので、観客の視線の『集中砲火に晒されている』状況でもセット可能でしょう。もちろん、手順の前になにげなくデックを『弄っている』ときにやっても構いません。

そこから演者の好きなだけフォールス・シャッフルをします。ジョグ・シャッフルか、リフト・シャッフルなどが適しているでしょう。平らな面が使えるのであれば、わたしはトップのセット部分を保つ、マイク・スキナーの工夫、すなわち、表向きでのリフル・シャッフルをよく使っています。こうすると、観客はシャッフルされていく中で、デックの表の面が毎回変わっていくのが見えますし、セット部分だけを崩さないようにするのも、それこそ児戯に等しい簡単さでしょう。この方法なら、セット部分がかなり大きくても保つことができます。

Cut The Slug

『スラグ[9]』は、私が『フラクタル』のワイルドカード・ルーティーンを弄っている中で辿りついた、スイッチの手法に関するコンセプトです。アイディアとしてはまず『必要よりも多いカードで始める』というもので、たとえばブランク・カードからなるパケットを持っていたとして、そこから必要な枚数だけ数えとっていき（もちろん表向きで）、残ったものは脇にどける、というものです。つまり基本的なハーマン・カウントの動作で、8枚のカードを取りつつ8枚目でパケットをスイッ

訳注8：エディの『シカゴのギャンブラー』というのはアメリカのキャラクター・テンプレートのひとつで、「シカゴのルールじゃ○○だぜ」「昨日は違うことを言ったって？ ああ、そいつは○曜日のルールだからな」のような強弁をするキャラクターです。ここでの演者の台詞「（前略）今日が何曜日でもね」はそんな背景からのものです。

訳注9：slug：かたまり・鉄屑などの意味があります。

チするのです。これは非常に効率的でディセプティブです。そして使われないほうのカードも、いままさにスイッチしたカードなので検めが可能なのです。全般的に見て、とても効率的なスイッチの手法です。

　まず、『スラグ』のカード群が必要です。トップから16枚目のカードの下にブレイクを取る必要があります。これには数多くの方法があるでしょう。もっとも直接的な方法は、トリックについて話しながらデックを手の中で広げているように見せつつ、5枚を1グループとして3回押し出し、残り1枚を押し出す、というものです。

　さて、この16枚のパケットを、デックの真ん中あたりから適当にカットして取り出したように見せたいのですが、以下のように行いましょう：まずデックを右手で上から摑み、ブレイクを右手親指に移します……が、実際にデックを持ち上げてはいけません。件(くだん)の16枚のブロックを左手に渡しますが、右手人差し指でスウィング・カットをしたように見せかけて、実際には右手人差し指はそのままに、右手でブレイク上のパケットを反時計回りに少し回転させます。そうするとそのパケットを左手親指で挟むことができるでしょう（写真1）。この動作は、普通のスウィング・カットと全く同じように見えますが、実際には枚数が正確にコントロールされているのです。

写真1

　デックの残りを右手でつかみ、左手はその16枚のパケットを左側へとスライドさせて受け取ります。右手人差し指で右手に残ったパケットのだいたい半分をスウィング・カットして、左手パケットに重ねるのですが、その際に左手小指で先の16枚パケットとのあいだにブレイクを保持します。右手の残りのパケットをテーブルにぽんと置き、その動きに続けて、左手パケットのブレイクより上のパケットを右手でつかんで、先ほどと同様にテーブル上のパケットに重ねてください（この動作は、よく知られているフランク・トンプソンのフォールス・カットと同じものですが、最初のパケットの枚数がコントロールされている、というところだけが違います）。

　ここで、右手を使って、左手に残ったパケットを表向きにひっくり返します（これは元々デックのトップにあった16枚）。そして、これからハーマン・カウントを行うため、右手を上からかけてビドル・グリップないしエンド・グリップにパケットを保持します。なお、この一連の動作は、『デ

ックをカットして、中から適当な枚数のパケットを取り出した』ように見えていなければなりません。

The Covered Slug Switch

　今回、私たちはレギュラー・デックを使っているので、スラグ・コンセプトにおけるハーマン・カウントの使い方も少し工夫する必要があります。なぜかというと、同一ではないカードでハーマン・カウントを行うと、7枚目に数えられたはずのカードが、スイッチ後に残るパケットの一番上に来てしまうからです（これに気づくというのは、『矛盾を見抜く、真に鋭い観察眼をお持ちですね』賞モノです）。90％の確率で、まず気づかれることはありませんが、ここは万全を期すために『"カバー"・スラグ・ハーマン・カウント』を使うに越したことはないでしょう。

　OK、いま左手には、デックの中ほどからランダムにカットされ取り出された（ことになっている）16枚のパケットを持っています。ここで左手からパケットを取り上げる前に、左手の指でバックルないしプルダウンをします。これは右手でパケットをつかむ際、親指でそのボトム・カードの上にブレイクを作るためです（このカードは最初にスタックした9枚の上にあった無関係なカードです）。

　さて、これで『カバー』されたハーマン・タイプのスイッチをする準備が整いました。私が初めてこれを見たのは、ブルース・バーンスタインによる、観客の思ったカードのカード・アクロス手順の中で、雑誌『Linking Ling』のCard Cornerという私の連載で取り上げたことがあります（1990～91年のことです）。

　左手親指で、右手パケットのトップ・カードを引いて取ります。続けて声に出しながら「1」から「7」までカードを数え取っていくのですが、「8」のカウントのときにちょっとしたいくつかの作業が発生します。カードを取るために右手と左手が合わさりますが、そのときにブレイク下のカードを左手パケットのトップに加えてしまいます。そして8枚目（♠A）を左手に取ったと見せかけて左手のパケットと右手のパケットを入れ替えるのです（写真2-3）。これはエクストラ・カードを1枚加えるという動作はあれど、普通のハーマン・カウントのテクニックの範疇です。ただ、たとえあなたがハーマン・カウントに習熟していたとしても、これは慣れるのに多少練習を要

写真2

写真3

するテクニックかもしれません。要点だけかいつまんで言うと、パケットを交換しながら、左手の小指でブレイクより下のカードを取り、左手パケットに揃えるのです。

　以上は、右手パケットから左手パケットへカードを数え取る中で、7枚のばらばらのカード、そして全くの偶然に8枚目に♠Aが出てきたように見えなければなりません[10]。しかし実際には左手にあるパケットは8枚すべて、スタックしておいたカードになっているわけです。右手に残ったカードは、そのまま右手で裏向きにしてテーブル上のデックに重ねて処理します。

　左手のパケットをひっくり返して裏向きにし、スプレッドします。トップ4枚のカードをあなたの正面に置いてください。これらは『スペードのフラッシュ』のカードであり、あなたのハンドになるものです。そして残る下側4枚をあなたの左側の少しだけ前の位置に置きます。これらは『フォーエース』であり、エディのハンドとなります。

　さあ、これで『イカサマ勝負』を始める準備が整いました。

Five Identical Aces

　この『イカサマ勝負』は、あなたが先攻であったことを言います。『あなたのハンド』である4枚のカードを取り上げこう言います。「私はエディにスペードのエースが行ったことに気づきました」と。エディの4枚のカードから一番下（♠A）を抜き出し、これを裏向きにして自分のパケットのトップに加えます。そうしたら♠Aがボトムから2枚目になるようにシャッフルしてください。もっとも単純な方法はオーバーハンド・シャッフルで、最初にカードを引き抜く際にトップとボトムを同時に取ってシャッフルする方法（ミルク・ビルド・シャッフル）です。ボトムから2枚目にAを持ってくることによって、後々パケットを持ち上げる動作を減らすことができます。

　パケットを左手に持ちます。左手親指をパケットの左側エッジぎりぎりにあて、ボトム・カード以外全部を右側に押し出します。同時に右手を下から、親指をトップにあてがうかたちでブロックの右端をつまみます。そしてこの4枚を左手パケット[11]の上でひっくり返すのです。これは、あなたが『単にパケットのトップ・カードをひっくり返し、♠Aを見せた』ように見えなければなりません。この『ブロック・ターンオーバー』を再度行って♠Aを裏向きにします。パケットのトップ・カードをテーブル上に置きます。これで『♠Aが1枚』。

　『ブロック・ターンオーバー』の手順を繰り返し、2枚目の♠Aを見せ、ひっくり返し、テーブル上に配ります。同様のことを3枚目の♠Aでも行います。

　4枚目のAは単純にパケットのトップで1枚ひっくり返します。最後の『A』を示すため、手の

訳注10：これは、「なんかばらばらのXカードがいっぱいだな」と観客に思わせないと、後段の効果が半減するので心に留めておいてください。あくまで雑多なカードがたくさんあって、たまたま最後のカードが♠Aだったという、ストーリー・テリングが重要と思われます。ちなみにバノン本人の演技では、♠Aが出るまで、「ダイヤの9、クラブの3、ハートのキング……」のように、それぞればらばらのカードであることを読み上げながら示していました。
訳注11：パケットとは言いつつ、実際には1枚です。

中でメキシカン・ターンオーバーを行いますが、これは以下のようにします：まず右手を伏せて、Aの下に親指を入れるかたちで摘みます（写真4）。右手を返して手のひらを上に向け、Aを裏向きにします。続けて、裏向きにしたAを左手のカードの下に差し入れます。2枚のカードを一緒につまんで左手指先へと引っ張っていってください（写真5）。このとき、右手の指で下側のカード、つまりAを左側に少し押し出します。続くアクションで右手をスッと上にあげますが、右中指ないし薬指を当てて、下側のカードが表向きになるようひっくり返します。これは古典的なメキシカン・ターンオーバーの技法そのままです（写真6-7）。

写真4

写真5

写真6

写真7

　右手の裏向きカードをテーブル上のカードの上に置きます。そして残った♠Aを表向きのままエディのパケットの上に置いてください。♠Aを借り、それを使ってあなたは自分のカードをすべて♠Aに変え、そして元にしたカードを返した、という流れです。

Not An Occupational Hazard
　お話は続きます。「エディはこう言いました。『4枚のスペードのエースなんか出した日には廃業待ったなしだろうが[12]』」エディのカードを取り上げ、トップの表向きの♠Aを裏向きにします。

訳注12：原文は"occupational hazard"で、直訳すると『職業上の危険』です。ここでは、いくら4枚のAを出すといっても、それが同じ♠Aを4枚出すなんていうのは、あまりにもあからさますぎるイカサマであり、そんなすぐにバレるようなことをしたらイカサマ師としてはやっていけない、廃業コースだろう、という流れです。「スペードのエースは

トップの2枚を右手に、ボトムの2枚を左手に持ちそれぞれのペアで前後に何度か擦り合わせましょう（写真8）。これは昔からある『スクィグル・フラリッシュ[13]』です。そうしたら右手の2枚を左手の2枚の下に回し、左手の中で揃えます。♠Aはいまトップから3枚目にあります。

写真8

ここで、アッシャー・ツイストの1フェイズを使いますが、ここでは『ツイスト（ひっくり返り）』ではなく、『変化現象』になります。『ブロック・ターンオーバー』を使って、トップ3枚のカードを表向きにひっくり返し、♠Aを示します（トリプルリフト＆ターンオーバーと同じ）。タイム・ミスディレクションはここでは明らかに不要なので、間を空けずにアッシャー・ツイストの動作を行います。これでカードがすべて表向きになり、かつそれぞれ違ったAになっていることを示すことができます。

　ちなみに私は少しだけ違ったハンドリングでアッシャー・ツイストを行っています。オリジナルのムーブだと、ボトム・カードをハーフ・パスでひっくり返す際、『横向きに広げるアクション』をカバーに使っています（この動作こそあのトリックの本質といえるものです）。一方私は、ムーブのカバーとしてそれを『前後』で、先ほどのスクィグル・フラリッシュのときに使ったようなアクションを使っています。以下のように行います：♠A（実際は3枚ですが）を表向きにひっくり返したあと、左手小指でボトム・カードをプルダウンします。このプルダウンを進めていくと最終的にはハーフ・パスのようなかたちになるのが分かるでしょう（写真9）。

つかり4枚なんて、そんな阿呆なモン出す奴はイカサマ師としてやっていけねえよ」
訳注13：Squiggle flourish：スクィグル・ムーブとも。

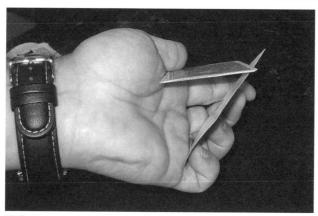
写真9

　この動きを隠すため、プルダウンを始めたらパケットを右サイドから右手親指を上、それ以外を下にして摘みます。ここで右手親指を前へ、それ以外の指を手前に動かしましょう。トップの3枚のカードを同時に前後にスプレッドするのです（写真10）。これと同時にハーフ・パスの動作を行います。これは様々な角度に対して、強力なカバーとなります。

　続く動作で、右手の指を動かしながら広げた4枚のAを崩します。具体的には、トップとボトムのカードを左手に残し、真ん中の2枚を右手に持つのです。さらに先ほどもやった、スクィグル・フラリッシュを行います（写真11）。

写真10

写真11

　他の3枚のカードまで魔法のように表向きになり、しかもそこにはそれぞれ別々のAが現れ、観客もびっくりするでしょう。この部分は、カードが単に『表向きになった』というだけではなく、一瞬かつ鮮やかに『変化した』ように感じられるものです。これはアッシャー・ツイストという技法の、かなり効果的な使用法といえるでしょう。

　（もしあなたがアッシャー・ツイストに熟達しているのであれば、♠Aはトップで表向きのままにしておき、この技法を3回続けて行って、それぞれのAを表向きにしていくこともできます。先にも述べましたが、ひっくり返るだけではなく、変化するというまた別の側面があり、それぞれが

相乗効果をもたらすのです）

Spades, Not Aces

演者は『4枚の♠A』を見せ、対してエディは『4種のA』を見せてあなたをからかったわけですが、さあ今度は再びこちらの番。演者は自分の側のパケットを手に取ります。そしてエディのパケットから再び♠Aを取り上げ、自分のパケットに加えましょう。さあ、キメ台詞の時間です！「エディ、君は私が全く同じ『エース』を見せたと思っているかもしれない。でも、実際のところは『スペード』のカードを見せただけなんだ。そしてエディ、私がポーカーをするところでは必ず……」

カードをスプレッドし、ポーカーのハンドを見せるように1枚ずつ広げてロイヤルフラッシュであることを明かしつつ、ここで一言。「ロイヤルフラッシュはフォーカードに勝つのさ。今日が何曜日でも例外なしにね！」

Post Mortem

Background And Credits

フランク・ガルシアの"Wild Card"ルーティーンから始めました。それからフリップ・ハレマの"Flip's Wild Card Routine"（J. Racherbaumer,『Kabbala』, 1972 December）でスピードアップ。そしてJ. C. ワグナーのアイディア（彼の"Wild Thing"）を加えました。色々な要素を力強く混ぜ込んではかき回し、プロットにも強烈なひねりを加え、それから少しスピードを落としました。そして1993年、私は"Call Of the Wild"という作品を仕上げることとなりました。意味のあるカード群を変化の『対象』として扱うようにしたことと、予想だにしない、思わず二度見してしまうようなクライマックスにより、元が"Wild Card"であったことはほとんど見てとれないくらいでしょう。さらに、こうしてカード群を基準に再構築したことで、必然性と一貫性のあるプレゼンテーションへの新たな道も開かれたのです。——Wild Cardという古典プロットには、いかなる演出をつけたところで満足いく解決などできはしないだろう、と考えている人（まあ、私のことですが）にとってもね。

Short Attention Scam

　"Short Attention Scam" は、販売中であるところの私のフラクタル・カード・マジック・シリーズのひとつ、"The Royal Scam" のリミックス・バージョンで、楽しさがぎゅっと詰め込まれた、45秒間のお祭りみたいなマジックです。

Précis

　マジシャンは9枚の赤裏の♠Aをはっきりと見せます。

　その内4枚は脇によけておきます。残った5枚のカードが、即座にスペードのロイヤルフラッシュに変わってしまうのです。

　脇によけておいた4枚も完全に別のカードに変わっています。それらはAではありますが、別々のデックから持ってきたがごとく、それぞれ裏がまったく違った色・模様になっているのです。

　演技後、すべてのカードは検め可能です。

Mise En Scéne

　私の "The Royal Scam" に習熟した、まともな感覚をお持ちのマジシャンの皆さんにはご賛同頂けると思います。あのトリックの最初のフェイズ、表向きにしたり裏向きにしたりという動作は、決して退屈な繰り返しになることなく、『カードはすべて♠A』で、『すべて赤裏である』ということについて、非常に強い説得力を持たせているということを。そしてその『説得力』の結果こそが、カードがロイヤルフラッシュになったとき、そして色違いの裏面を見せられたときの観客の驚きの質を高めているということを。……なあんて言ってはみましたが、ここでは私たちはそれらの手続きをひょいっとスキップしてしまって、より手早く、派手なハンドリングでやってしまいましょう。言ってみればこのトリックは、『最小の時間で、最大の説得力を創り出す』というものなのです。

Set-Up

　以下に述べる9枚のカードが必要です。なんたる偶然、"The Royal Scam" に付いてくるのと完全に同一のセットなのです。このカードは別にギャフものではありませんので、たとえ "The Royal Scam" をお持ちでなくても、必要なカードをかき集めさえすれば必要なセットを作ることができます。パケットのフェイスから表向きで以下の通り：

裏の違う♠A
裏の違う♠A
裏の違う♠A
裏の違う♠A
赤裏の♠A
赤裏のスペードのロイヤルフラッシュ構成カード
赤裏のスペードのロイヤルフラッシュ構成カード
赤裏のスペードのロイヤルフラッシュ構成カード
赤裏のスペードのロイヤルフラッシュ構成カード

これらのカードをプラスティックのパケット・ケースに入れ、準備完了です。

Over-Hamman Introduction

　演じるにあたり、パケットを裏向きで取り出し、さらっとオーバーハンド・シャッフルをしますが、実際には『オーバー・ハーマン』・シャッフル／カウント・アプローチ、これは私が"Call of the Wild"(1993)で紹介したものですが、それを使います。このテクニックは要するに、『ハーマン・カウントをオーバーハンド・シャッフルに見えるように行う』というもので、カードの順序を崩さないというメリットがあります。

　右手で、パケットをオーバーハンド・シャッフルのポジションで持ちます。左手親指を使って、最初の3〜4枚を1枚ずつ左手に引き抜いていきます（写真1）。

写真1

　4枚目か5枚目のとき、最初に引き取ったパケットを密かに右手へスティールしてください（写真2）。同時に、左手親指を使い、右手に残っていたパケットをすべて引き取ります（写真3）。そうしたら右手に残った3〜4枚（最初に取ったあとスティールしたもの）を1枚ずつ、左手にあるカードの上へ取っていきます。

Mega 'Wave/Short Attention Scam

写真2

写真3

このトリックでまずやっておかなければならないことのひとつ、それは『カードはすべて赤裏である』という確固たるイメージを観客の中に作り上げることです——ただし、あまり手の込んだことはせずに、ですが。オーバー・ハーマン・シャッフルはその一助となるでしょう。1〜2度『シャッフル』しながら、以下のようなことを言います。「少なめのカードを用意してきました。でもこれ、みんな同じカードなんです。もし皆さんが、これらが何であるか当ててくれれば、私はそれを使ったマジックをご覧に入れましょう。え？　思いつきませんか？　ではヒントがあります。ヒントはですね、これらは『私の大好きなカード』のひとつでして……」普通、場の誰かが「スペードのエース？」などと推測してくれます。しかし、もしそういう方が現れなかったら単にこう言えば大丈夫です。「その通り、これらは全部、スペードのエースなのです」と。

ここで、パケットを表向きにひっくり返し、9枚の♠Aに見えるようにハーマン・カウントを行います。ただしカウントとは言っても、私は実際には、Aを見せるときに枚数を数えたりはしていません。Aを見せ終えたら、パケットを裏向きにしてください。

Four On The Side
いまから4枚の裏違いカードを表向きでテーブル上に並べていきます。ここで再度、赤裏であることを強調可能なサトルティを使うチャンスがあります。左手に裏向きカードを引いて取っていくハーマン・カウントを始めますが、お作法通りに左手パケットと右手パケットをカウント「5」で入れ替えたら、そこで止めましょう。右手のパケットを使って左手のパケットを表向きにします。これらのAはちょうど赤裏であることが示されたばかりです。

左手親指でトップ・カードを押し出しながら、順に4枚をテーブル上に並べていきます[14]。

さらなる説得力を持たせる手法として（きわめて些細ではありますが）、Aを親指で押し出す度に左手を伏せ、左手人差し指を使ってAの位置を『調整』します（写真4）。もちろん、これをやる真の理由は、『パケットが赤裏であるのをチラチラ見せるため』にほかなりません。

訳注14：方向はどちらからでも構いませんが、以降左手で配りながらディスプレイしていくので、演者から見て右から左、という順番のほうが見栄えも良く、やりやすいと思います。

ジョン・バノン カードトリック　HIGH CALIBER

写真4

　左手には赤裏Aが残っています。右手のパケットを使ってこのカードを裏向きにし、裏返した左手のカードの上に右手のパケットをぽんと載せます。

Spades, Not Aces

　これからパケットが5枚のAで構成されていることをなにげなく示し、それからロイヤルフラッシュに変えてしまいます。ぺらぺらとお喋りしながら（お決まりの口上でもフリー・トークでも何でも構いません）、パケットでさりげなくフラッシュトレーション・カウントを行います。簡単に言えば、まずパケットを右手で上から持ち、手のひらが上を向くように返して、パケットのフェイスが♠Aであることをチラッと見せます（写真5）。

　右手を伏せ、左手親指でパケットのトップ・カードを左手に引き取ります（写真6）。これをもう3回繰り返しましょう。最後のカードもAであることを示したあとは、左手のカードの上に裏向きにして置きます。

写真5

写真6

　さあ、Aを『ロイヤルフラッシュ』に変えましょう。先の"Fractal Re-Call"と同じくアッシャー・ツイストを使います。上側2枚を右手に、下側の3枚を左手に持ち、前後に何度か擦り合わせます。昔からあるところの、スクィグル・フラリッシュです。そうしたら右手のカードを左手のカ

112

ードの下に入れ、左手でパケットを揃えます。いま♠Aは上から4枚目（下から2枚目）となります。

『ブロック・ターンオーバー』を使って、トップ4枚のカードを1枚のように表向きにして♠Aを見せます。これから間をおかずにアッシャー・ツイストを行うことで、すべてのカードが表向きになり、そしてロイヤルフラッシュになってしまったことを示しましょう。以下のように行ってください：

Aを表向きにしたあと（実際は4枚のカードですが）、まず左手の小指でパケットのボトム・カードをプルダウンします。そのままカードの側面をプルダウンし続けると、最終的にカードはハーフ・パスのようにひっくり返ります。このムーブを隠すために、プルダウンを始めたらパケットの右サイドを右手親指を上、それ以外を下にして摘みましょう。ここで右手親指を前へ、それ以外の指を手前に動かし、トップの4枚のカードを前後にスプレッドします。これと同時にハーフ・パスの動作を行います。これは様々な方向からの角度にも強いカバーになります（"Fractal Re-Call"の写真9–11参照）。

続く動作の中で、右手の指を逆に動かし、スプレッドをざっと閉じます。トップとボトムのカードを左手に残し、真ん中の3枚を右手に取るのです。さらに先ほどもやったスクィグル・フラリッシュを行います。これによって、驚くべきことに一瞬でスペードのロイヤルフラッシュが、まるで魔法のように現れるのです！

ロイヤルフラッシュをきちんと順番通りにテーブル上に並べます。

Baby's Got Back
テーブル上に並んだAにジェスチャーを行いながらこう言います。「ご注目ください、訓練を受けていない方の目には、これらエースには何も起こっていないように見えるかもしれません。しかしですね、これらエースは、全く違ったカードに変化してしまっているのです」と。ここでそれぞれのカードをひっくり返し、全く違うデッキから持ってきたが如く、裏面がすべて違う色・模様になってしまっていることを示します。

Presentation
このトリックは単純に『さあご覧ください』的な……つまり演者が一方的に進めていくタイプの作品になっており、実際には最小限の『プレゼンテーション』しか必要とはしません。ただ、私は状況設定や背景情報を付与することが好きで、これまで様々なプレゼンテーションのアイディアを用いてきました。以下に台詞の例を示します：

「少ない枚数のカードを持ってきました。これらはみんな同じカードなんです。皆さんが、これらが何であるか当ててくれれば、私はそれを使ったマジックをご覧に入れましょう。え？　思いつきませんか？　ヒントがあります。ヒントはですね、これらは私の大好きなカードのひとつでして……ええ、そう、これらは皆、スペードのエースなんです。全部おんなじスペードのエースで一体何をやるのか、とお思いでしょう。私はこれを使って、ある特別で素敵なテクニックを練習してい

「4枚は脇に置いておきます。これは後ほど使いますね。……さてお客様、カード・マジックは世界を変える、ってご存知でしたか？ ある特別で素敵なテクニックを使えば──うまくいけばですが──あなたの世界を、そしてこれらのカードを、完全に変えてしまうことができるんです。では皆さん、いまご覧になっている世界から目を離さないでください！」

「さあ、大丈夫ですか？ 私たちが知っている世界が……もう変わってしまっています。このエースはそのままですが、しかしこちらはもう違う……ほら、ロイヤルフラッシュです、悪くないハンドです」

「訓練を受けていない方の目には、これらエースには何も起こっていないように見えるかもしれません。しかしですね、これらエースは、全く違ったカードに変化してしまっているのです。この通り、これらのエースは全部それぞれ……別のデックのエースへと変わってしまっているのです！」

「すべてはある特別な、素敵なテクニックによってね」

Post Mortem

Background And Credits

まともな考えのパケット・トリック・クリエイターなら誰でも、定期的に初期の古典作品に立ち戻ります。私の場合のそれは、フリップ・ハレマのワイルドカード・ルーティーンでした（J. Racherbaumer『Kabbala』, "Flip's Wild Card Routine", 1972 December）。これはガルシアの"Wild Card"プロットの中でも、非常にコンパクトで展開の速いルーティーンです。最近のこのトリックへの『再訪』で、私は"The Royal Scam"を同じような方法で簡略化できるのではないだろうかと思いつきました。それもフラクタル・シリーズのエンド・クリーンという長所を活かしたままで。先に述べたように、私はこれの構成要素の大半はすでに考えついていたので、今回実際に力を入れてチャレンジしたのは、観客の『裏面への意識』を十分に高めることだけでした。ちなみに『ある素敵なテクニック』（one fantastic move）というフレーズは、スティーヴ・ドラウンの同名のトリックから頂きました。

Mag-7

　私のフラクタル作品の試作期のひとつに、"Return of the Magnificent Seven"という、ギャフ・カードを使わない、『ワイルドカード』・ルーティーンがあります（Bannon、『Smoke & Mirrors』、1992, p.127）。そのトリックをこれまで演じてきて、そしていまなお演じている中で、そこには色々な手法や考えを注ぎ込んできました。そして、そこに昨今のフラクタル・テクニックのいくつか——特に『スラグ』のコンセプト——を合わせることで、無駄のそぎ落とされたハンドリングができ上がりました。『1種7枚のカード』から『7種7枚のカード』への変化現象について、私にもまだ『これだ！』というプレゼンテーションが完成しているわけではありません。なので主に道具や操作それ自体にスポットを当て、演出色の薄いやりかたをしています。このトリックは軽快に進み、素敵な変化現象が起こり、難しくなく、そしてなによりエンド・クリーンです。

Précis

　マジシャンはブランク・フェイス・カードのパケットと、1枚の♠Qを示します。ブランク・カードを7枚取ります。1枚ずつQに触れていきますが、なんとブランク・カードは次々と♠Qに変わっていってしまうのです。すべて検め可能です。

Mise En Scéne

　私は見た目がもっとも対照的ということでブランク・フェイス・カードと♠Qを使ってきました。もちろん本作の仕組みを使えば、図案については別のお好きなものに替えることができます——カード、シンボル、言葉、絵、文字、なんでも構いません。

　7枚のブランク・フェイス・カードと8枚の♠Qが必要です。以下のような順序で上から表向きで並べていきます：

ブランク・フェイス・カード
ブランク・フェイス・カード
ブランク・フェイス・カード
♠Q
ブランク・フェイス・カード
ブランク・フェイス・カード
ブランク・フェイス・カード
ブランク・フェイス・カード
♠Q

♠Q
♠Q
♠Q
♠Q
♠Q
♠Q

　トリックを始めるにあたって、パケットを表向きでスプレッド、最初の数枚のカードを見せます。ブランクが数枚と、1枚だけ♠Qが見えるでしょう。Qを抜き出してテーブル上に置きます。もし可能なら、私はブランク・カードのパケットで『オーバー・ハーマン・シャッフル』をすることをお勧めします。詳細については"Short Attention Scam"のところをご参照ください。

　7枚のブランク・カードを使ったデモンストレーションを行う、と言います。パケットを右手で上からつかみ、左手親指で6枚のカードを1枚ずつ左手に取っていきますが、7枚目のブランク・カードを引き抜くように見せて、実際は一般的なハーマン・カウントの手法通りに、左手パケットと右手パケットを交換してしまいます。スイッチ後、右手に残ったパケットは脇に置いておきます。

　さて、1枚ずつ数え取っていったようにしか見えず、左手に持っているのは7枚のブランク・カードのように見えていますが、実際には7枚のQが、トップのブランク・カード1枚でカバーされているだけという状況です。『実際に必要である以上の枚数で演技を始め、そこから使う分を数え取り、残った分は脇にどけておく』という手法、これが、私がスラグ・コンセプトと呼んでいるスイッチ手法のアイディアです。

　続けてパケットを裏向きにひっくり返し、ブランク・カード（と思われているカード）を裏向きのまま4枚配って、ひとつの山を作ります。

Packet Change
　いま、表面上は3枚のブランク・カードが左手に残っていることになっています。いまからこれを1枚ずつ変化させていきましょう。パケットを表向きにしてください。テーブル上のQを取り、パケットの一番下に差し入れます。パケットはいま3枚のブランクと1枚のQという状態だと思われています（実際には1枚のブランクと、その下に4枚のQ）。パケットを回転させるなど、何らかのマジカル・ジェスチャーをし、それからエルムズレイ・カウントを行います。2枚のブランク・カードと2枚のQが見えるはずです。

　パケットを再び回転させ、続いてリバース・カウントを行います。パケットを上から右手でつかみ、トップから左手に3枚取っていき、スプレッドした状態で保持してください。最後のダブル・カードを1枚として持ち、スプレッドを完了します（写真1）。

　スプレッドを閉じますが、その際に下2枚の上にブレイクを取ります。マジカル・ジェスチャーをしてパケットを広げますが、このときラストの2枚を1枚のようにします（先ほどのブレイクが

あればこれは簡単にできるでしょう）（写真2）。リバース・カウントを行い、右手にカードを取っていきます（最後はダブル）。取り終えたらパケットを裏向きにひっくり返して左手に持ちます。

写真1

写真2

これで、3枚のブランク・カードがそれぞれ3枚のQに変化したわけです。トップの3枚を表向きにして（カードの両面を検めながら）テーブル上に配っていきます。

One, Then All

いま左手に裏向きのダブル・カードがあります。そして、テーブル上には4枚の『ブランク・カード』（実際はQ）がある状況です。右手の指でダブル・カードを右からつまみ、それを使って最初にテーブル上に置いた"ブランク・カード"をすくいあげます。パケットを左手に持ち、ブロック・ターンオーバーを行い、ボトム・カード以外を1枚のようにひっくり返してください（クインタプル・リフト）。一番上のカードがブランクであるように見えます。再びブロックを裏向きにし、トップ・カードを取ってテーブル上のQの上で揺らし、表を見せるとQに変わっています。両面をちらっと見せてテーブル上のQの上に放ります。

ここで私は普段、少しペースを上げていっています。右手親指を使い、パケットを右からつまんで、ボトム・カード以外を押し出し、残ったボトム・カードを使って、上の4枚を左手にひっくり返します（写真3）。ブランク・カードがパケットの表側に現れます。

写真3

ほんの少しだけ動きを止めて、右手に残ったカードをひっくり返します。Qですが、これを表向きのまま左手パケットに載せてください。すぐに、パケットを以下のようにバックスプレッドします：右手でパケットを上からつかみ、手のひらを上に向けた左手の指先の上に載せてください。左手人差し指の側面を使って、一番下のカードを左に引きます。左手人差し指の指先を使って、下から２枚目のカードを同様に左へ引き、最後に左手の中指を使って、下から３枚目のカードを同様にして左へ引きます（写真４）。一番上の２枚は１枚のように保持します（写真５）。

写真４

写真５

The Trick With A Queen And Blank Cards

　この状態で保持したら、今度はパケットを左手に裏向きに返します。トップ３枚のカードを表向きにして、カードの両面を検めながらテーブル上のQの上に置いていきます。いま左手にはダブル・カードが残っています。……いますが、その実、トリックはもう終わっていると言っても過言ではないのです。『演者は７枚のブランク・カードを７枚のQへと変え』ました。そして配られたQのカードたちは、確実についさっきまではブランク・カードに違いありませんでした。となれば残った１枚のカード（実際はダブルですが）は、必然的に『スタート時に使っていたQ』ということなのです。クリーンアップのため、最初に脇に置いておいた余りのブランク・カード・パケットの上にダブル・カードを表向きで落とします。これでQの陰に隠れていたブランク・カードは処理完了という寸法です。ブランク・カードのパケットをスプレッドし、その上から４枚目に少しアウトジョグするかたちでQを差し入れます。このディスプレイは、オープニング時のディスプレイを思い起こさせるでしょう。

　ブランクのパケットをテーブル上に置き、Qをアウトジョグさせたまま、少しだけスプレッドします。あなたのすべきことは全部終わりました。すべてが検め可能な状態です。

Post Mortem

Play Set

　少なくとも私にとっての『このトリックの面白いところ』は、７枚のブランク・カードを数え取ったあとは、いくらでもやりようがある、ということです。示して・置いて・変化させて・検める、という一連の手法は、無限の組み合わせがあるでしょう。いかにしてこのブランク・カードたちか

ら多くの面白さを得るか、そして、最終的にそれらで何ができるのか、そういったことについて色々考え出そうとするのは、楽しくもあり一種の挑戦でもあります。私はこの手順に多くのひねりや改良を加えてきましたが、基本的な枠組みは、私が"Magnificent Seven"を作った頃と全く同じものです。

　『スラグ』は新しい手法であり、既存の問題の多くを解決できます。人によっては、スイッチが終わったあとの『スラグ』を完全にしまってしまう、という方法を好まれるかもしれません。その場合、クリーンアップをどうするか、という問題が持ち上がってきます。……『終わったらギャンブラーズ・コップで処理しちまえ』派の人は別でしょうけれど。そういう人たちにとっては、スイッチ後に『スラグ』を片付け、トリックを行い、それからパケット・ケース（か何か）を取り出すときにでも、余分のブランク・カードをギャンブラーズ・パームする、というだけの単純な話に過ぎないでしょうね。

Fractal Jacks

　これはフラクタル・バージョンのフォー・ジャック・ディールで、原案は確かロン・フェリスが作ったのが最初のものだと思います（A. Sharpe、『Expert Card Mysteries』、1975、p.82、"Royal Aces"）。元々のトリックは3枚のJを使うもので、配られるJの組み合わせが実は変わっているという矛盾を利用して構築されていました。このトリックは一般的に『スリー・ジャック・ディール』として知られているはずです。ロン・フェリスはこのプロットとプロブレムを飛躍的に現代化しました。彼のトリックでは、デックのトップに『4枚』のJを置き、そこからカードを交互に配り、演者と観客に4枚ずつのハンドが与えられます。しかしなぜか演者のハンドに4枚のJがすべて入っていて……、という現象が繰り返し起こります。しかし3度目、今度は観客側にJが行くのですが、演者側は4枚のエースを持っている、という流れです。

　これはかなりイカしたプロットであったので、マジシャンたちから見過ごされるようなことはありませんでした。フルデックを使った解決法としては、デビット・ソロモンが私の知っている限りではベストの手順を作っています（D. Solomon & E. Burger、『Solomon's Mind』、1997、p.73、"Poker Pair"、Pro-Print[15]）。私はこの題材に対して、長年様々なアプローチを試みてきました。ですがデックのトップにスタックを置く、という条件にとらわれていた頃にはうまくいかなかったのです。そして最終的に、たった8枚のカード、4枚のJと4枚のAだけで試してみたところ、意外にもあっさりと、この魅力的なハンドリングができあがったのです。

Précis

　マジシャンは8枚のカードをスプレッドします。ボトムの4枚をテーブルの上に置き、トップの4枚がJであることを示します。

　マジシャンはテーブル上のパケットに4枚のJを載せてからパケットを持ち上げ、交互に1枚ずつカードを配って2つの山を作っていきます。全部配ったところで止め、マジシャンはこう言います。

　「普通なら、私たちはいまお互い2枚ずつのJを持っているはずです。さて、私は何も怪しいことはしませんでしたね。……しかし、私は『何か』をやったには違いないのです。なぜなら……私のところにすべてのJが配られているのですから」マジシャンが手前にあるディーラー側の山を取り上げて見せると4枚のJが。「では、もう一度やってみましょう。Jを一番上に載せます……」

訳注15：サイモン・アロンソンの印刷会社。

マジシャンはテーブルのパケットに4枚のJをぽんと載せます。再び、そして非常にフェアに2組のハンドが配られます。しかしディーラーのハンドを取り上げて見せるとまたしても4枚のJ。「またです。間違いなく、私は何も怪しいことはしませんでしたよね。……ですが、『何か』をやったには違いないのです……。さあもう一度やってみましょう。Jを一番上に載せて……」

再度、4枚のJをテーブル上の4枚の上に載せ、2組のハンドを配るマジシャン。「ゆっくりと、そしてフェアに配ります。しかし、私は『何か』をしているはずなのです。今回はあなたにJを配りました」マジシャンは観客側のハンドをめくってスプレッドしますが、そこには4枚のJが。「私はというと……エースを自分用にとっておいたんです」ディーラーのハンドがめくられると、果せるかな、そこに見えるは4枚のエース！

Mise En Scéne

8枚のカードだけを使うことによって、ドラマのつくりが予想外のかたちに変化しました。一般的にこの手のポーカー・デモ系のトリックは、セカンド・ディールやサード・ディール、さらにはフォース・ディール（!）など、ディーリング・スキルのデモンストレーションをするものです。しかし私のフラクタル・バージョンでは、Jでない他の4枚のカードは、本当に終わり近くまでフェイスを見せません。これによって、観客を『ガーデン・パス』へと誘導しているのです。Aが示されたときに観客は、自分はずっと見当違いの想像を積み重ねてきたことに気づくわけです。

たとえばこんな感じです：最初のディール、これで観客は現象を理解します。そして「これはどうやっているんだろう？」と考え始めます。2回目のディール、配っているときには特に怪しい動きは見当たらず、彼らはこう結論付けるでしょう。「ああ、そうか。4枚じゃなくて、もっと多い枚数のジャックを使ってるんだろうな、これは」と。「そうでなかったらこんな現象が起こせるもんか」と結論付けるわけです。さて3回目、観客は何が行われているのかを完全に理解したと信じこんでいます。そしてまさにここで、演者は本当に4枚しかJを使っていないこと、そして他の4枚はAであったことを示すのです。観客の立てた理論は破壊され、あなたは拍手喝采を浴びることになるでしょう。なぜならいまや観客は、演者がいかにしてそれをやったのか、皆目見当もつかなくなってしまったことを自ら認識したのですから。

私はこの構成が好きなのですが、『合理的な方々』にはご賛同頂けないかも知れません。実際、シカゴのセッションにおいて、サイモン（・アロンソン）とデイヴ（・ソロモン）両名とも賛同してくれませんでした。彼らの視点から言うとこうです：Aが出てくることには何の驚きもないし、何ら不思議なことも起こっていない。なぜなら演者は一度も、J以外の4枚の表を見せなかったのだから。それに他の4枚はどのカードでも有り得るわけで、それがたまたまAだったに過ぎないではないか。4枚の全く別々のカードが示され、そしてそれがAにスイッチされる、とかだったら良いのでは。そういう流れであれば、Aの出現は観客にとって驚きになるし不思議でもある、と。

しかし私は己の信念を枉げたくありません。もし観客が『演者は4枚のJと4枚の別々のカードを使っている』と確信した場合、このトリックはかなり違ったものになります。Aの出現は確かに

ジョン・バノン カードトリック　HIGH CALIBER

とても手品的な驚きにはなるでしょうが、トリック自体はより『ディーリング・トリック』の意味合いを強めてしまうと思うのです。それに対して、他の4枚が謎のままであれば、観客はすぐに『マジシャンは最初の4枚のJ以外にも、余分なJを使っているに違いない』という結論に達するはずです。つまり他の4枚のカードは、それがたとえ全部だとはいわないまでも、確実に何枚かは余分なJに違いないと思い始めるのです。本作で観客が驚くポイントは『余分なJが無いこと』(それと、『想像していた解決策が完全に打ち砕かれること』)で、そこにAを使うことで、ストーリーのちょっとした締めくくりとしているわけです。

　想像してみてください、もしこのトリックをJの代わりにジョーカーを使って演じるとしたら。あなたはエルムズレイ・カウントによって生じる矛盾[16]から解放され、さらに、観客に『余分のジョーカーを使っている』という考えを、なかば強制的に取らせることができるでしょう。これはおそらく、より好ましいフラクタルのハンドリングでしょうが、Jであればレギュラー・デックから抜き出してきてそのまま使えるという利点があるのです。

Workings
　4枚のJと4枚のAのみ使います。裏向きのパケットトップから、以下の順に並べてください：

黒のJ
A
黒のJ
赤のJ
A
A
A
赤のJ

　Jの色については考慮したほうが良いポイントですが、Aはどういう順序でも構いません。

First Round
　パケットを両手の間で裏向きにスプレッドします。トップ4枚はそのまま右手に持ち、左手に残った下半分をテーブルに粗く揃えた状態でテーブルに落としてください。右手にあるパケットを揃えて表向きにひっくり返し、エルムズレイ・カウントを行って4枚のJがあるように示しましょう。

　手の中の4枚を裏向きにして、テーブル上の4枚の上にぽんと載せます。このあと配るにあたり、『巧妙な置き換え』をしなければなりません。まとめたパケットを取り上げ、2つの山を作っていきます。1つは正面、もう1つは少し離れた場所に。2番目の山が演者の山になります[17]。4枚配ったら（つまり観客と演者、それぞれ2枚ずつ配ったら）そこでいったん止めます。

訳注16：同スートのJが2回出てくること。
訳注17：今後の状況的に、1つ目の観客用パケットは演者から見て奥になる観客の前、2つ目の演者用パケットは演者の左手前にあるくらいが良いと思われます。

2回のラウンドを済ませ──つまり［観客→自分］［観客→自分］と計4枚置いて──「いま、お互いにジャックを2枚ずつ受け取ったはずですね」と言います。右手人差し指で、最初に配られたほうの山2枚を、1枚ずつ完全に分かれるように広げます（写真1）。きちんと見せたあと、最初に配ったカード（元々ボトムにあったほうのカード）を、2番目に置いたカードを上にして揃えます。これで、この2枚の順序を入れ替えたことになるわけです。

写真1

あと4枚カードが残っているので、ディールを続けて配り終えてください。

配り終えたら演者側のパケットを取り上げて表向きにし、ここで再度エルムズレイ・カウントを行うと4枚のJに見えるでしょう。

Second Routine Surmise

いま4枚のJを見せたパケットを裏向きにし、テーブル上の観客パケットの上に載せます。置き換えは必要ありません。一緒にしたパケットを持ち上げ、同じように2組のハンドを配っていきます。配り終えたら演者側のパケットを取り上げて表向きにし、またエルムズレイ・カウントを行いますが、今回は最後の1枚はパケットの下に差し入れます（これは『アンダーグラウンド』・エルムズレイ・カウントと呼ばれます）。これでまた4枚のJが示されました（Jの色に関しても、連続するエルムズレイ・カウントの中でうまい具合に赤黒2枚ずつ見えるようになっています）。

Third Round Surprise

Jのパケットを裏向きにします。ここで最後の入れ替えが必要です。まず、ディスプレイするジェスチャーで裏向きのJのパケットをスプレッドします。そしてかなりゆるく揃えてください。決してきっちり揃えてはいけません。これをやりつつパケットのボトム・カードを右手薬指などを使い右下側へサイド・ジョグします。Jのパケットを右手で右側から保持してください（写真2）。

続いて左手でテーブル上のカードを拾い上げ、少しだけ広げます。ここで左手のパケットを右手のパケットの下に入れ、再びJを上に置いたように見せます。しかしこのとき、左手パケットのトップのカード（A）を、右手のサイド・ジョグしたカードの上に差し込みます（写真3は、わかり

やすいように誇張してあります)。これで下側パケットのトップ・カードと、上側パケットのボトム・カードを効果的にスイッチしたことになります。あとはもう、2組のハンドを再度配るだけです。今回は最初に配ったほう、つまり観客側が4枚のJになりますので、めくって観客にJが行ったことを示します。少しの間をおいて、演者側には4枚のAが来ていることを示して終了です。

写真2　　　　　　　　　　　　　写真3

Post Mortem

Even More Fractal

　先に触れたように、このトリックは非常に面白いドラマのつくりをしています。トリックの進行に合わせて、あなたには観客の思考のプロセスがほとんど透けて見えることでしょう。どれほど簡単に観客を『ガーデン・パス』へと誘導できるかときたら驚くべきものです。観客自身の思考プロセスがそのまま彼らに返ってくるあたり、『相手の力を利用して技をかける』という意味で、柔道のマジック版といえるでしょう。

　この作品を独立したフラクタルなパケット・トリックにするなら、4枚のJの代わりに4枚のジョーカーを使ってもいいでしょう。また4枚のAについては、代わりにブランク・カード（何か書いたり印刷しておいたりしたもの）を使うのでもいいですね。独立したパケットを用い（つまり、デックから『抜いてきた』という設定も使わずに）、さらにジョーカーを使うことは、このトリックの心理的な側面をかなり強固なものにしてくれるでしょう。おまけに、厄介な『エルムズレイ・カウントでの矛盾』を取り除くことにもなります。

　私が使っているセットはタリホー・デックのジョーカーとAです。しかし例の"jolly jumping Jokers"（愉快に飛び回るジョーカーたち）の台詞は使っていません[18]。それはさておき、あなたはどうとでも、想像力のおもむくままにセットを作ればいいのです。『アニメ絵の動物カードでやるバージョン』など含め……いや、それだけに限りませんが。ともあれ大元の製造権は私が保持していることをお忘れなく。

訳注18：ダローの同名の単売製品に載っているストーリー・ラインのこと。

Wicked!（Transposition）

　ポール・ハリスのGrasshopperプロットの作品で、ジャック・パーカーの"I Know Kung Fu"というのがあります。本作はそれに閃きを得た、別ハンドリング・バージョンの作品です。パーカーの作品は、グラッドウィンの『52 Memories』（2007）のp.9に載っています。基本的には『2枚の黒Qのあいだに挟んだカードが消えて、2枚の赤Qのあいだから出現する』というものです。私はファースト・フェイズを手の中だけで行うことによって、ハンドリングを少しばかり簡素化しようと試みました。そしてセカンド・フェイズでは予想外の結末が待っています（『繰り返す』と称して行うタイプの手順ではいつも有効な手です）。

Mise En Scéne

　表向きのQ4枚と、もう1枚のカードで始めます[19]。この5枚目のカードはここでは◇9としましょう。上から以下の順に並べます：

黒Q（表向き）
黒Q（表向き）
赤Q（表向き）
赤Q（表向き）
◇9（裏向き）

First Transportation

　右手で表向きパケットを右側からつまみます。親指は上で、それ以外の指は下です。ここで以下に述べるジャック・パーカーのスイッチを行います。

　まず左手親指で上側の黒Q2枚を1枚ずつ引き取り、右手パケットを使って2枚を左手の上で裏向きにします（写真1）。

　続いて、1枚目の赤Qを表向きのまま左手パケット上に取ります（これは裏向きに返したりはしません）。そのまま2枚目の赤Qを取りにいきますが、実際には左手のカードを右手のパケットの下に滑りこませ[20]、右手親指を使ってボトム・カード以外をプッシュ・オフして左手に取ります。

訳注19：ここの説明では、◇9がどこからどうやって出てきたのか記載がありませんが、著者より、「元々カードを1枚決めるところはこのトリックにおいて特段の意味はありません。したがって自由に言われたカードを使うでも、なにか前のトリックで使ったサイン入りカードを再利用するでもなんでも構いませんし、堂々と観客の目の前でセッティングして大丈夫です」とのことでした。
訳注20：ほぼ一度揃えるようなイメージです。

これはジョーダン・カウントと同様の原理で、単に4枚目のQを取ったように見えなければなりません。

写真1

　右手には1枚の裏向きカードが残されていて、これは◇9であると思われているでしょう。実際は右手の1枚は黒Qであり、左手パケットはトップから、表向きの赤Q、裏向きの◇9、表向きの赤Q、裏向きの黒Q　という順です。

　パケットを左手ハイポジション（手の奥でしっかりと持つのではなく、指先のほう）にて保持します。左手人差し指は曲げてパケットの裏に当ててください（シャーリエ・カットをするときのようなポジション）。外側の短辺をわずかに下方に傾けます。右手で、『裏向きの◇9』を前方向からパケットの中に差し入れますが、実際はパケットのボトムに入れ、左手人差し指で押さえて保持します（写真2）。これはポール・ハリスの"Bizarre Twist"での差し込み方のようなものですが、それをパケットの端でやっています。『裏向きの◇9』は、3分の1ほどアウトジョグした状態のままにします。

写真2

　パケットを下げてディーリング・ポジションへと戻しますが、ここで左手小指を使って1番下の

Mega 'Wave/Wicked! (Transposition)

カードの後方右端をプルダウンします（実際にはアウトジョグしたカードがあるので、1番下ではなく下から2番目のカードをプルダウンしています）。

　右手を上からかけて、プルダウンしたカードより上の3枚をビドル・グリップで取り上げます（写真3）。その3枚は◇9が2枚のQのあいだにサンドイッチされた状態です。アウトジョグされたカードはそのままですが、特に邪魔にはなりません。この動作は、上にある2枚の赤いQを取り除いただけのように見えなければならないことに注意してください。

　右手パケットを右に動かし、左手の指先で一番下のQを左にサイドジョグして示します（写真4）。そして、左手親指を使って、サイドジョグされたQを押し込んで揃えます。

写真3

写真4

　両手を離します。次は左手の人差し指で、アウトジョグされたカード（◇9だと思われているもの）を多少大仰に押し込んで揃えます。左手でパケットを横方向に回転させ、表向きにしてスプレッドすると黒のQ2枚だけが示されます。『◇9』は消失してしまったのです。

　ここで右手はパケットを回転させて裏向きにし（スタッド・ディールのような動き——つまりカードの下面に親指を、上面に他の4指を当て、手を前方に回転させてトップ・カードをひっくり返す——です）、そしてスプレッドして2枚の赤いQのあいだに◇9があることを示します。

Second Transposition
　拍手がやんだらパケットを以下の順序に並べ替えます。
　すべて裏向きで、トップから、
　黒Q
　黒Q
　赤Q
　赤Q
　◇9
　もし観客の誰かがじーっと見ているようでしたら、タイム・ミスディレクションのため少し時間をおいてください。そうしたらトップのQ2枚を表向きにするように見せて、実際には以下のよう

にします。まず右手でトップ・カードを取り上げ、右方に持っていき、続いて『2番目』のカードを取るように見せますが、実際には左手親指でボトム・カード以外をブロック・プッシュオフします。右手で『1枚&ブロックのカード』を一緒に左手パケットの上にひっくり返します。トップの1枚は、ひっくり返すときに下のブロックと揃うでしょう（写真5）。

写真5

左手親指で一番上にあるQを押し出します。2枚の赤いQが見えますね。先ほどのシークエンスをもう一度使って、赤のQ2枚を裏向きにしたように見せます（トップを右手に取り、2枚目を取るように見せつつブロック・プッシュオフ、2枚をひっくり返すように見せて、4枚をまとめてひっくり返します）。トップ2枚のカードを取り、脇に置いてください。私は普段、それらのカードをカード・ボックスの上に直交させて置くようにしています。

さあ、ここからが見せ場です！

手に持っている3枚の裏向きカードを広げ、右手で1番下のカードを表向きにします。もちろん◇9が現れます。表向きの◇9を、裏向きの2枚───黒いQ2枚だと思われている───のあいだに差し入れ、揃えてください。

◇9がまた移動することを伝えます。しかし左手のカードをスプレッドすると表向きの◇9が見えます。間違いなく、何も起こっていません。……◇9には実際何も起きていないのですが。右手でボックスの上のカードを取り上げ、それらが黒のQになっていることを示します。そしてゆっくりと左手を返し、◇9が黒いQではなく赤いQに挟まれているのを示して終わります。

Post Mortem

Transposition Presentation

どんな交換現象であっても、『どのカードがどこにあるのか』を、観客が理解していることは大切です。さて、この第2段は、本質的には赤いQと黒いQの交換現象です。したがって、第2段において、『どちらのQがどこにあるか』を、観客がちゃんと分かっていることがきわめて重要です。

Mega 'Wave/Wicked! (Transposition)

その『目的』を達成するため、私はユージン・バーガー風の、『オズの魔法使い』のプレゼンテーションを採りました。「黒のQは悪い（wicked）魔女たち、赤のQは善い（good）魔女たちで、そして◇9（もしくは他の何でもいいですが）はドロシーであると。信じるかどうかは読者の皆さんにお任せしますが、この単純な『ラベリング』、つまり役柄の割り振りが、『どちらのQがどこにあるか』を観客たちに実に理解させやすくしてくれます。「善い魔女たちは悪い魔女たちに捕まってしまったドロシーを救いに来たのです」……とかなんとかね。これでだいたいお分かりになったでしょうか。

Bullet Party
(2011)

In theory, there is no difference between theory and practice.
In practice, there is.

Albert Einstein

Bullet Party

　ここにご紹介するのは、こういった『フラクタル』なカード・トリックの草分けたるアレックス・エルムズレイ、彼の独創性に富んだ"Four Card Trick"、その現代化した派生物です。大きく変わってはいますが、ルーツはやはりそこにあります。私たちのようなマジックの実践者は、この手の現象に飽き飽きしてます。観客たちはそれほどでもないでしょうけれど。自然にカードがひっくり返る、変わる、といったようなシンプルなトリックは、いまも50年前と変わらず、注目に値するものです。

　これは現在、私のお気に入りのオープニング・トリックです。何回かのエルムズレイ・カウントを行うだけでたくさんのマジックが起こります。苦労／称賛比率[1]としてはきわめて低いもので、全体的にとても面白いですよ。皆さま、パーティーへようこそ！

Précis

　偽のイカサマ・ショーとして、観客は3枚のジョーカーの中にある♠Aの行方を追いかけるように言われます。はじめにマジシャンは、ジョーカーからAへ、そしてまたジョーカーへと戻る、一連の変化を見せます。ついでにその他のワザもいくつか。

　それから説明をする体で、他の3枚のカードは実はジョーカーではなく、クラブ、ハート、そしてダイヤのAであることが示されるのですが、さらにそれぞれドラマの中での役割が表に書き込まれているのです：
　最初のAはその表の面に、『別のA（Another Ace）』と書いてあります。
　2番目のAはその表の面に『余分のカード（Extra Card）』とあります。
　3番目のAはその表の面に『秘密の助手（Secret Assistant）』と。
　最後に、♠Aは完全に別の色の裏面であり、かつ同様にこう書かれているのが明らかにされます。『スペードのエース（Ace of Spades）』と。
　すべて検め可能です。

Mise En Scéne

Packet Requisites

　赤裏の♠A、青裏の♣A、♡A、◇A、ジョーカー1枚が必要です。

訳注1：the pain-to-glory ratio：トリックを演じるのに必要な練習・手間の量と、観客から得られる反応・ウケの度合いとを天秤にかけたもの。この比率が低いことは、すなわち『少ない労力で大いにウケる』、コストパフォーマンスが良い、ということ。

青裏のAの表面にはそれぞれ以下のような文言をマーカーで書いておきます：

クラブ：『別のA』

ハート：『余分のカード』

ダイヤ：『秘密の助手』（写真1）

赤裏の♠Aの裏面には、『スペードのエース』と書いておきましょう（写真2）。

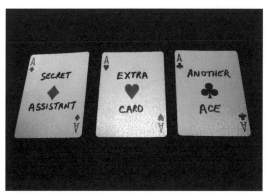

写真1　　　　　　　　　　　　　写真2

そうしたらカードを、トップから以下の順序に並べます：

（裏向きの）◇A

♡A

♣A

ジョーカー

表向きの♠A

最大の効果を引き出すために、各Aのピップが同じ向きになっているように注意しておいてください。

A Trick With Four Cards

まずは導入です。

「皆さん私に聞くのです。『カードでイカサマはできますか』とね。答えはそう、『もちろんです』。今日は皆さんの目の前でそれを証明してみせましょう。ちょっとした運試しゲームをご覧に入れます。少々イカサマをしますが。でもそのあと、どのようにやったのかをきちんと説明するとお約束します。フェアでしょう？」

パケットを左手ディーリング・ポジションに持ち、左手親指でトップの3枚のカードを押し出して、1枚ずつ右手に取っていきます。右手で、それぞれのカードが前に取ったカードの下になるようにして、広げて持ちます（写真3）。

写真3

　最後の2枚は、1枚のようにして右手のカードのトップに置きます。4枚の裏向きのカードが示されました。カードをまとめ、再び左手ディーリング・ポジションに持ち直します。

「4枚のカードを使った、運試しのゲームです」

　カードを揃え、パケットを捻る、もしくは回転させます。ここでは、トップの3枚をスプレッドして右手へとカウントしていきますが、最後の2枚は1枚のようにして、左手に残します。表向きになった♠Aがトップから2枚目に現れるでしょう。まるで魔法のように、勝手に表向きになったかのごとく（写真4）。

写真4

「これをやると……スペードのエースがひっくり返って表向きになるんですよ。あ、私、イカサマするつもりですよ、って言いましたよね？　エースをひっくり返したのは、このエースから目を離さないでほしいからです」

　右手でパケットを揃え、エルムズレイ・カウントに備えてパケットの右サイドをつまんでください。以下で説明する『トリプル・プレイ』・ディスプレイ・シークエンスを行い、パケットが♠Aと、

3枚の裏向きのジョーカーからなることを示していきます。

「ジョーカーはあなたの注意をそらすためだけのものなのです」

"Triple Play" Display Sequence

パケットのトップ・カードを左手へと引きます。パケットの次のカードとして、表向きの♠Aが見えるでしょう。左手のひらが下を向くように返してジョーカーを見せます。ジョーカーを親指と人差し指でつまんでいるのであれば、よく見えるように他の指をどかすようにすると良いでしょう（写真5）。

左手を上向きに返し、エルムズレイ・カウントの2枚目の『カウント』を続けます。これで、つい先ほど示したジョーカーの上に、表向きの♠Aを取ったように見えるでしょう。ですがエルムズレイ・カウントでの交換により、ジョーカーはいま、右手パケットのフェイスの側に来ているのです（写真6）。

写真5

写真6

ジョーカーがフェイスの側に来ているのを見せるため、右手を返して上にあげ、そして戻してください。トップのカードを左手にある表向きのAの上へと取ります。これは『フラッシュトレーション』の動きです。最後に、右手に残った最後のカード（ジョーカー）を見せ、それをすべての上に載せましょう（写真7＆8）。

一度鏡の前で試してみれば、これが非常に説得力の高いシークエンスであることが納得できるでしょう。特に両手がある程度離れていると高い効果が得られます。

「エースが表向きであれば、追いかけるのは容易いですね。ジョーカーもそこまで注意をそらすことができるようなものでもありません……」

写真7

写真8

　一般的な問題ですが、カードを見せるときはやはり見せることに徹し、『数える』という衝動には抗うべきだと私は固く信じています。たとえばですが、私なら「ここに1枚、2枚、3枚のジョーカーがあります」とは言わないでしょう。この種のお話的な台詞は通常は不要であり、単に沈黙の埋め草としてしか機能していません。私はE. B. ホワイトのほとんど普遍的ともいえる警句に従いたいと思っています。曰く、『不要な言葉は捨てよ』。

　これは、『複数のジョーカー』を、ディセプティブとはいえ形式的に示そうとしているいまのような状況においては、殊に真実でしょう。私はジョーカーを数えていく代わりに、控えめな重要さを付与したいので、ディスプレイはゆっくりと丁寧にするようにしています。ここは、演者が『3枚の』ジョーカーを示す唯一のタイミングですので、最大限に利用してください。

Change, Change, Change
　ポジション・チェックです：トップから、

ジョーカー（裏向き）
♣A（裏向き）
♠A（表向き）
◇A（裏向き）
♡A（裏向き）

　左手の指でトップの2枚のカードを手前にずらし、表向きの♠Aを示します（写真9）。

　パケットを揃え、『マジカル・ジェスチャー』をします（私はパケットを捻ったり、『回転』させたりしています）。

　このパケットでエルムズレイ・カウントを行い、4枚の裏向きカードであることを示しましょう。Aは見たところ、裏向きにひっくり返りました（ひと工夫として、バックル・カウントを行うことにより、4枚の裏向きのカードであることを完全に示すこともできます）。

「でもこうすると、エースを追うのが少し難しくなります。私、言いましたっけ？『イカサマをするつもりだ』って」

トップのカードを表向きにひっくり返します。ジョーカーです。右手の指でパケットのトップの2枚を取り上げ、それを左手のパケットの下へと差し入れます。これは、ジョーカーを表向きにひっくり返し、それをパケットの中に入れたかのように見えるでしょう（写真10）。

写真9

写真10

「これは全部スライト・オブ・ハンド、指先の早業です。ときに、私は密かにジョーカーと……」

マジカル・ジェスチャーとしてパケットを捻り、そしてエルムズレイ・カウントを行います。3枚の裏向きのカードと、1枚の表向きの♠Aが見えるでしょう。表向きのジョーカーがAに変わったように見えます。

「スペードのエースを入れ替えることもあれば……」

上記のエルムズレイ・カウントをしたら、パケットを両手のあいだで広げますが、最後の2枚は1枚として保持します。3枚の裏向きのカードと1枚の表向きのAが見えるでしょう（写真11）。

写真11

パケットを揃えます。もう一度マジカル・ジェスチャーとして捻り、そうしたらまたエルムズレイ・カウントを行います。3枚の裏向きカードと、1枚の表向きのジョーカーが見えますが、ジョーカーは出てきたらアウトジョグしておいてください。表向きのAが、またジョーカーに戻ってしまったように見えるでしょう。

「スペードのエースをジョーカーへと入れ替えたりもします。要するに、あなたに勝ち目はない、ってことです」

これは連続したエルムズレイ・カウントだけで為される、ジョーカーからAへ、そしてまたジョーカーへという大変印象的な一連の変化現象です。

このような流れこそが、かの偉大な"Four Card Trick"において私が愛して已まないところであり、また、このトリックでも残したかったパートなのです。

Cascade Maneuver

アウトジョグしたジョーカーを抜き取り、それを裏向きでパケットのトップへと載せます。これからジョーカーを取り除くことによって、パケットをクリーン・アップするのですが、それと同時に、『実際にはジョーカーを取り除いていない』と観客に信じこまさなければなりません。その方法とは……ウォルトンの悪魔的ともいえる、カスケード・ダブル・フェイント（Cascade Double Feint）です。

パケットのトップのカードはジョーカーです。それを見せて、裏向きで『テント・ヴァニッシュ』のポジションにします（写真12）。そうしたら右手で、パームするようなポジションでジョーカーを覆ってください（写真13）。

写真12

写真13

ですが、ここでは『カードを取ろうとするが実際には取らない』という、『テント・ヴァニッシュ』を行おうというのではありません。その代わりに、ロイ・ウォルトンの カスケード・ダブル・フェイントを以下のように行います：テント・ヴァニッシュをやる振りをしますが、実際にジョーカーをパーム・ポジションで取ってしまい、そしてそれをポケットへと入れます。観客はテント・ヴ

ァニッシュについて知りません。なので観客が、『演者は実際にはカードを持っていないのではないか』『実は取っていないかもしれない』と信じるに足る程度には怪しげに振舞ってください。観客たちは、『自分は演者より一歩先を行っている』と考えるでしょう。

しかし、演者は本当にジョーカーを取り、ポケットへと入れてしまうのです。誰も演者がそんなことをしたとは思っていませんし、ジョーカーはまだパケットにあると信じているのですが。

「それから、パケットからカードを抜き出したり付け加えたりもできますね。たとえば、ジョーカーのうちの1枚を手の中に隠し持って、ポケットに入れたりすれば、簡単にそういうことができるわけです」

観客の注意をパケットへと戻しましょう。パケットをマジカル・ジェスチャーとして捻り、エルムズレイ・カウントをしますが、1枚ごとに声に出して数えていきます。

「ですが、ジョーカーをまた密かに手に隠してパケットへと戻すこともできます。見てください、まだ1、2、3、4枚のカードを持っています。あ、私、『イカサマをするつもりだ』って、言いましたっけ？」

（先ほど自分で痛烈に言っておいてなんですが、ここでは多かれ少なかれカードを数えなくてはなりません）

パケットに最後のマジカル・ジェスチャーとしての捻りと、最後のエルムズレイ・カウントを行います。今回は、2回目の『カウント』の交換のあと、左手にあるカードをスプレッドし、最後の2枚をその上に広げた状態で取ります。♠Aが表向きで現れるでしょう（写真14）。

写真14

「そう、このゲームは3枚のジョーカーとスペードのエースを使った、運試しのゲームですからね」

What You Said

トリックが終わったかのように一拍おきます。そうしたら、多段式クライマックスのフィナーレに行きましょう。いま非常に素晴らしい状態にあります。全員、あなたが♠Aと、少なくとも2枚のジョーカーを持っていると信じています。もちろん、あなたはいまや非の打ち所のない、クリーンな状態なのです。

「皆さんに言いましたよね、『私はイカサマをするつもりだ』って。それから私は、『どのようにやったかもお見せする』とも言いました。ある人たちはこう考えます。私がもう1枚別のエースを持っているんだろうと。彼らは正しいのです…… 私はもう1枚の別のエースを持っているんです」

『もう1枚の別のA』と言ったら、一番上の裏向きのカードを示しましょう。それは♣Aです。表には『別のA』と書かれています（写真15）。それをテーブルに置くか、近くにいる観客に手渡してください。カードに書かれた言葉を、そっくりそのまま、演者は口で言うのが良いでしょう。

写真15

「一部の人は、私が余分のカードを使っていると考えます……同じく、彼らも正しいのです。私は余分のカードを使っているのですから」

一番下の裏向きカードを見せましょう。これはその表の面に『余分のカード』と書かれた♡Aです。これを先ほどテーブルに置いた『別のA』のカードの右に置きます。

「一部の人は、私が秘密の助手を使っているのでは、なんて考えたりします。まあ、……秘密の助手もいるんですが」

最後の裏向きのカードを示しましょう。それは表の面に『秘密の助手』と書かれた◇Aです。テーブルに表向きで置いてください。

「中には印の付いたカードを使ったんだ、なんて言う人までいる始末です。はい、えーと、彼らも正しいんですがね。私は印の付いたカードも使っています」

ゆっくりと♠Aをひっくり返し、異なった色の裏面に『スペードのエース』と書いてあることを明かしましょう（写真16）。

「これで皆さんは、秘密についてすべて知ったということになりますね」

写真16

Post Mortem

Background and Credits

　来歴について少々。始まりはもちろん、アレックス・エルムズレイの、偉大なる"Four Card Trick"です。このトリックで『ゴースト・カウント』、いまでいう『エルムズレイ・カウント』が紹介され、それはまさに文字通り、マジックの世界を激震させたのです。ミンチ著の『The Magic Of Alex Elmsley』、Vol.1（L&L Publishing, 1991）のp.23をご覧ください（このトリックはどうも1954年に作られたものの、発表は1959年にされたようです）。"Four Card Trick"は3枚のブランク・カードと1枚のジョーカーを使うもので、最後にはジョーカーの裏面が違う色だと明かされる、というものでした。

　1980年代、ピーター・マーシャルは、面白くて重要なバリエーションを発表しました。これは"Four Card Trick"とそっくりではあるのですが、他3枚のカードの1枚については表の面を見せないというものでした。これは最後に、裏面の色が変わったことを示すのに加えて、『別のQ』が出てくるという2回目の変化現象を起こすことができたのです。ロレインの『Best Of Friends』、Volume 2,（Lorayne, 1985）のp.58、"Off-Color Monte"をご覧ください。

　ここ20年かそこら、断続的とはいえ私はこれらのトリックを弄くり回していたのですが、あまり良いものにはならなかったのです。目標は、『4枚のカードを全部、どうにかして変化させる』こと。それでいて、『エンド・クリーンでパームは使わない』こと、という縛りでした。エルムズレイの原案は4枚で行うべき、という制約を自分にかけてしまっていたのかもしれません。そう、そしてそのルールを破ってはじめて、物事が進展し始めたのです。ロイ・ウォルトンのダブル・カスケード・フェイントの策略は、『フラクタル化』のアプローチを授けてくれました。"Four Card

Trick"を模しつつも、最後に4枚のカード全てが変化するという現象が実現できそうだと思えたのは、『トリプルプレイ』・ディスプレイを考えついてからだったのです。

　2010年、ポール・ゴードンは、ブランク・カードのうちの1枚に『extra』と書いておくという、マーシャルのルーティーンの奇妙なバリエーションを思いついたのです。これは不完全なものだったとはいえ、興味深い考えでした。しかしこれを熟慮し、私は全部のカードそれぞれに、どういった手段でのイカサマをするためのものなのか、演者が言うのと同じ言葉で書いておくのはどうだろうかと思ったのです。もちろん、そのラベリングは、トリックに用件の追加を何ら必要としませんでした。私はすでに、自分の追い求めていた『4枚のカードを全部変える方法』については思いついていましたからね。

　長らくお待たせしましたが、……ようこそパーティーへ。『Bullet Party』へ！

Feint Praise
　皆さんの中には感覚的に、もしくは論理的に、あるいはその両方で、カスケード・ダブル・フェイントがお気に召さない方もいるでしょう。私としてはこれは素晴らしいものだと思っているのですけれどね。私はこの策略が生み出す幾重ものミスディレクションが気に入っています。それから必要とされる『詐欺師(コン・マン)』のような心持ちも。いつの日にか、ビールを飲みながらそれについて語らうこともあるでしょう。ですが、いくつか代替案もあります。

　ミュータント（突然変異種）：1つのアプローチが、ボブ・ファーマー、彼による（ロイ・ウォルトンの）カスケードのバリエーションである『ミュータンズ（Mutanz）』からのものです。元々のカスケードには、ちょうど良いポケットが必要ですが、ここではちょうど良い袖が要ります。つまり、ジャケットか、スポーツ・コート[2]を着ていなければならないということです。ではどうするかと言いますと……：まずジョーカーを右手で取り、1枚しか持っていないことを観客に示すために弾きましょう。このカードをコートの内側に入れ、左側の胸側内ポケット（ないしはシャツのポケット）へと差し入れます。動きを止めずに手をもう少し伸ばして、カードを左袖の中に入れているような振りをしてください。

　注目を集めてこう言います。「ジョーカーを取って、ポケットに入れる振りをしますが、実際には袖の中に落としてくるのです。こうすれば、ジョーカーを必要なときいつでも戻すことができます。こうやって腕を振ると、パケットへとジョーカーをロードすることができるわけです」台詞に合わせて左腕を振ります。ジョーカーをパケットの上に再びロードするのにまことしやかな程度、腕を振りましょう。そうしたら、パケットを取り上げてエルムズレイ・カウントを行い、4枚の裏向きカードであることを示してください。

　トラディショナル（伝統的）：あるいは伝統的なアプローチもあります。ジョーカーを取り上げ、堂々とポケットに入れてきてしまうのです。そうしたら4枚を3枚としてカウントし、パケットは

訳注2：狩猟などで使われるカジュアルなジャケット。

3枚のカードが残っていることを示します。まず右手で、パケットの右長辺をつまんでください。左手親指で、一番上のカードを左手へと引き取ります。それから右手親指で、続く2枚のカードを1枚のようにして押し出します：このダブル・カードは、最初のカードの上に取ります。3番目のカードはそれらの上に載せます。

「ジョーカーを1枚ポケットに入れますと、3枚のカードしか残りません。……こんなことをやりさえしなければね［お好きなマジカル・ジェスチャーを挟む］。そうすると、ジョーカーが戻ってきて、再び私の手元には4枚のカードとなるわけです。3枚のジョーカーと、スペードのエース、と」

パケットにエルムズレイ・カウントをして4枚と数えつつ、表向きのAを隠しましょう。

思慮深い観客が、演者は実際には何枚のカードを持っているのだろうかと考え始めるかもしれませんが、このアプローチでも何ら問題ありません。エンディングは非常に予期せぬかたちであるため、彼らの熟考を以ってしてもそこには届きようがありません。言い換えれば、観客がカードの枚数について不思議に思い始めたら、演者は衝撃的なクライマックスで、その熟考をショートさせてしまえばいいわけです[3]。

No Strangers
完全性を期すために、ということで、♠Aを別の色のデックから持ってくる必要はありません。でかでかとAの裏面にマーキングをしていますので、色が変わるということについてはある意味余計ともいえます。赤裏のデックから4枚のAと1枚のジョーカーを抜き出してきて、それでセットを作ってもいいでしょう。それはそれとして、色が変わるのはよりドラマティックですし、もし可能であればそちらをやるべきです。

Let's Get Strange
もちろん、他の3枚のカードは書き込みのある残り3枚のAである必要はなく、あなたのお好きなものでもできます。たとえば、『別のクイーン（another Queen）』は、エリザベス女王（もしくはエルトン・ジョン[4]）の写真だったりしてもいいですし、『余分のカード』もアメリカン・エクスプレス・カードのコピーを貼っておくのもいいでしょう。同様に『秘密の助手』もビキニ姿の可愛い女の子の写真ですとか。実際、このトリックの構造は、風変わりな、漫画的なタイプのパケット・トリックに適しています。ただ私は、カード・トリックに関してはおそらく純粋主義者でしょうし、3枚のカードだったら3枚のAに変わることに一貫性を見出すと思います。飾りとしてカードに役割名を書いたりはしますけれど。……さておき、そんなアイディアの著作権は私、バノンにありますことはお忘れなく。

訳注3：この場合、パケットの並びが元々の手順と変わりますので、台詞通りの順で出すには、Aを出現させていく段かセットアップを変える必要があります。表向きの♠Aの上にある裏向きの3枚は、上から♢A、♣A、♡Aなので、取り出すときに2枚目3枚目1枚目の順で出せば台詞と合致します。

訳注4：Queenにはゲイの意味があることから。

Bullet Catcher

　この手早く簡単なエース・プロダクションは、元々 "Strangers' Gallery"(『Smoke And Mirrors』, 1992) 用に作ったプロダクション手順を詳述したものです。手順の見た目は、演者がデックの適当な部分で適当なカードをひっくり返し、そのたびにアウトジョグしていっているように見えるものです。しかしてその実態はというと、取り出されたカードはすべて、デックのトップからのものなのです。

　私は "Strangers' Gallery" を、直接的なエース・プロダクション手順としての発表はしなかったのですが、この20年の間、『他者のものを"取り入れ"、自分バージョンのハンドリングを発表している人たち』が、A、もしくは他の何でもですが、この手順を勝手に使ったり、自分のオリジナルだと言わなかったことに、私は少々驚いています。

　とにかく、この錯覚はきわめて良いものです。これからご覧になるように、私自身、これを本当のエース・プロダクション、つまり実際にエースがある場所を見つけてはカットしているかのように演じています。そのくらい良いものです。

Précis

　マジシャンはデックを表向きで何度かシャッフルします。そうしたら、デックの左外コーナーをゆっくりとリフルし、次々と出てくるインデックスをじっと見つめます。

「歳をとって一番嫌なことは、視力が落ちていくということです。昔はデックをこんな風にリフルしてエースを見つけ、あとからそれぞれの場所で正確にカットできたものでした」

　手の中でカードを連続でカットしては、4枚のカードを取り出していき、表向きデックの中に裏向きの状態になるようにします。

「最近だと、運が良ければ1枚か2枚はエースを出せるんですが。さて、どうでしょう……?」

　デックを広げ、アウトジョグしたカードの表が見えるように上げます。何と4枚すべてのAが見つけ出されたのです。

「ここのところしばらくはなかったことですね」

Mise En Scéne

　4枚のAをデックのトップにセットします。デックを表向きにひっくり返して何度かシャッフルしますが、Aの位置（一番バック側）が崩れないように注意してください。手の中でできるシャッフルを使えば、このプロダクション手順全体は立ったままで行うことができます（私は真ん中をずらして『ウィーヴ（かみ合わせ）』・シャッフルをして、カスケードをしています）。

　プロダクションをするのに、まずは表向きのデックを右手で上から4指を向こう側、親指を手前側で持ちます。ご存知、ビドル・グリップもしくはエンド・グリップですね。

　これからパケットに5回、連続でスウィング・カットをしていきます。ですから、以降を読んでいく際、1回でカットするパケットは、それぞれせいぜい8～10枚までのカードになるように心に留めておいてください。

　右手人差し指で少枚数のパケットを持ち上げ、左手へとスウィング・カットします。続く動作で、リズミカルに、右手のひらが上を向くように返してください。左手親指でいま裏向きになっている右手パケットのトップ・カードを引いて、左手の表向きパケットの上に取ります。ここでは、裏向きのカードを引き取るとき、半分くらい突き出た、アウトジョグの状態になるようにしてください（写真1）。このカードはAのうちの1枚です。

　リズムを保って、この動作を2枚目のカードでも繰り返しましょう。右手のひらを下向きに返してください。また少枚数のパケットを左手のカードの上へとスウィング・カットします（アウトジョグした裏向きのカードの下半分を埋めていくように）。右手のひらを上向きに返し、左手親指でまた裏向きのカードを1枚、左手のパケットの上に引き取ります。

　この手順をもう2回繰り返してください。右手に少枚数のカードが残るでしょう。それを左手のパケットの上に表向きで載せます。

　左手には、表向きのデックをディーリング・ポジションで、ばらばらの場所から裏向きのカードが計4枚突き出た状態で持っていますね（写真2）。

写真1

写真2

これがてきぱきとリズミカルに行われると、アウトジョグされているカードはデックの中のばらばらのところからひっくり返されたものだ、という錯覚は非常に強いものになります。

手の中でデックをスプレッドし、アウトジョグしたカードの表が見えるように手を上げていきましょう——それらは皆、Aなのです（写真3）。

写真3

Post Mortem

Parting Shots
説明したように、手順は"Strangers' Gallery"と本質的には同じものです。あのトリックでは、表を見せずにランダムに3枚のカードを取り出す必要がありました。無数の方法から、最終的に私はこの方法を選んだのです。その際、錯覚がきわめて良いものであると知り、ときどきこれをエース・プロダクションとして使っていました。また、長年にわたって色々な人たちが"Strangers' Gallery"の手続きを様々な用途に使ってきました。特に賞賛すべきはジョン・ガスタフェローで、彼の素晴らしい作品の集成である『One Degree』（Vanishing Inc., 2010）にも、いくつか大変賢い応用があります[5]。

Presentation
私はこのトリックを実際のこととして演じます。つまり、『本当にデックをリフルすることでAを見つけ、その位置でデックをカットするかのように見せる』ということですね。"Bullet Catcher"の引き起こす錯覚は、そう主張するに足るくらい良いものだと確信しています。『近頃、視力が落ちてきているので、このワザをやるのはどんどん難しくなっている』という説明をするのが特にお気に入りです（これは他の技法については事実ですが、このトリック自体においてはそんなことはありませんけどね）。この手の告白が率直になされることは、観客が『カーテンの向こう側をのぞき見る』のに効果的であり、彼らの興味を搔き立てることができるでしょう。程度は人そ

訳注5：『ジョン・ガスタフェローのカードマジック -One Degree-』（ジョン・ガスタフェロー著, 富山達也訳, 東京堂出版, 2015）、p.75-の"IMPOSTOR"や、p.129-の"BIDDLELESS"のことと思われます。

れぞれですが。

From A Shuffled Deck
　Aをコントロールするのに、私は以下のような導入（『Dear Mr. Fantasy』にて）をよく使っています。まず、観客がデックをシャッフルします——これは本当のシャッフルです。それからこう言います。「Aを見つけ出そうと思ったら、2種類の方法があります。『簡単な方法』と『難しい方法』です」そして観客にどちらかを選んでもらいましょう。ほとんどの場合、『難しい方法』と言われますが、それに対して私はいつも「本日はお越し頂きありがとうございます」と応じています。このボブ・コーラーの台詞は、『簡単な方法』をデモンストレーションする中で密かにセットアップなどをして観客の先回りをしようとしているとき（たとえばいまのような状況ですが）、特に適しています。

　「『簡単な方法』、それはデックの中を見ていって、エースを取り出すことです」と説明します。そうしたらデックを広げ、どこにあろうが、4枚のAを堂々とアウトジョグしていきましょう。ですがこのとき、デックの表の側に近い場所にAがあってはなりません。これからすぐにエリアス・マルティプル・シフトを使うのですが、私のハンドリングにはかなりの自由度があるとはいえ、Aが表側に近いと（具体的にいえば最初の10枚程度の中にあると）少々やりづらいのです。もしAのうち1枚が表側に近過ぎた場合、すぐにスプレッドを閉じ、さらっとオーバーハンド・シャッフルをするか、もしくは単純に言うことを聞かないAの位置を堂々と変えてしまってもいいでしょう。

　Aをアップジョグしたら、観客にしてもらったシャッフルで、Aたちがいかにデック全体のランダムな位置に来たか、コメントしてください。Aをアウトジョグしたままスプレッドを閉じます。デックをひっくり返して、裏向きで広げましょう。再びAがランダムに散らばっていることに触れたら、スプレッドを閉じ、Aも全部デックへと押し込んだように見せます。ここではAを押し込んで『揃え』るのですが、エリアス・マルティプル・シフトに備えるのです。エリアス・シフトについては、ハンドリングのコツを含め、詳細な解説を『Dear Mr. Fantasy』で最初に載せましたが、完全を期すため、本書でも205頁に載せています。

　オフ・ビートでシフトを行い、続けてフォールス・カットをします（211頁の"Flytrap False Cut"などいかがでしょう）。これで"Bullet Catcher"を行える状態になりました。

Drop Target Aces

　このルーティーンは、私にとってある種の聖杯でした。『Dear Mr. Fantasy』をお読みになった方は、レナート・グリーンのあるトリックに対する私の興奮を憶えていらっしゃるかもしれません。そのトリックでは、手に持ったデックからカードを捨てて山にしながら、Aを順次そこに埋めていくのですが、彼の手に最後に残った4枚が、なんと捨てたはずのAであることが明かされる、というものです。そしてまた、そのトリックに関して、私が自身のスキルの低さに嘆いていたことをご記憶の方もあるでしょう。

　レナートのトリックはオフビート・タイミングの素晴らしいお手本でしたし、私の一連のエース・アセンブリである"Bullet Train"の、主たるインスピレーションの源でした。"Drop Target Aces"は、見た目や感じ方をあれに近いところまで捉え、私の賞賛した『タイミング』という側面についてはすべて維持しています。しかしながら、何よりもこのトリックは簡単であり、古式ゆかしき『ドロップ・スライト』(Drop Sleight) にほぼ頼りきりでいけるのです。

　ドロップ・スライトは滅多に使われませんが、これはおそらく、自然に見える方法で必要なポジションへともっていくのがいささか難しいからであると思われます。ですがここでは、一連の流れが、その技法の滑らかで自然な適用へと繋げてくれているのです。

Précis

　カードをドリブルして、その中に3枚のAを埋めていきます。4枚目のAも同じようにされんとしますが、マジシャンの手に残った何枚かのカード、これが4枚のAになっているのです。

Mise En Scéne

Four Telling

　Aはすでにここまでの手順で使われているのが望ましいです。デックを左手のディーリング・ポジションで持ち、Aは全部、表向きに広げて右手で持ちます。私はこのとき、♠Aを一番下側にして、色については赤黒交互にしておくのが好きです（写真1）。

　トリックは直接的で手早いものです。なので台詞を少な目にするか、まったく無しにして、『アドベンチャー・オブ・ザ・プロップス』（小道具の冒険）の演出にするのが良いでしょう。ちなみに私は、驚くべき結末を仄めかすような、軽い布石になるような台詞を使っています。

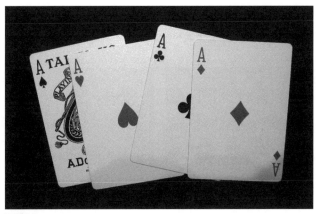
写真1

「エースがあるので、これを使って未来について占ってみましょう。ご存知の通り、人々はトランプを占いや未来予知に使ってきました。実際にそれを解釈する方法を知っていれば、未来というものはこんな風に見えるのです」

「こんな風に」と言うとき、4枚のAを使ったジェスチャーを行いましょう。1分以内にこのトリックは終わりますが、その終了時にも全く同じ、表向きに広げた4枚のAでのジェスチャーを行うことになります。

表向きのAをテーブルに置いてください。

Drop And Give Twenty

一番上にあるA、ここでは◇Aとしますが、それを持ち上げ、表向きでデックの上に載せます。これをするとき、左手小指でデックのボトム・カードをプルダウンし、その上にブレイクを取ります。

右手でデックを上から掴み、右手親指にブレイクを移してください。

デックの左外隅を、だいたい20枚かそこらのカード（半分にかなり近いあたり）まで左手親指でリフルダウンしていきましょう。そうしたら右手人差し指でデックの上部分をスウィング・カットし、左手のディーリング・ポジションに取ります。残りのデックは右手に持ったままです（写真2）。

この時点で、一番上に表向きの◇Aが載ったデックのだいたい半分が左手にあります。もう半分は右手で上から持っていて、そのボトム・カードの上には右手親指でブレイクを取っています。ドロップ・スライトをするのに、完璧なポジションです。

「ダイヤはお金に関するスートです。出費を暗示します」

左手親指で◇Aを右へと押し出します。右手のパケットを使い、Aを下からてこの要領で上げていき、左手のカードの上に裏向きにひっくり返るようにします（写真3）。

写真2

写真3

さらに、右手のパケットが左手のカードの真上になったら、右手親指のブレイクを離し、ボトム・カードを◇Aの真上に直接落としてきてしまいましょう（写真4）。正しいタイミングで行われれば、このアディションは感知できません。視覚的にも、そして心理的にも。

続く動作で、左手のトップ・カード（◇Aと思われている）を左手親指で押し出し、テーブルに落とします。テーブルに置いた『A』の上に、右手にあるカードをすべてドリブルして埋めてしまいましょう（写真5）。

写真4

写真5

Drop Sleight Club

次のA、♣Aですが、それを取り上げ、左手パケットのトップに表向きで載せます。これから、先ほどと全く同じ動作を繰り返します：まずボトム・カードの上にブレイクを取ります。だいたい半分のところまでリフルし、スウィング・カットで上側を左手へと戻しましょう。ブレイクは右手親指に移して、最後にAを裏向きにひっくり返しますが、そのときにドロップ・スライトを行ってください。

Bullet Party/Drop Target Aces

「クラブは勤勉さを表すスートです」

左手のパケットのトップ・カードを親指で押し出し、テーブルのパケットの上へと落とします。右手のカードをその上にドリブルしてください。

Heart Target

この時点で、◇Aと♣Aは、左手に残っているパケットの一番上にあります。

次のA、つまり♡Aを表向きでパケットの上に載せます。先ほどと同様、ボトム・カードの上に左手小指でブレイクを取りましょう。

ちょうど3枚のカードを左手親指でリフルします。これは、表向きの♡Aと、その下にある♣Aと◇Aです。あるいは、小枚数のパケットを広げてから揃え、そのときにトップ3枚の下に右親指でブレイクを作るのでも構いません。

続く動作で、右手人差し指でリフルした3枚のカードを左手へとスウィング・カットしましょう（写真6）。左手親指で、斜めになったパケットを挟んで保持します。

右手で下側のパケットを持ち直します。そこでブレイクは右手親指に引き継ぎ、そのパケットを右手へと取ります（写真7）。

写真6　　　　　　　　　　　　　　写真7

先ほどと同様、左手のAを裏向きにひっくり返しますが、そこでドロップ・スライトを行ってください。『A』と思われているカードをテーブルのパケットへと親指で押し出して落とし、右手のカードをその上からドリブルします。

「ハートは愛に関するスートです。……失われることの暗示ですね[6]」

訳注6：原文はlostで、カードの山の中に『埋もれる』というのと、愛（Heart）が失われる、破局とをかけています。

Remembering The Future

残っている♠Aを取り上げ、左手のパケットの上に表向きで載せます。実際には4枚のAを持っているわけですが、ニヤリとしたい衝動は抑えておいてください。

「スペードは解決を暗示します」

Aをパケットの上で裏向きにひっくり返し、このトリックについてを観客に浸透させるべく間を取ります。

「思い出して。1分前——過去ですが——私はこう言いました。『もしカードを適切に解釈できるのなら、未来は驚くほど実り豊かでしょう』と」

私はカードを自身に向けてファンにします。これが4枚であることが観客にも分かるようにしてください。観客に、トリックについて何が起ころうとしているかを予感させるため、ほんの少しの間を与えたいのです。そうしたらファンを下げ、4枚のAであることを示しましょう。トリックの最初にやったのと、全く同じジェスチャーで。

Post Mortem

Background

"Drop Sleight Aces" は、まずダローの "Diamond Bar" というアセンブリ・トリックがあり、それのビル・マローンのプレゼンテーション、さらにはそれについての、素晴らしきジャック・カーペンターのアプローチから着想を得ました。ジャックのルーティーンは "Shipwrecked Express" といって方法がかなり違うもので、それ自体は未発表なのですが、彼自身の手によりYouTubeで演じられていました。ジャックの方法は実践的でしたし、例によって実に巧みなものでした。そんな彼のルーティーンを見ていたら、ドロップ・スライトが使えそうだと思いつき、私はすぐにこの手順に取り掛かったのです。

自分の抱えていたレナート・グリーン・プロブレムを、かくも効率的かつ簡単な方法で解決できて、大いに喜びました（そして同時に、こんな直接的かつ単純な解決法に、何年も思い至れなかったことには大変忸怩たる思いでした）。

私はこのドロップ・スライトを『Expert Card Technique』から学びました。ですが『ティップ・オーバー・チェンジ』（Tip Over Change）としても知られるこの技法は、どうやらジャック・マーリンの手になるもののようです。

Load-Up Alternative

ドロップ・スライトを3回も連続でやるのが何か嫌だ、もしくは単にちょっと変えてみたいと思う方もいらっしゃるかもしれません。私はよく2枚目のA、つまり♣Aのときにちょっと違った技法を使っています。ドロップ・スライトの代わりに、私はウェスリー・ジェイムズによる『ロード

アップ・ムーブ（Load-Up Move）』というスイッチを使うのです。私はこのムーブを、感受性の強い時分に、フランク・ガルシアの『Super Subtle Card Miracles』（1973）で学びました。

　まずはドロップ・スライトのポジションから（写真3を参考にしてください）、右手を左手の上へと持ってきます。右手中指の先で、左手パケットのトップ・カードを2.5cmほど前へと押し出します（写真8）。

写真8

　この時点で、右手のパケットは左手パケットの真上にあります。そうしたら左手の指を使い、ブレイクより下のカードを下側パケットの上に取ってください。

　続く動作で左手を上向きに返し、アウトジョグしたAの表を見せます（写真9）。左手人差し指を伸ばし、その指先をアウトジョグしたAの外端にあててください。

写真9

左手をディーリング・ポジションへと返しながら、アウトジョグしたカードを押し込んで揃えましょう（写真10&11）。

写真10

写真11

　すぐに、左手パケットのトップ・カードを左手親指で押し出して、テーブルに置いたパケットの上へ落としてください。どうでしょうか！　このスイッチの、ひっくり返したカードの『残像がある』というポイントは、実に注目に値するものでしょう。

Four Shadow Aces

　これは、『クラシックな』一度に集まるバリエーションのエース・アセンブリ・ルーティーン、その３つ続きのうちの最初のひとつです。演じるのも簡単、現象としてもシンプルですが、仕組みとしても手法としても、心地よい精巧さを感じることでしょう。あまりよく知られていないマーローのスイッチを、近年稀に見る、もっとも鮮烈なアセンブリのアイディアである、ポール・ウィルソンのサトルティで包んだのです。

　加えて、これ自体でも手早くかつミステリアスではありますが、"Four Shadow Aces" はある重要なものをもたらします。ひと続きである２番目と３番目のエース・アセンブリは、言うなればやや型破りなものです。なので最初は、『ヴァニラ』・アセンブリで始めます。これはすべてが普通でプラン通りに進むものですが、また一方で、これから見せていく一連の流れがどのようなものか、観客に教えるものにもなります。こうして続く２つのルーティーンのどちらか、あるいは両方で、あなたと観客たちはある種の基準となるフレームワークを持つことになるわけです。私を信じてください、あなたはきっとそれを必要とすることになるでしょう。ですがまずは……。

Précis

　マジシャンはクラシックな手品を実演してみようと言います。その手品では、『Aは最初、ひとまとまりになった状態から始まる』ことを言い、それからすぐにAを取り分けます。♠Aはマジシャンが持ったままで、他のAはそれぞれ裏向きにして一列に並べます。

　きっちり３枚ずつのカードが、それぞれのAの上に置かれました。スペード以外のAを含んだ３つの山をひとつに重ねます。その山を♠Aの山で軽く叩きます。

　マジシャンは、パケットはそれぞれ４枚ずつのカードからなっていたことを説明し、観客に『Aは最初、ひとまとまりだった』ことをコメントします。

　そう、３枚のAは全部、マジシャンの持っているスペードのもとに集まってしまっているのです。

Mise En Scéne

　セットアップは非常に単純です。Aを全部、どんな順序でも構わないので、♠Aがパケットの一番奥側に来るように抜き出してください。

　(もしこのあとに続けて "Flipside Assembly"、もしくは "Big Fat Bluff Aces"、あるいはこれ

ら3つのアセンブリ全部をやろうと思われている場合、本書の"The Bullet Catcher Routine"
中での議論をご覧いただければ、一連のルーティーンに組むにあたっていくつかのヒントが得られ
るでしょう)

Four To Marlo

　これから、あまり知られてはいませんが非常に効果的な、マーローのスイッチ、『ボールド・サ
ブスティテューション・レイダウン』(Bold Substitution Laydown)を始めます(『Marlo's
Magazine』, Vol.2)。まずデックを左手ディーリング・ポジションに持ち、Aはすべて表向きのファ
ンにして右手で持ちます(写真1)。

　これから、Aを古典的な『Tフォーメーション』で置いていくように見せます：つまり、3枚の
Aを裏向きで一列に、♠Aを真ん中のカードのその手前(演者側)に置くかたちです。なお、ここ
では♠Aは表向きのままにします。

　4枚のAをデックの上に裏向きにひっくり返しますが、そのときにその下に左手小指でブレイク
を取ってください。私の場合は、ひっくり返すときに少しだけダウンジョグして、揃えるときにブ
レイクを取るようにしています。

　そうしたら右手で、親指を上、その他の指を下にあてて、トップのカード(♠A)を取り、ちら
っと表を見せてから、デックの上に表向きにひっくり返して置きます(写真2)。すぐに続く動作で、
右手を上からかけてブレイクより上のカードをすべて、1枚のようにして取り上げてください。右
手の指は、厚みを隠すため、パケットの観客側の縁を完全に覆っておくようにします。

写真1

写真2

　♠Aを取り上げたら、動きを止めずに左手をテーブルへと動かし、トップの3枚を1列に、左手
親指で押し出して置いていきます(写真3)。

　この列は必要以上に整った状態にしないでください。なぜなら、これから『♠A』をデックのトッ
プに戻し、そして空いた右手でテーブル上のカードを綺麗に揃え直すという動作をしますので。
スイッチ全体の動機付けをするこの表向きの理屈──「おっと、エースを綺麗に並べないといけま

せんね」──これは非常に効果的です。

最後に、表向きの♠Aを、古典的な『リーダー』・ポジションへと置きましょう（写真4）。

写真3

写真4

なんと素晴らしいエース・アセンブリのスイッチでしょうか。手早く、効果的で理屈も立ち、そしてディセプティブです。ブラウ・アディションをするよりも絶対に良いです。

R. P. Three

OK、3枚のAは他のカードとスイッチされ、いまデックのトップにあります。

もし望むならフォールス・シャッフルしても良いでしょう。私もここでフォールス・カットを行うのが好きです。そうすることで、Aたちだと思われているものと、これからそれらの上に載せていくランダムな3枚ずつのカードとのあいだに、心理的な距離を作ることができますからね。私がやっているのは、手の中での手早いカットです。まず右手人差し指でデックの上半分をスウィング・カットして左手へと取ります。

続けて左手のパケットを垂直に立て、両手のパケットを一瞬軽く、こつんとぶつけます（写真5）。右手のパケット（元々の下半分）を演者の右側に、使わないものとして置きます。

そうしたら、左手のパケットでは、正確な枚数には特に注意を引かないようにしながら15枚のカードを押し出します。私の場合は、3枚ずつのグループを5回押し出してやっています。

15枚のカードをデックのトップに表向きにひっくり返してください（写真6）。この表向きになったパケットの最後の3枚がAです。

最初の3枚の表向きカードを左手親指で右手へと押し出し、裏向きにひっくり返したら、それを伸ばした左手の親指とそれ以外の指でつまみ、デックに対して45度の角度で持ちます。要するに『テント・ヴァニッシュ・ポジション』です（写真7）。裏向きにしたこのパケットを、一番左にある『A』のパケットの上に載せてください。

写真5

写真6

写真7

　このプロセスを繰り返し、3枚の裏向きカードを、真ん中の『A』の上に載せます。そうしたら、また同じことを右端の『A』でも行いましょう。

　いまデックの上には6枚の表向きカードがあります。3枚はXカード、もう3枚はAですね。右手をデックの上に持ってきて、この6枚の下にブレイクを取ります。私はシンプルにナチュラル・ブレイクを利用して、カットするときと同じ動作で表向きのカードを持ち上げています。そうしたらパケットを戻し、左手小指でブレイクを取るわけです。表向きの心情としては、『カードを取りあげた』のだが、『「あ、先にスペードのエースをひっくり返しておきたいな」と気づいた』といったイメージです。

　少しだけペースを変えて、右手で♠Aをその場で裏向きにひっくり返してください。そうしたら、トップの3枚のカードをスプレッドします（Xカードですね）。そうしたらブレイク上の6枚のカード全部を裏向きにデックの上でひっくり返しましょう。動きを止めず、裏向きのカードのトップ3枚を広げ（Aです）、それを♠Aの上へと置いてください。

　この並べていく部分の策略はきわめてディセプティブですし、それに3枚のAをスイッチして取り除いて、それをまた戻すというこの2点の合間に、関係ないカードをたくさん見せられます。こ

の一連の手続きは、2010年のブラックプールでのコンベンションで、素晴らしきポール・ウィルソンが私に見せてくれたものです。ちなみにポールはこの策略（最初のAのスイッチは違いますが）を『ロイヤル・ロード・トリップ』（Royal Road Trip）と呼んでおり、それはピーター・ダフィーの2009年コレクションである『The Celtic Cabal』（Duffie, e-Book, 2009）に載っています。

Pile On

トリックは、実質的には終わっています。私はいつも、『Aに3枚のカードが加えられた理由は"明らか"です。もちろん、パケットを合計4枚にするためです』という説明をしては楽しんでいます。もちろん観客には、なぜ4枚のカードにすることが"明らか"なのかは、分からないでしょうけれど。

リーダーの山以外の3つを1つの山へと積み重ねてください。そうしたら、リーダーの山を取り上げ、それを使って先ほどまとめた山を軽く叩きます。「これをやるには各山が正確に4枚ずつでなければならないのです」と説明しましょう。そうしたらリーダーの山をひっくり返して広げ、4枚のAが集まったことを示すのです（写真8）。

写真8

（偶然というわけではないのですが、この終わりのつくりは、続くアセンブリ手順である"Flipside Assembly"に似ています）

Presentation

エース・アセンブリというのは、クラシックと言われるエース・アセンブリ作品であってさえ、説明が難しい……というか受け容れやすいプレゼンテーションに辿りつくのが難しいものです。Aは『消失して再出現』した？　それとも別のXカードに『入れ替わった』のでしょうか？　入れ替わったというのが一番分析的な感覚のようですが、消失して再出現したというストーリーのほうが、話す上では遥かに簡単です。

動機づけ——なぜあなたはこれをするのか——というのも難しい問題です。私は『同じ穴の狢』とか『類は友を呼ぶ』、もしくは『捕まえにくい仲間』のような、お話仕立てのアプローチに訴え

るのがあまり好きではありません（個人の趣味の問題ですが）。どちらかというと私は、『小道具の冒険』というプレゼンテーション戦略を採る傾向があります。

「これはクラシックなマジックで、トランプを使った最古の、そして最良のもののひとつなのです」のように言うことで、トリックの本質的な価値を引き立たせる、という感じの戦略ですね。『クラシック』は時間という試練に耐えてきたものであり、したがってそこには本質的な長所というものがあるに違いありません。

もうひとつの戦略は、あなたのイメージとペルソナを使うことです。もしデヴィット・ブレインのようなイメージやペルソナを持っているのであれば、それだけでプレゼンテーション上の負担もこんな感じにできるでしょうか：「おい、これを見てみな。……見るんだ」のような。「こいつは本当に凄い、エキスパートのトリックのひとつなんだぜ」と付け加えることもできますね。そしてこれがエキスパートのトリックだというのなら、それを演じるあなたもエキスパートということになります。そうでしょう？

最後に、私たちは観客へ『カーテンの後ろを覗き見させる』という戦略を使うこともできます。これは、隠されたマジック世界の文化やその実情へと、彼らをいざなうことを意味します。たとえば、「実際、これはマジシャンたちが秘密の会合をするときにお互いが見せ合うようなトリックのひとつなんです」みたいな。私は、うまくすると、これによって観客に強い興味を作り出すことができることに気づいたのです。

まとめると、こういった戦略が、『"小道具"がちゃんと"冒険"している』という、興味のフレームワークを作り出すのです。

「エースがありますので、マジックのクラシック・トリックをご覧に入れましょう。これは『本に載っている最古のトリック』ではないかもしれませんが、最良のひとつですよ。実際、これはマジシャンたちがお互いに見せあうようなトリックなんです——彼らがこっそりと会合を持ったときとかにね」

このようなかたちで盛り上げたら、見たくないなんて言う人などいません。いったん枠組みが確立されたら、ここからの台詞は本質的に説明調になりますが、（願わくは）興味を持ってもらえるようなかたちで終えられるよう、少々謎めいたコメントをするのが好きです。

「さて、エースは最初、ひとまとまりになっています。ですが、スペードのエースだけはここに持って、残りとは離してしまいましょう。ここまでは大丈夫ですか？」（マーロー・スイッチ）

「では、エースそれぞれの上に、何枚かカードを置いていきます。ぴったり3枚ずつのカードをエースの上に置く、というのが重要です」（15枚のカードをひっくり返す）

「2枚ではありません」（最初の山）

「4枚でもないです」(2番目の山)

「3です。正確に3枚」(3番目とターゲットの山)

「3枚のカードを置くことが、なぜそれほど重要であるか、ご存知ですか」(デックを脇に置く)

「そうすることで、パケットはそれぞれ、合計4枚のカードになるからです」(ターゲットの山以外を積み上げる。ターゲットの山で軽く叩く)

「エースは最初、ひとまとまりだったことを憶えていらっしゃいますか?」(集まったAを見せる)

「こんなクラシック・マジックです」

Quisquis.
　私たちは飽き飽きしています。ですが普通の人はそうでもありません。各山が4枚ずつからなっているというのを示しているときですら、彼らは何が起ころうとしているのか分かりません——カードが集まろうとしていることは知らないのです。ですが私は気づきました。始まりと終わりで「憶えておいてください、エースは最初、ひとまとまりに揃っているところから始まりました……」と言うことが、2つのレベルの驚きを作るのに役立つということを。まず、観客がこのトリックについて『分かった』、つまり何が起ころうとしているかを理解したとき。お次はもちろん、実際にコトが起こった0.5秒後、ですね。

Post Mortem

Background And Credits
　私はスティーヴ・レイノルズの無数のエース・アセンブリのコンセプトやアイディアで遊ぶことから始め、最終的には続く2つのルーティーン"Flipside Assembly"と"Big Fat Bluff Aces"へと行き着きました。お分かりになると思いますが、これらのルーティーンは少し奇妙なものです。マジシャン相手であれば、単体で演じても良いかもしれません。しかし、手品をしない方たちには、現象を楽しんでもらえるように("Flipside Assembly"の場合に至っては、まず現象を理解してもらえるように)、『エース・アセンブリとはどういう風に見えるものなのか』をきちんと示す必要があります。難しいことではありません。単に手早くて、かっちりとした、一気に集まるクラシックなアセンブリから始めればいいのです。それをやるために必要なのは、Aをうまくスイッチする、これだけです。

　私はしばらくのあいだ、マーローの『ボールド・サブスティテューション・レイダウン』・スイッチをよく使っていました(何と呼ぶものなのかは知らなかったのですが)。最近、マーローの"Bluff Ace Assembly"のバリエーションで、比類なきビル・マローンがそれを使っていました。『Malone on Marlo』, Vol.1 (L&L Publishing, DVD, 2009) を参照してください。当初、私はAをスイッチし、他のカードを裏向きで配ることで満足していました。しかしながら、ポール・ウ

ィルソンのレイアウトのアイディアと組み合わせたことで、このトリックはもはや『適当な思いつき』ではなく、独立し、洗練された『作品』になったのです。単なるつまらない作品ではなく、ね。

Flipside Assembly

　このエース・アセンブリはスティーヴ・レイノルズの"TS Aces"をベースにしている、実に奇妙な手順です（S. Reynolds,『Seek 52』, Vanishing Inc., DVD, 2009）。スティーヴのトリックを見るたび、私はAが集まったのを見、何かマジックが起こったことは感じましたが、本当は何が起こることになっていたのかについて、正確に説明することができませんでした。私が感じたのにもっとも近いのはこうです：『4枚のAを残して、ばらばらのカードが集まった』……なんだか奇妙ではありませんか？

　しかしながら、確かにマジック的なことはありましたし、ちょっと考えれば現象はもう少しクリアに、論理的になりそうではあったのです。まず基本として、スティーヴの好むヴァーノン・トランスファーを、Le Temps Changeのような、『時間差』を使ったスイッチで代替しようと思いました。ですが、そのスイッチの動機づけにより、トリックを（ほとんど必然的に）分かりやすくすることに繋がったのです。

　私は"Four Shadow Aces"を最初に演じてからでないと、このトリックをやりません。決してです。"Four Shadow Aces"で起こったことに触れることで、ここでのハンドリングが正当化されるのがお分かりになるでしょう。さらに、"Flipside Assembly"は"Four Shadow Aces"に完璧に繋がります。なぜなら、ここでのカードが置かれた状態は非の打ち所なくクリーンだからです。もっと言うと、"Four Shadow Aces"があることで、カードを並べたあとに行う余計な操作を正当化する助けになります。この操作はもちろん、トリックを成立させるためのものです。

Précis

　マジシャンは「クラシックなエースのトリックをまたやってみよう」と言います。きわめて公正に、各Aが離された状態でテーブルに置かれ、それぞれのAの上に、3枚ずつのカードが置かれていきました。Aの山3つが重ねられていき、残りの山にある♠Aは表向きにひっくり返されます。

　マジシャンはこう言います。「まだ何も起きていません」細心の注意を払いながら、マジシャンは『まとめた山には3枚のAがあり、それぞれは3枚ずつのカードで隔てられている』ということを示します。それから、『♠Aの山は、♠Aと、3枚のXカードからなっています』と。

　マジシャンはまとめた山の上に♠Aを載せます。いわゆる『マジカル・スクイーズ』のあと、まとめた山は4枚のAのみからなっていることを示します。──言ってみれば『集まった』わけです。Xカードは、元々の♠山のところからで見つかるのです。

Mise En Scéne

　先ほど私は、「これは少し奇妙なものだ」と言いましたね。"Four Shadow Aces"を事前に見ていても、最後のひとひねりは驚くべきマジカルなもので、完全には非論理的でもないものです（完全には、ですが）。

　セットアップは不要です。

Four Down

　"Four Shadow Aces"の結末においてAが集まったことを示したあと、トリックをもう一度、ゆっくりとした動きだけで行います。

　まとめた山を表向きで、左手ディーリング・ポジションで持ちます。Aを表向きでTフォーメーションに並べていってください。左手の山から3枚の表向きのカードを取って左端のAの上に置き、その山をその場で裏向きにひっくり返します（写真1）。もう3枚のカードを、今度は真ん中のAの上に表向きで置き、同じくその場で山を裏向きにひっくり返します。

写真1

　これを右端のAと、最後の♠Aのところでも繰り返してください。これ以上ないくらい、もっとも公明正大な置き方です。

　そうしたら、正面にある3つのAの山を積み重ね、♠Aの山のトップ・カードを表向きにひっくり返してください（Aそのものが出てくるでしょう）。

　台詞は"Four Shadow Aces"のときと似たようにします。つまり、「エースは最初ひとまとまりで……それぞれのエースの上に3枚ずつのカードを載せて……」のように。

　これは、偶然にも先ほどのトリック"Four Shadow Aces"の終わりのときのポジションと同じものです。観客のうち一部の人は、「アセンブリはすでに起こっているのではないか」と予想す

るかもしれません。しかしながら、カードの配置は公明正大になされており、それは明らかに不可能です。ですがこの観客の予想は、状況の再確認を行うというパーフェクトな口実を与えてくれ、その状況確認の中で、不可能を密かに成し遂げてしまうのです。ですので、大きな声で言いましょう。

「何をお考えかは分かっています。ですが、まだ何も起きてはいませんよ」

Reviewing The Situation

まとめたパケットを取り上げ、それを表向きにして右手で上から、4指は奥端、親指は手前側で持ちます。要するに、ビドル・グリップです。

左手親指で、最初の3枚の表向きのカードを左手へと引きます。4枚目のカードはAなのですが、これを左手へと引き取る際に、その下に左手小指でブレイクを取ってください（写真2）。5枚目のカードを引き取るとき、古典的なビドル・スティールの要領で、先ほどのAをパケットの下へとスティールします（写真3）。

写真2

写真3

続けて、6枚目と7枚目のカードはそのまま左手のパケットへと引いて取ってください。8枚目のカードを取り（Aです）その下にブレイクを取ります。9枚目のカードを引く際、Aはパケットの下へとスティールしましょう。続けて10枚目と11枚目のカードを取ります。『12枚目』のカードは実際には3枚で、全部Aです。この『1枚のカード』を左手のパケットの上に載せますが、その下には左手小指でブレイクを取っておいてください。

見た目上はパケットが満足な状態であること、つまりAが全体に散らばっていることを示しました。私はこのとき説明調の台詞を使う傾向にあります。「さて、まず3枚のカードと1枚のエース。もう3枚のカードに、もう1枚のエース、さらにもう3枚のカードと別のエースですね——まだ何も起きてはいません」

右手でパケットを上から持ち、中指を観客側に、親指を手前側に当てます。左手で、パケットの右側を押し下げていき、右手の親指と他の指とのあいだで、横向きに回転させます（写真4）。

写真4

左手小指でブレイクを保っているので、この動作によってほぼ自動的に、裏向きになったパケットの表側（ボトム側）で、3枚のAがサイドジョグされた状態になるでしょう（写真5）。

パケットを左手で持ち直し、先ほどのサイドジョグを使って一番下の3枚（A）の上にブレイクを取ってください（写真6）。私の知る限り、これはマーローの『ブック・ブレイク』の技法です。エド・マーローの『The Cardician』（Magic Inc., 1953）などをご覧ください。

写真5

写真6

そうしたら上から右手で♠Aの山を取り上げ、Xカードと揃えます。ここでも、まだ何も起きていません。

A Sign of Le Temps

これからやるべきは、左手のまとめた山に♠Aを取るように見せて、その裏でブレイク上のXカードを全部、♠Aの山に加えてきてしまうことです。

私は数々のフェイントをかけることでこのタイミングを変え、そしてその最中に、Xカードを置いてくるようにしています。

Bullet Party/Flipside Assembly

　左手の『まとめた山』を、右手の『♠A』の山で軽く叩きます。「まだ何も起きていません」と言いましょう。♠Aの山を、まとめた山の上で擦ります——やはり何も起きません。

　そうしたら私はこんな風なことを言っています。「エースの山を叩くと……何も起きません。Aの山をこすると……何も起きません。スペードのエースを取り上げ、振ってみると……」

　ここがダーティー・ワークを行うところです。左手を右手のほうへと寄せていきます（この間、右手はぴたりと止めて動かさないでください）。左手親指で表向きの♠Aを左手のパケットの上に引いて取りますが、これをやるときに、古典的なビドルの方法で、ブレイクより上の９枚全部のカードを、右手パケットのボトムへとスティールしてしまいましょう（写真7）。

　続く動作で左手を左へと動かし、この端から端への大きな動きで、パケットを『混ぜる』ような感じで振ってください。実際には、いま左手にはAのみを、右手にはそれ以外のXカードだけを持っているのです（写真8）。

写真7　　　　　　　　　　　　　写真8

　「……何も起きていません。こんな風にカードを振ると……何も起きません。では、カードをぎゅーっとすると……」

　左手へと注目を集め、そしてなにげなく右手のカードをテーブルに置きます。ここでは左右の手は動かし続けておいてください。右手で表向きの♠Aを左手のパケットの上で裏向きにひっくり返し、パケット全体を手で覆います。この『お椀のようにした』ポジションから、大きく上下に振りましょう（写真9）。そうしたらこのポジションから、パケットをぎゅっと絞るようなふりをします。テンポを落とし、タイミングを変えるため、ここで一瞬止めます。そうしたら観客へ、トリックが終わったことをはっきりと告げましょう。

　「……さて、エースはいますべてここに、そしてその他はあちらにあります」

　左手にAがすべて集まったことを示し、12枚のその他のカードはテーブルにあることを示してください（写真10）。

奇妙ではあるものの、理屈としては不思議なことに一貫していますね。

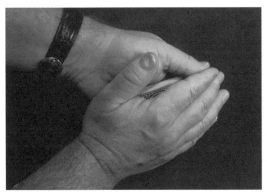
写真9

写真10

Post Mortem

Background And Credits

導入部で書きましたが、このトリックはスティーヴ・レイノルズの"TS Aces"をそのまま下敷きにしています。奇妙なアプローチと、プロットはすべてスティーヴの作品からです。上述の通り、一部の細かなハンドリング変更とともに、私はヴァーノン・トランスファーを、ビドル・スティールに置き換えました。結果として、終盤のハンドリングはかなり大きく変わりました。最後の『集まる』ところも唐突ではなく文脈に沿ったものですし、起こったことも理解しやすく、かつ観客をも驚かせるものになったと思います。

Big Fat Bluff Aces

　実際には演者は何もしておらず、また実際には何も変わったり動いたりしていない、それでもなお、確かにマジックが起こったように見え、感じられたりする、私はそんなタイプのトリックを好む傾向にあります。もちろん、いまの書き方はちょっと誇張はしています。当然、物事がうまくいくには、原理や策略が働いているものですから。それはさておき、これからご紹介するのが、ヒッチコック・タイプのクライマックス（後述）と、リバース・アセンブリのどんでん返しのある、労力のかからないエース・アセンブリです。これはやっていて自分で楽しくなってしまうかもしれません——私がそうなのですが。

Précis

　クラシカルなエース・トリックを繰り返します。『Aは最初、ひとまとまりになっている状態から始まり』、そして分かれます。3枚のAを裏向きで横一列に並べ、♠Aはマジシャンのものとして、列の手前に置きます。各Aの上に3枚ずつカードを置きます。すべては非常にフェアに行われます。

　最初の3つのパケットは、それぞれがAと、ばらばらの3枚のカードからなっていることがしっかりと示されます。表向きのパケットの上に、Aだけが裏向きで置かれた状態です。ここでもすべてはフェアのように思われます。

　ですが、3枚のAはそれぞれ消失してしまいます（言い換えると、それぞれ別の、全然違うカードになってしまうのです）。あり得ません。

　マジシャンのパケットはというと……4枚のK!?　この世界でもっとも要らないものといったら『4枚のK』を使ったカード・トリック[7]ですから、マジシャンはうろたえます。

　4つのパケットを裏向きにひっくり返し、その上で手を揺らすと、なんとAは再び、各山のトップに現れるのです。一体どこから？

Mise En Scéne

　4枚のAを抜き出しておき、9枚のXカードの上に3枚のKを載せた計12枚のパケット（もしくはデックのトップにセットしておくでも構いません）から始めます。Kの順番は、黒いK、◇K、

訳注7：原文は "four-king card trick."。音的にfuckin' card trick：ファッキン・カード・トリックに似ているので、『それはもっとも要らないもの』という流れに沿ったギャグとして入れつつも、想定するいわゆるFワードは大変汚い言葉なので直接は言わないのだ、という、日本語だと説明なしにはちょっと分かりづらい箇所です。

黒いK、にしておいてください。

　4枚のAを取り上げ（♠Aが表の側に来るようにします）、パケットの上に裏向きにひっくり返し、トップの3枚を横一列になるように配ります。4枚目のカードは列の手前に置き、クラシカルなTフォーメーションの状態にしてください。これらはみなAですし、もっとフェアにできはするのですが、私はここにほんの少し不確かさを入れたいのです。大量にではなく、ほんの少しだけ（写真1）。

写真1

　♠Aのところから始めて、各Aの上に3枚ずつ、裏向きでカードを載せます。♠Aのところには3枚のKが載っており、その他のAの上には、ばらばらのカードが3枚ずつ載っています。これはとてもフェアに見えます。なぜなら──まあ、想像してみれば分かりますよね。

The JB-Siva Vanish
　これから、最初の3つのパケットが、それぞれ1枚のAと3枚のばらばらなカードからなっていることを示していきます。同時に、Aの消失と最後の再出現、その両方のための準備をしましょう。フェアに見えるように、ゆっくりとです。

　左端のパケットを取り上げ、左手ディーリング・ポジションで持ちます。左手を内向きに返し、パケットの表の側にAがあることを示します（写真2）。Aに注目を集めてください。左手を元通りに返し、右手でエルムズレイ・タイプのカウントをする位置、つまりパケットの右側に沿ったところをつまみます（これから、こういったすべてのカウントの元である、シーヴァ・カウントを行います。これはエルムズレイ・カウントと、ジョーダン・カウントのコンビネーションです）。

　左手親指でパケットのトップ・カードを左手に引き取ったら、左手を内向きに返し、Xカードであることを示します（写真3）。ここでは数字を口に出して注目を集めます。ただしスートには触れないでください。左手を上向きに返します。

写真2

写真3

　次のカードを取るように見せますが、実際にはエルムズレイ・カウントのチェンジの部分を、ちょうど普通のエルムズレイ・カウントと同じ動作で行います。言い換えれば、最初のカードを右手パケットの表の側（ボトム）へとロードしつつ、右手親指で2枚のカードを押し出してそれを左手で受け取る、ということです（写真4）。

　2枚目のXカードを見せるため、左手を内向きに返します（写真5）。ここでも注目させるべきは数字であって、スートではないことに注意してください。ここは物凄く矛盾しているところです。なぜなら、このカードは左手のカードの上に取ったのであって、下（表）側に取ったのではありませんからね。ともかく、表のカードは変わっているのですが、この矛盾は見過ごされることでしょう。

写真4

写真5

　3枚目のカードを取るように見せますが、普通のジョーダン・カウントのときと同じように、ジョーダン・カウントのチェンジ部分を行いましょう。左手の2枚のカードを右手パケットのボトムに『両方とも』加えたら、これとほぼ同時気味に右手の親指でボトム以外のカードを押し出し、同時に左手はこの3枚のブロックを持っていきます（写真6）。

　左手を内向きに返して3枚目のXカードを示しますが、ここでもカードの数字に注目させてください（写真7）。ここでも先ほどと同様の矛盾がありますが、やはり見過ごされます。

写真6

写真7

　３枚目のXカードを示したら、左手のパケットを表向きにします。

　ここがいいところです：観客は３枚のXカードを見ており、演者の右手に残っている１枚のカードは、最初に見せられたAであると信じています。実際には、AはXカードとスイッチされており、左手のパケットの一番下に来ているのです。

　右手に残った１枚を裏向きにして左手パケットの上に載せますが、右にサイドジョグした状態にします。そうしたら写真のようなかたちでパケットをテーブルに置いてください（写真８）。続く２つのパケットでこの手順を繰り返します。結果、テーブルの上には表向きのパケットが３つあり、それぞれ一番上にはAと思われているカードが裏向きで載っている状態になるでしょう。

写真8

　『ターゲット』のパケットでは、表側にあるAを少し控えめに見せますが、「このパケットはあとにします」と言います。パケットのトップの２枚を右手に取り、古式ゆかしき『スクィグル・フラリッシュ』を行います。そうしたら右手の２枚を左手の２枚の下へと取るのです。これにより、♠Aを上から２枚目にし、◇Kを表側へと移したことになります。そうしたらパケットを裏向きでテーブルに置いてください。

Vanish ×3

これからAたちを『消して』いきます。Aだと思われている最初の裏向きのカードを、右手を上からかけて取り上げ、ターゲット・パケットの少し上で持ちます。テーブルにあるパケットに、持ったカードの外端がくっつくように右手の4指を外します（写真9）。いま、右手の親指と人差し指の内側で、カードの手前の端をつまんでいます。前方への『皮を剥く』ような動作で、カードを表向きにひっくり返し、Aが『消えて』しまったことを示してください（写真10）。元のパケットのトップに、このカードを表向きで載せます。残る2山でも同様に繰り返してください。

写真9

写真10

For Kings

観客が以前にエース・アセンブリを見たことがあるのなら（もしくはこのトリックを、おそらくは"Four-Shadow Aces"から続けていたのであれば）、観客はあなたを先回りし、『ターゲットの山はもう全部4枚のAになっているのだろう』と予想しています。あなたはすでに、この暗示された予想上のアセンブリを行ったことになっているのです。

ターゲットの山を取り上げ、自分のほうに向けてファンにします。少々の驚きをもって見つめ、パケットを揃えたら手を下げ、エルムズレイ・カウントを行って4枚のKであることを示しましょう。Aが集まるだろうという予想と、予想だにしないKの出現、あたかもAがKへと変わってしまったかのようです。これについては、ほとんど労力を使っていませんけどね。

私はこれを望んでいない出来事として、つまりKが現れる驚きについては軽いものにするように努めています。

「そしてターゲットの山に……おっと……、信じられないと思うんですが4枚の……キングです。これじゃあまるで駄目です。この世界でもっとも要らないものといったら『4枚のK』を使ったカード・トリックですから」

（『4枚のK』のジョークは、使わずとも全く構いません。万人向けというものでもありませんので）

4枚のKを示したあと、Kの山を表向きのままテーブルの上に置いてください。

For Aces

この状況をどうリカバリーするか思案しているかのように、短時間だけ止まります。『マジシャン大ピンチ』というのを強調しすぎてはいけません。観客は誰も、そんなものは信じませんからね。

そうしたら意図的なものだと観客にも分かるような動作で、4つの山を2つずつ同時に裏向きにひっくり返してください。ドラマティックに間を取ります——いや、ドラマティックに『短く』間を取ります。リバース・アセンブリの時間です。それぞれの山のトップにあるカードをひっくり返し、Aが戻ってきていることを示しましょう（写真11）。んー、素晴らしい！

写真11

Post Mortem

Background And Credits

"Big Fat Bluff Aces"は、スティーヴ・レイノルズの"Monk's Assembly"に着想を得ました（S. Reynolds,『Seek 52』DVD, Vanishing Inc., 2010）。そのトリックで彼は、Aと思われているカードを裏向きで、パケットの他のカードと別にするためにエルムズレイの操作を使っていました。特に驚くことでもありませんが、その操作はエルムズレイ・カウントに基づくものです。これで遊んでみているうち、私はエルムズレイ・カウントの代わりにシーヴァ・カウントを使うことで、各カードを取っていくように見せたあと、パケットの表側には都度違ったカードがあるのを見せられることを発見したのです。シーヴァ・カウントを使うことで、矛盾してはいるものの、最後の裏向きのカードが実際にはAであるという思い込みを非常に強めることができます。

また、スティーヴのトリックはアセンブリを見せ、チェンジし、そしてリバース・アセンブリをするのに、何度かツー・アズ・フォー・カウントを使います。さらに、ツー・アズ・フォー・カウントを使うためにワン・アヘッドが必要でした。そのため、2番目のAをマスター・パケットに付け加えたあと、今度はリバース・アセンブリ・エンディングのために元のパケットへと戻さなくてはならなかったのです。

私はこんな状況でもツー・アズ・フォー・カウントをやるような、そんな熱心なカウント・ファ

ンではありませんでしたので、本作のエンディングはもっと合理的なものにしました。最初のアセンブリを暗示的なものに留めておくことで、ツー・アズ・フォー・カウントも、一切のワン・アヘッドもなしに、ヒッチコック・タイプのエンディングを作ることに成功したのです。結果として、完全にブラフのアセンブリではありますが、とても魔法的なものになりました。

『ヒッチコック』・エンディング、つまり『集まったAが別のフォー・オブ・ア・カインドに変わってしまう』というのは、人によって諸説あるようですが、ダーウィン・オーティスかウェスリー・ジェイムズの作とされます。このプロット名『ヒッチコック・エンディング』は、確かダーウィンによるものだったはずです。

The Bullet Catcher Routine

ここまでのトリックは、それぞれ単独で演じることはできます。ですが、私は5つすべてを連続して演じる傾向があり、これを一揃いの"Bullet Catcher"ルーティーンとして考えています。全体の流れについて少しだけ気を遣ってやれば、これらのトリックは非常にうまくまとまるのです。

Produce, Lose, Re-Produce

『黒のK、◇K、黒のK』を、4枚のAの下に入れて始めます。そうしたら"Bullet Catcher"でAを取り出してきましょう。そして、"Drop Target Aces"を演じます。

On To Assembly Land

私はいつも"Four Shadow Aces"は演じます。それから、私は少なくとも"Big Fat Bluff Aces"で終えます。そのあいだには"Flipside Assembly"をよく入れています。

前のトリックを演じているあいだに、Kのセットはデックのどこかには行ってしまうでしょうが、完全にばらばらになることはまずないはずです。"Four Shadow Aces"にいく前にデックの中をざっと見て、Kのセットがあるところがトップになるようになにげなくカットすればそれでいいのです。

そうしたら"Four Shadow Aces"を演じましょう。結果として、まとめた山にあるKは、4枚ごとに、4枚目、8枚目、そして12枚目の位置にあります。

"Big Fat Bluff Aces"へと直にいく場合、Aを並べたあと、各Aの上に3枚ずつカードを置いていく代わりに、まとめた山から1枚ずつ順ぐりに配っていけば、♠Aの上に3枚のKがいくことになります。シンプルですね。そうしたら"Big Fat Bluff Aces"を演じましょう。

もし"Flipside Assembly"をあいだに挟みたければ、Kのことは忘れていったんそれを演じてください。この場合、手順の最後にXカードをざっと見ていき、3枚のKをトップに、かつ◇Kがその真ん中になるように動かす必要があります。当然、必要以上にデックを弄ることなく、なにげなくこれを行いたいと思うことでしょう。私は通常Kをカルして、そこからさらに並べ替えが必要なのであれば、裏向きにしたパケットでトップの3枚を入れ替えています。

ジョン・バノン カードトリック　HIGH CALIBER

　さて、"Big Fat Bluff Aces"でルーティーンは終わりです。これまでずっとAの話ばかりだったところに突然Kが現れるのはとてもいいギア・チェンジですし、Aが最後にまた戻ってくることで、満足のいく、完全なエンディングとなりますね。

Box Jumper

　本作は、『MAGIC Magazine』の2010年8月号に載った、サイモン・アロンソンのトリック"Switch Hit"、その私のバリエーションです。サイモンのトリックは素敵で、よく考えられた2枚のカードのトランスポジション――そう、ある種トランスポジション的なもの、でした。それは私が『間接的な入れ替わり』と呼んでいるもので、以下のようなトリックです：選ばれたカードがデックに戻されます。もう1枚の選ばれたカードは脇に置かれます。この2枚の位置が入れ替わるのです。（1枚はデックに戻されていてどこにあるのか分かりませんので）2枚のカードのみを使う入れ替わり現象よりは直接的ではないのですが、トリックの構造によって、実際の現象がいつ観客にとって明らかになるかがコントロールしやすくなっています。トレード・オフとしては、コントロール性を高めたために、現象の明快さが少し下がったところでしょうか。私は最初からそれが好きでしたけれどね。

　私は基本的な構造は変えずに、トランスポジションを明快にし、トリックを飾りたて、自分がやりたいような方法でできるよう、別の技法を使うようにしただけです（たとえば、ダブル・リフトをなくすとか）。トリックがスムーズに、かつディセプティブに流れるようになったと思います。

Précis

　カードが選ばれデックに戻されますが、下半分から突き出した状態のままにしておきます。

　残りの半分からマジシャンがカードを選び、全員に見せ、それをカードの箱へと入れます。

　デックをまとめますが、その際に観客の選んだカードも一緒に揃えられます。

　マジシャンはデックの中ほどから1枚のカードを弾き飛ばします。きっと観客のカードでしょう。ひっくり返してみると……マジシャンのカードです。選ばれたカードは、先ほどの箱の中から公明正大に取り出されるのです。

Mise En Scéne

　デュプリケートは使いません。普通の、シャッフルしたデックでOKです。理想的には、ある程度憶えやすいカード、たとえばAやQ、もしくは少なくとも絵札などをデックのボトムにしてから始めます。ここでは♣Aだとしましょう。

Card One In The Deck

カードをシャッフルしますが、『憶えやすい』♣Aは表の側に残るようにします。観客にはカードを1枚選び、憶えてもらってください。ここでは◇9だとします。この選ばれたカードをコントロールしますが、あまり知られていない、ですがきわめてディセプティブで疑わしさのない感じに見えるマーローのムーブ、『フレキシブル・スイッチアウト』（The Flexible Switchout）を使いましょう（E. Marlo,『Marlo's Magazine』No.1, p.15, 1975）。

デックの上半分をスプレッドして右手に取り、選ばれたカードを左手に残った下半分の上に戻してもらいます。右手で持って広げている上側部分はきれいに等間隔で広げますが、特に左端の部分はそうします。これで最後の数枚は、それぞれの縁をはっきりと認識することができるでしょう。

あとから思いついたかのように、選ばれたカードを右手のスプレッドの左端に取り、右手の各指で保持します。選ばれたカードの表が見えるようにスプレッドを上げていってください（写真1）。これらの動作の動機づけとして、観客には「選んだカードは忘れないように」と言いましょう。

ここからがクールなパートです。スプレッドの表側（一番下）のカードを、左手のデックの上に取ろうと左手を上げます。ですがこのとき実際には左手親指でもう1枚上のカードも、つまり右手スプレッドの端の『2枚』を挟んで取るのです（写真2）。

写真1

写真2

そうしたら両手を下げ、徐々にパケットを離していきます。左手にあるパケットのトップはたったいま見せた、選ばれたカードのように見えていますが、実際には違います。このほとんど知られていないムーブには、その存在を知らない人なら全員が引っかかることでしょう。

コントロールとして使うため、選ばれたカードと思われている左手トップ・カードを右手スプレッドの中ほどへと差し込みますが、少し突き出た状態のままにしておきます（写真3）。右手でスプレッドをテーブルに置き、ある程度揃えますが、選ばれたカードだと思われているカードが見失われない程度にとどめてください。世界で一番簡単な『コンヴィンシング』（説得力のある）・コントロールですね。

写真3

Card Two In The Box

　左手に残っているカード群は、トップに選ばれたカードが、ボトムに『憶えやすい』♣Aが来ています。オーバーハンド・シャッフルをしましょう。まずはトップのカードを1枚取り、そこから普通にシャッフル、最後のほうのカードはまた1枚ずつランしてください。このシャッフルで、パケットを混ぜつつトップとボトムのカードを入れ替えています。また、このシャッフルがあることにより、最初の選択と2枚目の選択とのあいだに、心理的な距離が作り出されている、と私は考えています。シャッフルはデックのトップ──選ばれたカードがついさっきまであった場所──から怪しさを取り去ってくれます。

　さて、これから♣Aを示し、それを選ばれたカード、◇9とスイッチするのにドロップ・スライトを使いましょう。

　左手小指でボトム・カードをプルダウンし、その上にブレイクを取ります。右手でパケットを上から摑みますが、ブレイクを右手親指に移します。そうしたら、右手人差し指でパケットの半分くらいをスウィング・カットし、左手で受け取ってください。

　右手に残ったパケットを使い、左手パケットのトップ・カードを表向きにひっくり返します（写真4）。

　左手親指でトップ・カードを右へと押し出します。右手のパケットを使ってそのカードを上側へ、このようにして裏向きに返し、そのまま左手のパケットの上に重なるようにします。このとき、右手のパケットが左手のパケットの真上に来たところで右手のブレイクを離し、ボトム・カードを左手のトップ・カードの上へと落としてくるのです（写真5）。正しいタイミングで行われれば、このアディションは知覚できません。視覚的にも、心理的にも。

写真4

写真5

動きを止めず、カードの箱をパケットを持ったままの右手の親指と薬指とで挟んで持ち上げますが、このとき右手のパケットと箱が交差するように、ほとんど直角になるようにします。

そうしたら、ついさっき見せた、♣Aだと思われているトップ・カードを、左手親指でカードの箱の中へと差し込みます（写真6）。箱をテーブルの左側に置くか、もしくは観客に渡して持っておいてもらってください。

写真6

Produce Department

左手で持っているパケットの下に右手のパケットを入れたら、そのまとめたパケットををテーブル上の残り半分の上へと落とします。選ばれた◇9だと信じられている突き出たカードも含めて、デックをゆっくりと揃えます。ひと呼吸おき、やってきたことを考えてみましょう。◇9は、非常に説得力のあるかたちでデックの中ほどに埋もれてしまったように見えていますが、実際にはすでに箱の中です。箱の中にあると思われているカード、♣Aですが、これはデックのトップにあります。

「それでは、選ばれたカードを取り出してみます」と言いましょう。「ここでの目的は、あなたのカードを見つけて、別によけておくことです」と。しかし、実際にはAを取り出します。ほとんどの場合、私は、賞賛に値するクラシック技法、ベンザイス・スピン・アウトを使っています（稀に

ですが、本項末に記載した『フォールアウト』・ムーブも使います)。

　デックを、長辺がテーブルの縁と平行になるように回します。左手親指とその他の指で、デックの左側短辺の上部分を摑んでください。右手親指とそれ以外の指で、デック右側短辺の下部分を摑みます。そして、右手人差し指がデックのトップにまたがるように構えましょう (写真7)。

写真7

　そうしたら、左手は上半分を左へ引っ張り、右手は下半分を右へと引っ張ります。このとき右手人差し指は上側パケットのトップ・カードを同じく右側へと引きます (写真8)。トップ・カードから左手の指が外れたら、それぞれのパケットと両手を、鋭く弧を描くようなかたちで前方へと動かしてください。同時に、右手人差し指はトップ・カードを前方へとキックし、それがデックから回転しながら離れていくようにします (写真9)。

写真8　　　　　　　　　　写真9

　右手と左手は先ほどの動作を逆に行い、離した2つのパケットを一緒にしたら揃えてください。カードがデックの中ほどから回転しながら飛び出たように見えるこのイリュージョンは、長い年月という試練に耐えた、ただただ素晴らしいものです。

Bluff Transposition

　見たところ、選ばれたカードを見つけ出した──少なくともそう試みたように見えます。さて、ここからがこの手順の面白いところ。カードを拾い上げ、見て、観客に、「あなたの選んだカードは何でしたか」と聞いてください。ちょっとこれについて考えてみましょう。演者が『観客が選んだカードを持っている』と思っていなかったら、どうしてこんな質問をするでしょうか？ 実際、もし選ばれたカードを本当に持っていたとしたら、それを見せる前にカードの名前を聞く、そういう風にカード当てをするのではないでしょうか？ さらに、観客が『この演者は少なくともそういう能力はあるようだな』と結論付けてくれていたのなら、『このカードは選ばれたものである』と予想してくれるでしょう。言い換えれば、彼らは『トリックはうまくいったのだな』と期待するわけです。

　さあ、観客の期待を利用しましょう。観客はこう答えます。「ダイヤの9です」と。カードの表を見て、無言で軽く頷き、こんな感じの何やら謎めいたことを言います。「あなたは信じてくれないでしょうね」

　カードにお好きなマジカル・ジェスチャーをしてください。ゆっくりとそれを表向きにひっくり返します。もちろん、♣Aです。予想があったが故に、まるで演者が持っていたのは◇9であり、そしてそれになにがしかすることで♣Aに変えてしまったかのように見えるでしょう。あなたは労せずして入れ替わりの瞬間を得たことになります。

　ほんのちょっとだけ間を取ったらこう言います。「おっと、ちょっと待って。これ、私のカードですね」この一拍は、観客に少しあなたを先回り──もしくは少なくとも追いつかせることになります。

　続けます。「私のカードがここにあるということは……あなたのカードは……箱の中にあるに違いないですね」

　♣Aをテーブルに置きます。カードの箱を取り上げ、優しく振り、そして選ばれたカードを箱から取り出して示しましょう。

　ちなみに以下は、私が遠い昔にラリー・ウェストから教わった大変素敵なハンドリングです。箱からカードを出したら、表向きにひっくり返して、それを箱の中に戻すのですが、半分くらい突き出した状態にしましょう（写真10）。こうすることで、カードが箱から出てきたものだ、ということを常に思い出させることができるのです。箱からカードを取り出してくる手順を演じるとき、私は『いつも』こうしています。

　この最後のディスプレイが、実質的にストーリー全体を語ってくれているのです（写真11）。

写真10

写真11

Post Mortem

Background

サイモンのオリジナルの手順には、基本的なつくりの良さに加えて、皆さんが知りたがるであろう、いくつかの興味深い側面があります。たとえば、彼は最初に選ばれたカードをグリンプスしておくことで、ベンザイス・スピンアウトのあと、観客から何も聞くことなしにカードをミスコールすることができるのです。ミスコールは疑いなくディセプティブで、とても効果的なものです。

The "Fallout" Move

同様に、ベンザイス・スピンアウト・ムーブは非常に素晴らしいものですが、滑らかにやるにはある程度のスペースと、適した平面が必要になります。そうでない状況を想定し、私は以下の『フォールアウト』・ムーブを開発しました。こんな感じです：まずデックを左手ディーリング・ポジションに持ち、右手を上からかけてビドル・グリップで持ちます（写真12）。カードを、通常の肩の高さくらいよりも少しだけ高め、目の高さよりかは低めに上げます。これから行うのは、本質としてはスリップ・カットです。

写真12

右手親指でデックの手前側を何度かリフルし、止め、デックの真ん中あたりでブレイクを作りま

す。これは、まるで何かを確認しているかのようにデックの中を見ながら行ってください。さて、右手で上側を、左手で下側を持っており、左手親指はデックのトップをまたぐかたちになっています。半分ずつに分けますが、このときトップ・カードは左手親指で押さえます（写真13）。

　そうしたら両手を、それぞれ半分ずつのデックを持ったまま下方向にスウィングします。これをしながら、左手親指でトップ・カードを左に引いて、右手からフリーにしてください。トップ・カードを2つのパケットのあいだにまっすぐ落とし、テーブルにフラットに着地させます。両手を離し、同時に下方向へ半円・鋭い弧を描くような感じで下げる、というのが実際の動きです（写真14）。この動作が始まるとき、トップ・カードは左手親指で適切な位置に固定してあるため、カードは両手のあいだをまっすぐ、平らに、それでいて静かに落ちていくのです。

写真13

写真14

　カードはデックの真ん中あたりから出てきたように見えるでしょう。非常にいいイリュージョンです。

Fat City Revisited

"Fat City"を発表したのはもうずいぶんと昔のことです。『Smoke and Mirrors』のp.35、"Fat City"をご覧ください。アイディアとしては、選ばれたカード以外の全部がサンドイッチされてしまう、というものです。悪いプロットではないのですが、あの頃の私も指摘したように、『手品をしない人を相手にするときは、この奇妙なバージョンをいきなり見せるのではなく、その前に"サンドイッチ・トリックとはどういうものか"をまず紹介しておくほうが良い』でしょう。

しばらくの後、私はこの無駄を削ぎ落とした2段階のルーティーンを考えつきました。最初はカード1枚が挟まれ、次にデック全部が挟まれるのです。この構成はラインハルト・ミューラーの独創的な作品"Have A Sandwich"(Jon Racherbaumer、『The Hierophant』)をベースにしています。嬉しいことに、ここではアトファス・ムーブは使いません(やりました！ どこかでも言いましたが、もうアトファスはやりたくないのです)。さらに良いことに、実質的にまったくなんの技法も使いません。本当です。ダブル・アンダーカットを2回と、シャーリエ・カット1回、それからプルダウンだけ。あとはほんの少しの大胆さ、ですかね。

Précis

「大部分のマジシャンは、トリックをやる前にこれからどういうことをするつもりかは言わないでしょう。私はそういう大半のマジシャンほど、リスク回避主義者ではありませんので、これから何が起こるのかをきちんとお話ししましょう。このすぐあと、あなたがカードを1枚選んだら、それをデックの中に戻して、どこに行ったか分からなくします。そうしたら、私は2枚のジャックをデックの中に投げ入れ、端をリフルします。そうしますと、あなたのカードがそのジャックのあいだに現れるのです」

マジシャンはデックを2つにカットし、表向きの黒のJをデックの中に入れ、デックをリフルし、そして広げ、デックの中ほどに2枚のJがあることを見せます。

実際にカードが選ばれるときには2枚のJは脇に置いておきます。デックを分けてそこに選ばれたカードを戻してもらい、さらにそのデックをシャッフルします。

「私が何を言ったか憶えておいてくださいね。あなたがカードを選ぶ、それからデックの中でどこに行ったか分からなくなる。端をリフルする、そうするとジャックのあいだから現れる」

マジシャンは先刻の行動を繰り返しますが、今回はデックがスプレッドされると1枚の裏向きのカードが、2枚の表向きのJのあいだに挟まれたかたちで現れます。さらにマジシャンは、2枚の

Jのあいだにある選ばれたカードが何か、正確に見抜いてしまいます。

「自分のカードに集中してください。……スペードの6？ 合ってますか？ 皆に見せてください」

2枚のJを再び脇にどけ、選ばれたカードもカットしてデックの中に埋めてしまいます。

「大部分のマジシャンは、同じトリックを繰り返したりしないでしょう。ですが私はそのへんのマジシャンよりもリスク回避主義者ではありませんので、もう一回やってみましょう。今回は、カットして2枚のジャックをデックに入れたりしません。デックの上でジャックを揺らすだけです、こんな風に。何が起こるか分かりますか？ デック全部が2枚のジャックのあいだに飛び込むんですよ！」

2枚のJがテーブル上でスプレッドされますが、確かにデック全体が2枚の間に挟まれています。左手のディーリング・ポジションには1枚だけカードが——選ばれたカードです。

「全部が。ただし1枚を除いて。このカードです。あなたのカードは何でしたっけ？ ほら、スペードの6」

Mise En Scéne

セットアップは一切要りません。お好きなデックを使い、そこから2枚の黒のJを取り出します（もしくはあなたのお好きなサンドイッチ用のカードを。お分かりになると思いますが、絵札のほうがややベターです）。

The "In-A-Minute" No-Switch Face-Up Switch

左手でデックを裏向きに、右手で2枚のJを表向きで持ちます。そうしたらシャーリエのワン・ハンド・カットを始めます。カットが完了するとき、つまりV字の状態が閉じ始めたら、その隙間にJを差し入れ、デックを閉じてください（写真1）。

（代替案として、2枚の表向きのJをデックの上に抛り、デックをカットするでも構いません。私はシャーリエのハンドリングのほうがどちらかというと好みです。なぜならこちらのほうが、サンドイッチ・カードが元々のトップ・カードとボトム・カードに挟まれようとしていることが発覚しづらいからです）

そうしたら、表向きの2枚のJを見せるためデックを広げてください（写真2）。これらすべては、『このすぐあと』にどういうことが起こるのかを説明する中で行われます（私は『このすぐあとに私がやろうとしているのは〜』とデモンストレーションしてみせるという戦略のファンなのです。それによって多くの労力を節約できることが分かっているときには、ですが）。

Bullet Party/Fat City Revisited

写真1

写真2

　デックを揃え、2枚の表向きJのあいだに左手小指でブレイクを取ります。そのままただちにデックをブレイクのところからカットしますが、これにより2枚のJをトップに持ってきたかのように見せかけます。そうしたら右手を上から掛け、トップ2枚のカードを取り上げるとしましょう（写真3）。

　これは右手親指で2回、1枚ずつ取り上げる動作を行います。まずトップ・カードを右手親指で軽く持ち上げ、そのままトップから2枚目も数え取るようにして計2枚を取り上げます。

　2枚のカードをカードの箱に直交するようにして置いてください。2枚はぴったりと揃っていなくても大丈夫ですが、だからといって広げ過ぎないように注意してください（写真4）。

写真3

写真4

　これは、演者は単にデックをカットし、Jをトップに移し、それからそれらを脇に置いたように見えます。ですが本当は何が起こったのかといいますと……：実質的には何の技法も使わずに、2枚の表向きJのうちの片方は別のカードへとスイッチされており、裏向きデックのボトムへと移っているのです。

　（これは、ミューラーのルーティーンで最初のスイッチを行ったあとの状態と同じです。なお、ミューラーはこのために、以下のような手順を採用しています：(i) 2枚のJのアトファス・ディ

スプレイ／スイッチ［これ自体、アドオン、スティール、ビドル・ディスプレイ、そしてアンロードが必要］　これに続いて（ii）トップ2枚をダブル・アンダーカットでデックのボトムへと移す）

Divine Sandwich

　カードをスプレッドし、1枚選んでもらいます。もちろん、表向きのJが見えたりはしません。これは先ほど『2枚のJ』を取り除いたという事実をある程度補強するものです。これから選ばれたカードを、ボトムの表向きのJの下へとコントロールする必要があります。これをやるのには数多くの方法がありますが、以下が私のやり方です：

　まずデックの横を上から下へとリフルしていき、観客にストップと言ってもらいます。デックをカットし、左手に残った半分の上にそのカードを返してもらってください。右手のパケットをテーブルに置きます。そうしたら、空いた右手で選ばれたカードを取り上げ、観客に「忘れてはいけませんよ」と注意を促しましょう。左手のパケットのトップにカードを返しますが、動きを止めずにダブル・アンダーカットを行ってボトムへと移してください。

　ここで、テーブルに置いたパケットを右手で取り上げ、ウィーヴ・タイプのシャッフルをするために持ち直します。左手を少し内向きに返し、左手パケットが床と垂直になるようにして、そこに右手のパケットを軽くぶつけます（写真5）。

　この動作で、このあとやるシャッフルに備えてカードを揃えているのですが、ここでは心理的には不可視な状態で、ボトム・カード、つまり選ばれたカードをグリンプスするチャンスにもなるのです。

　半分ずつをかみ合わせて（＝ウィーヴ）シャッフルしますが、ボトムの2枚（選ばれたカードと、表向きのJ）が崩れないように注意します。

　そうしたら、『デモンストレーション』のときにやったのと同じ動作を繰り返しましょう。左手でシャーリエ・カットを始めながら右手でJの『ペア』を取り上げ、デックのカットの終わり際、閉じるときにその隙間へと差し込みます（写真6）。

写真5

写真6

Bullet Party/Fat City Revisited

　手のあいだでカードを広げてください。2枚のJは真ん中にありますが、今回はそのあいだに1枚、裏向きのカードがあるのです。

　できるから、という以外の理由はありませんが、ここで選ばれたカードが何かを当てます。確認のため、観客に2枚のJのあいだにあるカードを抜き出してもらい、「みんなに見せてあげてください」（もしくは「ご自分で見てみてください」）と言いましょう。

Entering Fat City

　こそこそする時間がやってまいりました。先ほどの、スイッチしないスイッチを再び使いましょう。観客の意識が選ばれたカードに向かっているあいだに、スプレッドを閉じて2枚のJのあいだにブレイクを取ります。そして先ほどと同じく、止まらずにデックをブレイクのところでカットをします。一見、2枚のJがトップに移すためにカットしたように見えるでしょう。再度右手をデックの上に持ってきて、トップ2枚のカードを取り上げます。その2枚を箱の上に直交するように置いてください。このスイッチは繰り返してできるくらい強力なものです。私を信じてくれて大丈夫。

　観客から、選ばれたカードを返してもらい、デックのトップに裏向きで抛ります。デックの中にカードが埋もれたように見せますが、実際にはダブル・カットかトリプル・カットを行い、選ばれたカードがボトム（表向きのJの下）に来るようにしてください。デックを広げ、カードはどこかに行ってしまったことを強調したら揃えます。

　そうしたら、デックを左手ディーリング・ポジションで持ち、ボトム・カードの上にブレイクを取ります。方法は色々ありますが、このトリックではプルダウンが適しているでしょう。2枚のJと思われているカードを、右手で上から取り上げます。さて、これからいくつかのことが一度に起こります。2枚のJをデックの上へと持ってきますが、同時にデックをわずかに左側へ持ち上げ傾けてください（写真7）。Jがデックの上に重なったらすぐ、ブレイクより上のカードを全部取り上げます（要するに、選ばれたカード以外全部です[8]）。すぐに、右手（2枚のJを持っている）をデックであるはずのものの周りで時計回りにぐるぐると動かし始めてください（写真8）。

写真7

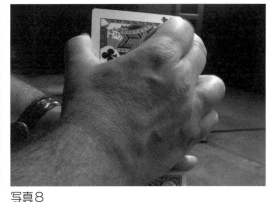

写真8

訳注8：このとき、載せる2枚を少しだけデックの左側からはみ出すようにすると、デックの厚みがカードと右手の甲で隠れ、さも2枚しか持っていないような感じが高まります。

２回転か３回転したあと、右手をテーブルへと動かし、そこでカードをスプレッドします。デック全体が２枚のJに挟まれているでしょう。

　まあ、例外が１枚、左手に残っているのですが。

　驚くべきデックの出現のあとに、残った１枚のカードに注目を集めてください。カードが何だったかもう一度言ってもらったら、華麗に示しましょう。そして今回は選ばれたカードただ１枚を除くデック全体が、『サンドイッチ』されたことを示して締めくくります。

Post Mortem

Demonstration Switch

　デモンストレーションのあいだにスイッチができてしまうとことの効用についてはお見逃しなきよう。非常に高いレベルの効率性が達成できます。私はこのアプローチを、アトファス・タイプのスイッチを避ける目的で長いあいだ使ってきました。いまは亡き、偉大なるバーンマンの素晴らしき"Dragnet"ルーティーンの私なりのハンドリング、『Smoke and Mirrors』（DVDは2004年、VHSは1994年）の"New Jack City"では、アトファスを使わず、そしてオープニング手順を合理化するため、私はビドルのテクニックと、『このすぐあとに～』のデモンストレーション・テクニックを組み合わせました。

　このスイッチは、もちろん矛盾を孕んでいます。上側のJは替わってしまっていますしね。ですがタイミングも良く、矛盾は決して悟られません――この手のことをよく知っているはずの人にさえも。私は、はるか昔の『Mirage』（1986）でも、この手の矛盾のあるサンドイッチ・スイッチを使っていました。しかしながら、言うまでもありませんけれど、サンドイッチする用の２枚を同一のジョーカーにしてしまえば、矛盾は一切生じません。

Emoticon Mule :)

　『デモンストレーション』・スイッチは、ロイ・ウォルトンのクラシックなサンドイッチ現象である"The Smiling Mule"のセットアップを行うにも効果的かつ効率的なものです。シンプルに、上記の説明通りに行ってみてください。

　「このすぐあとで、あなたには１枚カードを思ってもらいます。私が２枚のジャックをデックに投げ入れ、端をリフルし、そうするとあなたの思ったカードが２枚のジャックのあいだから出てくるのです。どうでしょう？」

　デックを左手に持ち、２枚のJは表向きで右手に持ちます。片手でシャーリエ・カットを始めますが、カットが終わろうとしている、Vの字の状態で閉じかけているときに、２枚のJをその隙間に入れて、カットを済ませてください。そうしたら、真ん中の２枚の表向きのJを見せるためにスプレッドします。

Bullet Party/Fat City Revisited

　デックを揃え、2枚の表向きJのあいだにブレイクを取ります。すぐに続く動作でデックをブレイクのところからカットし、一見カットしてJをトップへと移したように見せましょう。右手をデックの上に持ってきて、トップ2枚のカードを取り上げます。右手親指を使って、取り上げる動作を1枚ずつ2回やるようにするのですが、まずトップのカードのバックに指を当てて持ち上げ、それからトップから2枚目のカードを持ち上げるようにして取ります。それから観客に1枚カードを思ってもらいます。『2枚のJ』をデックの上に抛り、端をリフルします。そうしたら、観客の思ったカードが2枚のあいだに現れたと言い張りましょう（これはあなたが『このすぐあとに』起こると言ったこととは微妙に違っているのですが、そのまま続けてください──誰も気づかないでしょうから）。カードが何だったかを聞き、スプレッドしてすべてのカードがJのあいだに挟まっていることを示しましょう。必然的に観客のカードもですね（写真9）。驚くべきものではありますが、これはかなりヘタなジョークというか現象です。

写真9

　ここからはクラシックのウォルトンのハンドリング、ないしはその他たくさんある『バリエーション』に繋げることもできますよ ☺

Poker Pairadox Redux

　OK、このトリックの大部分は『Mega 'Wave』に"Poker Pairadox"のタイトルで載せていました。といっても、この本のボリュームを増やすためにトリックをリサイクルしたわけではありません。このトリックについて私が受けた唯一のご不満、それは『リセットがしづらい』ということでした。『Bullet Party』のDVDを作る準備の際、私はこのリセット問題に再び取り組んだのです。私の辿り着いた最終的な解決法は、面倒でなく簡単で、なぜこれが早くに思いつかなかったのだろうかと不思議に思うくらいでした。歳を取ったかなあ。とにかく、変更したリセット部分だけを記述するわけにもいきませんし、全体はやはりまとめておこうという言い訳のもと、ここにリミックス版として帰ってまいりました。

　基本的に、本作はニック・トロストの"Matching Court Cards"("Court Card Conclave"という名で知られています)で、それにギャンブル的なひとひねりを付け加えた発展版です。『ポーカー』をベースにしてはいますが、プレゼンテーションは『ヘビー』なものではなく、トリック自体も正確にはポーカーっぽくはなく、実際には広汎に人気を博しているテキサス・ホールデム、それにある意味うまく結びつくような感じです。

　歳を取るにつれ、たくさんのスタックやらセットアップやらを必要とするような類のトリックには、ほとんど食指が動かなくなりました。ですので、デック全体をセットアップするのではなく、必要なカード16枚をカジノのお土産デックから抜き出してきて、それを2ドル札で包んだりしています。これにより、本作は『フラクタル』・バージョンになりました。私はおそらく、本格的なスタックを使うようなバージョンの作品より、こういったかたちのものをより頻繁に演じるようになったと思います。

　クラシックに相応しく、トロストのトリックは長きにわたって、演じられたり練り直されたりしてきました。ここに載せますのは、様々な要素を私の観点で選び、組み合わせ(さらに作り直し)、装いも新たなプレゼンテーションで仕立て直したものになります。

Précis

　マジシャンは、実際にカジノで使われているデックから取り出してきたという、ちょっとしたパケットを取り出します。「ポーカーみたいな、運の絡むゲームの結果に対して、何らかの影響を与えられたらいいなと思いませんか? もちろんイカサマとかではなく、カードのハンドをどのように引き寄せるのか、影響を及ぼすか、という話です。さあ、試してみましょう」

　マジシャンはカードを2枚ずつ数え取ってはテーブルへと置いていきます。

「テキサス・ホールデムと呼ばれるゲーム、聞いたことはありますか？　皆さんご存知ですかね。テキサス・ホールデムでは２枚のカードだけ受け取ることになります。カードはたくさんあります、１、２、３、４、５、６、７、８。８つのハンドが作れますね」

「カードは２枚しか受け取れませんので、良いハンドというのは２枚のハイ・カードを手に入れる、ということになります。だから私はハイ・カードだけ、つまりエースとキングとクイーン、そしてジャックしか持ってきていない、というわけです」

マジシャンはハイ・カードの表の面を見せますが、特定の順序で並んではいないようです。マジシャンはパケットを揃え、ディーリング・ポジションで持ってから、トップの２枚を見せました。

「良いハンドというのはハイ・カード２枚から成るものです。ベストなハンドはもちろんハイ・カード同士のペアということになります。ハイ・カード同士のペアは『プレミアム』・ハンドともいいます。高いハンドができているか、見てみましょう」

トップ２枚はハイですが、ペア[9]ではありません。この２枚を裏向きにしてテーブルに置きます。続いての２枚が示されますが、またもやペアにはなっていないハイ・カード。これらも裏向きにして最初の２枚の上に置きます。これを８組見せ終わるまで続けますが、残念ながらどれもがハイ・カードでのペア（＝プレミアム・ハンド）というかたちにはなっていませんでした。

「私の言ったこと、憶えてらっしゃいますか？　『本当にイカサマとか無しに、カード・ゲームの結果に、何らかの影響を与えられたらいいなと思いませんか？』って。さあ、誰もイカサマはしていません。私たちはそれぞれのハンドを、公明正大に見てきました」

マジシャンはテーブル上のパケットを取り上げ、裏向きで広げます。観客に中ほどからカードを選んでもらいましょう。

「良いハンド、というのは２枚のハイ・カード、そして、『本当に』良いハンドはハイ・カードのペア、というのはもうお分かりですね」

選ばれたカードを持ち、パケット上で揺らします。するとトップの２枚はいつの間にやらペアになっています。数字も合っているし、色もマッチしています（ポーカーでは色の一致に特に意味はありませんが）。これらを表向きでテーブル上に置きます。次の２枚のカードも、数字も色もマッチしたハイ・カードのペアになっています！　そして次の２枚、さらにその次の２枚と動きをどんどん加速させ、マジシャンは次々と残った４枚のカードをめくっていきますが、不思議なことにすべてハイ・カードのペア、プレミアム・ハンドになっているのです！

訳注9：異なるスートではあるけれど同じ数字の組み合わせ。

Mise En Scéne

Attack The Stack

　もちろん、16枚のハイ・カードをセットアップしなければなりません。『フラクタル』・バージョンでは、私はカジノ・デックからカードを持ってくることにしています。カジノ・デックは土産物として入手可能であり、ちょっと興味をそそるものなのです(通常、新品と区別するため、コーナーがカットされていたり、穴が開けられていたりします)。A、K、Q、そしてJを、数字と色がマッチするようにペアにしていきます。これをやる際、同じ数字のペアは少なくとも互いに1ペア分は離しておくことが望ましいです。また、ペアの色についても、あまり同色が連続しないように並べてください。以下は並べ方の一例です:

- ♡A　♢A
- ♠Q　♣Q
- ♡J　♢J
- ♠A　♣A
- ♠K　♣K
- ♡Q　♢Q
- ♠J　♣J
- ♡K　♢K

　そうしたらパケットを裏向きにして、トップ・カードをボトムに移しましょう。ちなみにこれはトロストの元々のスタックの配列と実質的に同じで、それにAを含んだものになります。

　私は2ドル札でこのパケットをぐるりとラッピングします(写真1)。これについて特段の理由はありませんし、別に演技の最中に言及もしません。しかしカジノ・カードを使うというような場合、こういったものを使うことで、少しですがより興味深いワン・シーンになるのです。

写真1

In Place

　演技にあたり、パケットを取り出し、テキサス・ホールデムについて説明します。そして、いくつ『ハンド』ができるかを数える体で、2枚ずつ取ってはテーブルに落としていき、裏向きの山を作りましょう。このリバース・カウントが、トロストのスタックをそれと分からない、気づきにくいかたちに直してくれます。

　上記のサンプル通りに並べていた場合、いま以下のように並んでいるはずです：
◇K, ♡A, ♣J, ♡K, ◇Q, ♠J, ♣K, ♡Q, ♣A, ♠K, ◇J, ♠A, ♣Q, ♡J, ◇A, ♠Q

　もしあなたがこのトリックに習熟しているとしても、この時点ではまだ、これがトリックのためにスタックされているようにはとても思えないでしょう。このスタックはノーマン・ホートンによるバリエーションです。これは検めにも耐えるでしょうし、このディスプレイは、トロストのトリックをひとつ上のレベルへと引き上げたように私には感じられました。このトリックの中で、私の大好きな箇所のひとつです。

　ハイ・カードのペアについて話しながらカードを揃え、パケットを裏向きでディーリング・ポジションに持ちます。ゆっくりと落ち着いて行いましょう。裏で何かこそこそやっていると観客に思われないように。

　1組2枚ずつ8組のペアを取っては、その表側を観客に見せます。各ペアは2枚のハイ・カードで構成されてはいるでしょうが、1組としてペアになっているカードはありません。見せた2枚はどんどんテーブルに置いていき、山を作ります（写真2）。ハイ・カードのペア、つまりプレミアム・ハンドになっている組はなかったことを指摘しておきましょう。このゆっくりでフェアなディスプレイによって、パケットをトロストのオリジナルのスタックに戻すわけです。

写真2

Dis-Place

　パケットを取り上げます。さて、すべてのカードがマッチするには、ちょっとしたカードの移し替えが必要です。1枚のカードをトップからボトムへと動かすか、ボトムからトップに移すかしな

いといけません。ですが、いまはどんなタイプの動作をするにも最悪のタイミングです。実際、いかなる操作もしていないことを観客に知らしめる必要があります。詰まるところこのトリックは、『不思議なことに、パケットがひとりでにその並びを変化させてしまった』というものなのですから。

　以下に説明しますが、ビル・サイモンの"Business Card Prophesy"で使う技法を、ここではカードの位置を密かに動かすために利用するというのが、ライアン・スイガートの実にクレバーなアイディアです。パケットを裏向きに広げ、観客にどれか1枚の裏に触ってもらってください。触られたカードを半分くらいアウトジョグしましょう（写真3）。

写真3

　そうしたら、そのアウトジョグされたカードを表向きにするように見せますが、実際には以下のように行います：まず右手で、アウトジョグより上のカードをつかみ、右手を内側に返してください。それからアウトジョグされているカードを、右手親指の先を使い、スプレッドしたカード群の下にクリップします（写真4）。このとき、このアウトジョグされたカード上にあるパケットのフェイスを密かに見て憶えます（『グリンプスしたカード』とします）。右手を外側に返して、そのままの動作で右手のカードを左手のカードの下にしましょう（写真5）。アウトジョグしたカードはいま表向きになり、パケットは密かにカットされたことになります。この動作はきちんとした動機付けがありますし、仕組みとしても実に効果的、かつ心理的にも『見えない』ものといえます。このきわめてディセプティブなシークエンスは実に美しい。

写真4

写真5

The More Things Change...

　このあと、アウトジョグしたカードの数字と色が、『グリンプスしたカード』（いまパケットのボトムにあるカード）のそれと同じだったか否かで、少しだけ異なった２つの方法に分岐します。

ⅰ) アウトジョグしたカードがグリンプスしたカードと違っていた場合

　アウトジョグしたカードがグリンプスしたカードとは別の（色も数字も違っていた）カードだった場合、観客にアウトジョグしたカードを引き抜かせて、パケットの上でゆらゆら揺らしてもらいます。パケットのトップ・カードを取り上げ表にすると、なんといまアウトジョグ＆ゆらゆら揺らされたカードと、色も数字も完全にマッチしているカードなのです（写真６）。

写真６

　続く７組のハンドを配っていきますが、これもいまやすべてハイ・カードのペアになっています（実際には、色が同じペアというのはポーカーのハンドにおいては特に意味のないことではありますが、そういう状態のほうがこのトリックをより綺麗に見せることができます）。

ⅱ) アウトジョグしたカードがグリンプスしたカードと同じだった場合

　アウトジョグしたカードがグリンプスしたカードと同じカードだった（色も数字も一致していた）場合、手順がほんの少しだけ違ってきます。先と同様に、観客に表向きしたアウトジョグしたカー

ドを抜かせ、パケットの上でゆらゆら揺らしてもらいます。そのあと今回はトップのカードを２枚取って表向きにして示しましょう。すると色と数字が完全にマッチしています。

　そうしたら残る６組のペアもハイ・カードのペアであることを示していきます。最後に１枚のカードが残りますので、軽く弾いてそのカードを示すと、観客が持っているカードと完全にマッチ。これでこのトリックは無事終了となります。

Instant Reset
　パケットをリセットするには、単にパケットをまとめて、トップ・カードをボトムに移せば良いのです。これだけ。あとは100ドル札でも何でもいいので、そういうものでパケットを巻いて片付けてしまいましょう。最初の２枚ずつでのリバース・カウントは、トロストのスタックをホートンのスタックに変換し、２回目にテーブルに配るときにはペアができあがっていきます。

Background and Credits
　セルフワーキングのクラシックであることには論を俟たないのですが、トロストのオリジナルである"Matching Picture Cards"については数多くの問題点があると常々思っていました。トロストの『The Card Magic of Nick Trost』（L & L）（以下、『Trost L&L』）のp.52、"Matching Picture Cards"をご覧ください。特に、絵札は裏向きにしておかなくてはなりませんし（なぜならスタックがみえみえだから）、『マッチしていないペア』については見せたあとパケットの下に回され（私にはちょっと迂遠すぎるように思われますし、これまたスタックの性質に由来した、方法ありきのものです）、問題になりがちな置き換えも必要（デックに戻さないでおくか、もしくはセルフワーキング・トリックにもかかわらず、かなり難しいスライト・オブ・ハンドを少々加えるかしないといけない）なのです。挙句の果てには、『王室の婚儀』だの『お見合い』だのと、なんだか間の抜けたプレゼンテーションばかり。

　とある日曜日、シカゴ・セッションの際、私たちはこのトリックを分析しては組み直して、ということにほとんどの時間を費やしました。最終的にできあがったものは、結局トロスト自身によるこのトリックの最新バージョン"Court Card Conclave"で使われているものをほとんど再発明したかたちだったのですが。『The Subtle Card Creations Of Nick Trost』, Volume 1（H&R, 2008）をご覧ください（以下、『Trost H&R』）。

　私は、まず『マッチしていないペア』をちゃんと見せられるようにしたかったし、それをパケットの下に回すのではなくて、テーブルの上に山として置きたかったのです。しかしノーマン・ホートンはすでに、どうすればそれが可能なのかを見出していたようでした。『Trost L&L』のp.53を見てみてください。驚いたことに、テーブルに置いていくセットアップの手順の結果としてのスタック、これが、トロストのオリジナル版の配列にはまるで見えなかったのです。もしあなたがトロストのトリックに習熟していたとしても、この新しい配列を見たところで、そのトリックのものだとはおそらく分からないでしょう。

　最後に入れ替え処理のうまい方法が必要でした。これは長きにわたる難題だったのです。あると

き、会員制インターネット・フォーラムであるThe Second Dealを通じ、そこで非公式ですが年に1度発行されているマジックの本『The Acronym: TFD in OKC』を受け取りました。真のセレンディピティ[10]です、間違いなく。ともかくこの年の号には、必要な入れ替えを達成するためにビル・サイモンの"Business Card Prophesy"のムーブを使うという、ライアン・スイガートの大変素晴らしいアイディアが載っていたのです。『The Acronym』(M. Tams, 2009) のp.10、ライアン・スイガートの"Skalini Time"です。実に素晴らしい仕事です、Mr. スイガート。これは大変巧妙で効果的なプロフェシー・ムーブの使い方です。

　Aを加え、テキサス・ホールデムでのプレゼンテーションをする(とうとう『王室の婚儀』云々といったテーマを取り除けます)という考えに至って、ようやくトリックができました。その次のステップは、『スタックしたデックでのトリックが好きではない』という、私自身の好みを納得させることでした。——つまり、『フラクタル』化です。

　リセットの方法を思いついたのはかなり経ってからです。スティーヴ・レイノルズが、リセットできる方法を送ってくれたのですが、これはクレバーではあったものの、ホートンのスタックを見せる機会を失ってしまうものでした。そうして最終的に、単純に『テキサス・ホールデム』のハンドがいくつ作れるかを手順の最初に数えたらどうか、ということを遅まきながら検討してみたのです。結果、手順を演じている最中にホートンのスタックへと並べ替えることができました。

訳注10：探しているものに偶然出会える能力・才能のこと。

Question Zero

これは実際のところ、『ハッタリ』によって思ったカードを当てたかのようにみせるトリックです。カードが1枚、心の中で選ばれますが、演者は何ひとつ質問することなしにそれを当てるのです。……まあ、そう見えます。とにかく、その単純な手法にがっかりしないでください。これはいままでずっと、私の『秘密兵器』だったのです。

このトリックは、いま取り組んでいるメンタル・カード・マジックの本、仮にタイトルを付けるとするなら『Mentalissimo』（読心術者）からの先行発表です[11]。本書にこれを入れたのは、"Box Jumper"のところで触れた『フォールアウト・ムーブ』と、"Bullet Catcher"に記載したエリアス・マルティプル・シフトを使うからです。

Précis

シャッフルされたデックを貸してもらい、そこから観客が5枚のカードを抜き出します。これはフォースではありません。観客にはその5枚のうち1枚を思ってもらい、観客自身もそのカードがどこにいったのか分からなくなるように、パケットをシャッフルしてもらいます。そうしたらパケットのカードをデックのばらばらの位置に戻します。デックを揃え、軽くシャッフルします。

少し集中してからマジシャンがデックをカットすると、1枚のカードが飛び出してきます。

マジシャンが言います。「えーと、ひとつだけ、質問をしなくてはなりません。あなたの思っているカードは何ですか？」

マジシャンがカードをひっくり返すと、まさに観客が思ったカードなのです。

Mise En Scéne

上記の内容は、何が起こったかの公正な記述です。借りた、シャッフルされたデックででき、デックは全部揃っていなくても構いません。それに加え、大量の狡猾さを駆使するとしましょう。

The Subterfuge

観客には自由にデックをシャッフルさせます。ここは大仰にやりましょう。言うまでもありませんが、本質に関係してこないところは大いに強調し、逆に真に肝心な部分についてはさして強調し

訳注11：その後、『Mentalissimo』は、2016年8月14日に出版されました。

ない、そういうのが色々なところで助けになりますからね。

「OK、あなたがカードをシャッフルしましたね？ フェアなシャッフルでした。疑うべくもありません。どんなカードがどこにあるかは誰にも分からない。フェアですよね？」

カードをスプレッドし、観客にデックのどこからでも構わないので、5枚のカードを抜き出してもらってください。カードはひとかたまりである必要はありません。5枚のカードを取り終えたら、そのパケットもシャッフルしてもらいましょう。トリックを成立させるためのパートが来ました。観客にパケットの表を見るように言い、その中で一番強いカードを憶えてもらいます。もちろん、ちょっとした文脈を助けにしましょう。

「メンタル・ポーカー・ゲームをしてみましょう。あなたは手札を持っています。カードを見ていって、その中で一番強いカードを憶えてもらいたいのです。それがあなたの『ホール』・カード[12]になります」

さらに少し、それらしく説明を加えましょう。

「一番強いカードが2枚以上ある場合には、そのうち片方を憶えてください」

そして締め。

「1枚憶えました？ 結構、ではパケットをシャッフルしてください。あなたにもそのカードがどこにいったか分からないように」

この最後のシャッフルが、『一番強いカードを』という指示から注意を逸らしてくれるのです。『一番強いカードを』というパートはなにげなく行い、シャッフルがフェアであるというパートのほうを大いに強調しましょう。観客は、自分のカードがどこにあるのか本当に分かっていませんし、同様に演者にもそれを知る術はないことが分かっています。こういった『真なる状況』は、選択肢が制限されているという事実を多少なりと減じてくれます。観客はカードを1枚憶えたわけですが、実際にはこれはある領域の中でのことです――『一番強い』カード、という、ね。文脈により、とりわけある程度のミスディレクションも加えていることにより、『何らかの制限をつけた』ことは、あなたが思うほどには、あからさまなものにはならないのです。幾重にも策を講じていた場合には特に。

Sow Reap Peek

パケットを取り上げ、各カードをデックのばらばらの位置に差し込みます。見たところでは、カードを押し込んで揃えたかたちですが、実際にはここで、エリアス・マルティプル・シフトを行いましょう（このトリックには、エリアス・シフトの私の方法がうまく合います。これは次のセクシ

訳注12：ポーカーで最初に配られる、配られたプレイヤーしか表を見ることのできない裏向きカードのこと。

ョンで解説しています)。ここまでは順調ですね。観客の5枚のカードはトップへと戻りました。

　この5枚を崩さない限りにおいてであれば、ここでフォールス・カットやコントロール可能なシャッフルを、何度やって頂いても構いません。

　私はリフト・シャッフルをやります。以下のような感じです：オーバーハンド・シャッフルで、5枚以上の少枚数パケットを取ります。2回目を『取る』とき、最初のパケットをデックの裏側へとスティールしますが、これはパケットを右手親指付け根と薬指で摑むかたちで行ってください。デックとスティールしたパケットはVの字で保持されます（写真1）。

　シャッフルを続け、元々のデックのボトムへと達したら、スティールしたパケットをトップへと戻しましょう。私はこの『リフト』・シャッフルを1回、というアプローチが好きです。なぜかというと、2回のシャッフルが必要なジョグ・シャッフルより手早くできますからね。また、ジョグ・シャッフルを知っているようなマジシャンが見れば、2回目のシャッフルがなくて混乱してくれるかもしれません。

　シャッフルのあとデックを表向きに返し、カードの裏面が観客を向くように立てながら、デックをサム・ファンで（またはフィンガー・ファンで）開いてください。このとき、トップ5枚のカードがきちんと見えるようにファンを作ります。シャッフルとファンを開く動作は、以下のような台詞とタイミングを合わせてください：「ラケル、まさにいま君は、自分の思ったカードが何なのかを知ることができる可能性のある、世界でただひとりの人物だ。正しいよね？　そして、あのカードがデックのどこにあるのかを知っている者はいない。これも正しいよね？」

　誰もカードがどこにあるのか分からない、というのを強調しながら、ファンにしたデックでジェスチャーをしますが、このときにトップ5枚のカードを見ます。演者がやるべきことは、どのカードが一番強いカードかを見ることです。それこそが観客のカードです。そして、それがトップから何枚目なのか憶えることです（写真2）。グリンプスできたらすぐにファンを閉じ、デックを裏向きディーリング・ポジションで持ちます。

写真1

写真2

Control And Command

もし、5枚のうち一番強いカードがすでにトップにあった場合、『おめでとうございます』。

それ以外の場合、『集中』しているあいだにもう一度『リフト』・シャッフルを行い、選ばれたカードをトップへとコントロールしましょう。以下のように行います：まず、選ばれたカードのところまで、1枚ずつカードをランしていきます。たとえば、もしカードがトップから3枚目に来ていたなら3枚をラン、4枚目に来ているなら4枚をランします。

そうしたら、2回目を『取って』いきますが、このとき先ほどのパケットをデックのうしろ側へとスティールします。シャッフルを続け、その最後に先ほどスティールしたパケットをトップへと載せます。これで選ばれたカードはトップにあります。

観客の心の中で選ばれたカードを、デックのトップへとコントロールしたわけです。効率的なコントロールもしましたし、現状はここからいかようにもできますが、これからご紹介するものは、その中でももっとも直接的なものです。

お好きな方法でそのカードを裏向きでプロダクションしてください。これは裏向きでなければなりません。なぜなら、そのカードが何かは、あなたはまだ知らないことになっていますし、驚きを台無しにしてしまいたくもないでしょうからね。もしテーブルが使える場合なら、私は時々、クラシックのベンザイス・スピンアウト・ムーブを使っています。ほとんどいつも『フォールアウト・ムーブ』を使っていますけどね（183頁の"Box Jumper"内の記載を参照ください）。

カードを取り出したあと、私は特に必要のない質問をするのが好きです。カードはもうテーブルの上に出ていますので、必要な質問と認識されることもないでしょう。

「ラケル、君にひとつ、質問をしなきゃならない。君の思っているカードは何かな？」

テーブル上のカードが何か明かされるよりも前に、もし、場の全員が（仮に演者と観客1人しかいなかったとしても）、選んだカードが何だったかを知っていれば、ここはよりドラマティックになることでしょう。

劇的な方法でカードを明らかにしてください。

Post Mortem

Contingencies

時折、トップ5枚のカードをグリンプスしたとき、一番強いカードが2枚という場合もあるでしょう。そうそうは起きませんが。ペアがあることすらそうはないのですが、そのペアが一番強いカード同士であることなど、もっと可能性としては低いでしょう。しかし、もしそんな事態になってしまったなら、両方の位置を憶え、ちょっとカマをかけてどちらかを知り、シャッフルして正しい

ほうのカードを先ほど解説したようにコントロールします。または、その２枚のうち片方をトップ、もう片方をボトムへと密かに移すのもいいでしょう。そして毎度おなじみのクロス・カット・フォースをして、２つのアウトを作るのです。アウトを複数作るのは、カマをかけるよりかはマシなアプローチではありますが、少々バタついてしまいますね。

　もし一番強いカードが３枚あったら。……日が悪かったですね。これはほとんどあり得ないことですが、起こり得ます。いずれの場合にしても、探りを入れ、そして言い当てます（つまり、取り出したりせずに、です）。

　また、真のプロフェッショナルとしては、観客にカードをシャッフルさせ、カードの名前を言ってもらうように頼み、デックをざっと見ていく中でそのカードをカルしてパーム、それをポケットから取り出してくる、でもいいでしょう。昔から人気のやつですね。「ダイヤ９？　ダイヤの９を思ったなんてあり得ませんよ。だってそのカードはデックの中にはありませんでしたからね。そのカードは私のポケットの中に……」のような。私なら、多分シャッフルを始め、『偶然』にもカードをテーブル上にぶちまけてしまい、謝ってまた最初からやり直すか、次の手品にいってしまうかするでしょうけれどね。

Background And Credits
　『手札の中で一番強いカードを思って』という策略を初めて見たのは、マーローの本『The Unexpected Card Book』でした（Marlo,『The Unexpected Card Book』, p.23, "Simplex Blindfold Deals", 1974）。マーローはそれを、"Blindfold Poker Deal" のバリエーションの中で非常に効果的に用いていました。その現象については、いまだに私の大好きな手法のひとつです。しかしマーローのルーティーンだと、「それじゃあ、どれが君のカードなのか分からなくするために、シャッフルしてしまって」というおまけは付けられなかったのです。

　『手札の中で一番強いカードを思って』という策略の用途について、色々と知恵を絞る中でこのトリックはできあがりました。

The Elias Multiple Shift

　バノンはウエイトレスに合図しましたが、その金髪で細身の女性は明らかに彼を無視しました。彼が少し苛々し始めたのに私は気づきます。

　「エリアス」と彼。その声の調子からすると、私がこのムーブを知っているはずだろうという感じでした。「ニール・エリアス・マルティプル・シフト（The Neil Erias Multiple Shift）は、手の中で行われるマルティプル・シフトの中では、ベストではないにしても最良のうちのひとつだよ。これは裏向きのカードを、それが何のカードか演者が分かっていようがいまいが、デックのトップに持ってくることができる、もっとも用途の広いマルティプル・シフトなんだ。だがその技法が解説されるときは普通、『4枚のAをデックにばらばらに差し込むが、これはデックの上半分でなくてはならない』となっていることが多い。私はこのハンドリングを少々手直しして、デック全体に均等に差し込むことができるようにしたんだ」

　バノンはトップの5枚のカードをデックの外側の縁から差し込みました。それぞれのカードは半分くらいアウトジョグした状態です（写真1と2）。

写真1

写真2

　「まず、これらのカードをデックの中へと差し込んで揃えたように見せながら、実際にはサイド・ジョグする必要がある。カードを右手でデックに押し込むときに、少し左に傾けることで行うんだよ。これによってカードの左外端がデックの左側に突き出たままになる。右外端はデックの上の縁から突き出た状態だ。こんな風にだね」（写真3）「さて、これから2つのことが同時に起こる。まず左手の親指で、傾いたターゲット・カードの隅を右方向へと、つまりデックの中に押し込む」

　「と同時に、右手の小指でターゲット・カードの上の隅を下げながら右側へ押すんだ」（写真3）

「その結果、ターゲット・カードが1cmちょっと、デックの右側にサイド・ジョグするかたちになる。このテクニックを身に付けるのはわけないさ。ゆっくりと、慎重に行えばいい。カードが本当にデックの中へと揃えられたように見えるから凄いよ。さらに、サイド・ジョグされたカードは右手で充分カバーされているんだ」（写真4）

写真3

写真4

彼の言う通りでした。確かにカードはデックの中に埋もれたように見えました。エリアス・シフトが他のシフトと違っている点、それはシフトがなされる前、カードがデックの中に埋もれてコントロールできないように見えるこの瞬間なのです。バノンもあとで指摘してくれるでしょうが、カードを揃えてデックに押し込んだように見える瞬間と、実際に行われるムーブとが、タイミング的に少し離れていることが肝心なのですね。

「いいかい、じゃあシフトについてだ。これからしようとすることは、右手で上からデックを摑み、スウィング・カット、つまり、パケットを取って左手へとカットすることだ。右手の人差し指でカットをするときに、左手の薬指と小指でサイドジョグされたカードを押さえておいて。そうすると、それらのカードはデックのスウィング・カットされる部分から抜き出されることになる。スウィング・カットが完了すれば、ターゲット・カードはトップに来るわけだ。でもここで注意すべきポイントがある。デックからスウィング・カットされるほうのパケットは、すべてのターゲット・カードがきちんと引き抜かれるだけの枚数がなくてはいけないんだ。言い換えれば、スウィング・カットされる部分の一番下のカードは、ターゲット・カードの中の一番下のカードよりも、さらに下になければいけない、ということ。分かるかい？」

「ええと、さっぱりです」と私は返しました。でも段々と分かってきたような。このシフトで大事なのは、最初のスウィング・カットであって、それはターゲット・カードの一番下のカードよりも下でカットしなければならない、ということのようです。「……ちょっと待って。ああ、そうか。だから『ターゲット・カードたちはデックの上半分に入れるように』と、普通は言われているわけですね。そうであれば、スウィング・カットされるパケットは、ターゲット・カードの一番下のカードから考えても充分な枚数があることになるから。そうですよね？」

「その通り。でも私は、ターゲット・カードをデックの上半分に入れなければならないという制

約が好きではなかった。だから、これをテクニック的に少し変えたものを考え出したんだ」と彼は言いました。「いったんサイド・ジョグしたら、左手でターゲット・カード群の一番下のカードよりも下のカード全体を、ほんの少しだけ左に傾けるんだ。サイド・ジョグによってこれは凄くやりやすくなっている」(写真5)

「こんな風にちょっと傾けることによって、デックの外側の縁にちょっとしたステップができる。分かるよね？　このステップのおかげで、右手の人差し指で完璧な分量のカードを引っ掛けて持ち上げることができるんだ。この位置からスウィング・カットをすれば完了だ」彼はゆっくりと慎重にそのムーブを行いました（写真6）。

写真5

写真6

「分かりましたよ」と私。「そのステップがあることによって、スウィング・カットするときに当てずっぽうでやらなくて済むわけですね。そしてあなたは、カットをするとき100％成功することが分かっているから、ターゲット・カードをどこに差し込もうが問題じゃない、ということか。これは凄いですね」

Crocodile False Cut

　手早く、簡単で、そこまでフラリッシュじみていない、手の中でできるフォールス・カットです。読者の皆さんも、こういうのはそうたくさんはご存じないでしょう。一連のカットによって、デックは裏向きから表向きになります。あるいはその逆に。なので、あなたはこれを２回連続でやりたいと思うかもしれませんね。

　裏向きのデックを上から右手で取ってください。右手人差し指で、デックのおよそ３分の１くらいを持ち上げ、左手へとスウィングします（写真１）。

　そうしたら、残った下３分の２部分をてこのように使って、上部３分の１のパケットを左手へと、表向きにひっくり返してください（写真２）。このひっくり返す動作によって、右手パケットは左手パケットの真上へと来ます。

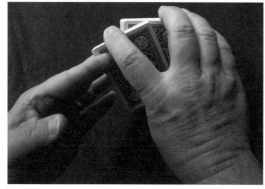

写真１

写真２

　これをやりながら、右手の人差し指でパケットの半分くらい（元のデックの３分の１）を持ち上げます（写真３）。この水平方向でのVの字形は、ワニがその口を開けているように見えます（まあそんな感じには。……想像力を働かせれば）。

　続く動作で、右手を2.5cmから５cmくらい前へと動かします。水平V字になっているところの下側のパケットを、左手の表向きパケットの上に、2.5cmかそこらアウトジョグした状態で置きます（写真４）。

Bullet Party/Crocodile False Cut

写真3

写真4

　右手で、残りの3分の1を左手のパケットの上で表向きにひっくり返し、左手にある2パケットのうち、下側のパケットと重なるような状態にします（写真5）。

　最後に、アウトジョグしている裏向きのパケットをまっすぐ真ん中から抜き出し、それを手前に回転させて表向きにしながら左手のパケットの一番上に載せます（写真6）。これで終わりです。必要に応じて繰り返してください。

写真5

写真6

　別案として、真ん中のパケットを、右手の中指を使い、左手の指を軸に右方向へ回転させつつ抜き出すのもいいでしょう（写真7）。パケットが左手のカードと平行になったら、右手でそれを左手のパケットの上へとひっくり返せばいいのです（写真8）。

ジョン・バノン カードトリック　HIGH CALIBER

写真7

写真8

　最小動作数にもかかわらず、このカットは視覚的にもディセプティブですし、そこまで奇妙なものでもないでしょう。ぜひお試しください。

Flytrap False Cut

　さてここでもうひとつ、簡単で、あんまりフラリッシュじみてはいない、手の中でできるフォールス・カットを紹介します。初出は私のDVD『Bullets After Dark』(Big Blind Media, 2009) でした。"Flytrap"は、そのDVDの中で唯一、過去にもその時点でも(『Six.Impossible.Things.』を出した2009年時点)、文章として世に出したことのないものだったのです。ですので、ここでそれをきちんとしておきましょう。

　私はこれが大いに気に入ってしまいまして。何をするでもなくデックを弄っていると、このカットを何度も何度も繰り返しやっているくらいです。

　デックを上から、右手で取り上げます。右手人差し指で、トップ3分の1をスウィング・カット、左手へと渡します。そのパケットを、左手の人差し指と薬指のあいだで挟むようにして保持します(写真1)。

写真1

　右手人差し指でデックの次の3分の1を持ち上げます(写真2)。

　円を描くような動きで右手を上に向け、同時に左手も、右手の上で下向きになるように返します。

　このポジションから、左手の親指と他の指で、元々デックの下側3分の1だった部分を保持してください(写真3)。そうしたら右手も左手も、いつものポジションへと戻してください(写真4)。さて、続く動作はいちどきに行います。

写真2

写真3

写真4

写真5

　左手では、2つのパケットをだいたい45度の角度で持っていますが、これはだいたいシャーリエ・タイプのカットのポジションになっています（写真5）。なので、左手の人差し指で下側のパケットを押し上げていき、上側のパケットを超えるようにします（写真6）。まだパケットは閉じないでください。

写真6

写真7

　左手がシャーリエ・タイプのカットをしている間、右手は前方に返しつつ、右手親指をパケットの表の側に滑らせながらパケットをひっくり返してください（写真7）。

右手のパケットが表向きになったら、両手を近づけながら、右手のパケットを本を閉じるように裏向きにし、左手の閉じつつあるシャーリエ・カットのあいだに差し込みます（写真8と9）。

写真8

写真9

このカットはまったくもって難しくはありませんが、各パートがスムーズに繋がるようにするにはちょっと練習が必要かもしれません。

Triabolical
(with Liam Montire. 2011)

To pretend, I actually do the thing: I have therefore only pretended to pretend.

Jacques Derrida

B'rainiac
(Bannon / Montier)

　マジシャンは１ドル札で巻いたパケットをテーブルに置きます。観客がAのうち１枚を選びます。ここでは◇Aを選んだとしましょう。ドル札を取り去ってパケットを見ると、言われた◇Aだけが表向きにひっくり返っているのです。

　そしてマジシャンはこう言います。「私はダイヤのエースが選ばれるだろうということを確信していました。だから他のエースは持ってこなかったんですよ」と。果たせるかな、残りのパケットはすべてブランク・カードだったのです。

　最後に、観客が疑いを持つだろうということも前もって分かっていたので、このAだけ、別のデックから持ってきたということを明らかにします。Aをひっくり返すと、確かに別のデザインのカードなのです！

　マジシャンは口に出しつつ思案を巡らせます。「ではもし、観客が別のエースの名前を言ったとしたら、どうなっていたでしょうか？」

　「まあ、そんな場合でも、どうにかなったでしょうね」

　先ほど示したブランク・フェイスの３枚は、いつの間にか残りの３種のAになってしまっています。

　「私たちがただひとつ分かっていること、それは、どのエースをあなたが思ったとしても……他とはちょっと違っている、ということでしょう！」

　Aを裏向きにひっくり返しますが、それぞれのAは別々の裏面デザインのカードなのです。

　もちろん、すべてクリーンで検め可能です。

Inception

　ブリット・パーティー・ディスプレイを色々な用途に賢く使い始めた、いわゆるアーリー・アダプター、リアムはそのひとりでした。私は"Spin Doctor"で使ったカードのセットと、ブリット・パーティー・ディスプレイを使った初期検討段階の草稿を彼に送りました。このハンドリングは、３枚の裏向きブランク・フェイス・カードの中に、１枚表向きのAがあるというパケットを示すところから始まります。

リアムはこのハンドリングに少し手を入れ、プレゼンテーションに素晴らしいひとひねりを加えたものを返してきてくれました：マックス・メイヴェンの"B'wave"が、なんだか凄いことになっていたのです。私はすぐにこのコンセプトを気に入りました。リアム曰く、「3枚の裏向きブランク・カードの中に表向きのエース、という構成を見たら、"B'wave"をプレゼンテーションとして使うアイディアがほとんど瞬間的に浮かんだよ」私はそんなこと閃かなかったのに。まったく頭の回転の早いヤツです。

ですが私たちはここで終わりにはしませんでした。リアムのルーティーンはエキヴォックを使って♡Aをフォースするところから始まっていたのです。"B'wave"の魅力のひとつは、選択肢を2枚にまで絞るエキヴォックである、私は常々そう考えていました。とすると、♡Aか◇Aか、どちらが選ばれてもいいようなハンドリンクを考案できるのではないか、そうしたら最初のエキヴォックを"B'Wave"風の、とても滑らかなものにできるのではないか、そう思えたのです。

これからご覧いただくように、私たちの辿り着いたハンドリングは、最初の◇Aが選ばれる際に、かなり厚かましい『ズル』をしています。ですが、これは簡単にカバーできます。嬉しいことに、『ズル』のところを除けば、どのAが選ばれた場合でも、それぞれほとんど同じハンドリングなのです。

"B'rainiac[1]"にはご用心を。

Remix

1. "Spin Doctor"のカード・セットで始めます。つまり、それぞれ裏模様の異なるAが4枚と、♠Aと裏模様の一致するブランク・フェイスが1枚です。トップからボトムへ、以下の順番に並べてください：

♠A（裏向き）
♡A（表向き）
♣A（裏向き）
◇A（表向き）
ブランク・フェイス・カード（裏向き）

ユージン・バーガーの助言を容れて、私はパケットの真ん中あたりをドル札でぐるっと巻いています（彼自身は輪ゴムを使っているのですが）。ドル札はパケットにささやかながら興味深さを付け加えてくれますし、何より暗黙のうちに、テクニックでどうこういじるのは不可能、といった印象を与えることができるのです。

2. 演じるにあたり、まずはパケットを取り出してください。お好みなら、観客に1枚Aを『選んで』もらうまで、その人の手のひらの上にパケットを置いておいてもいいでしょう。そうしたら、エ

訳注1：Brainiac：異例な頭脳力を持つ人物のこと。本作のタイトル自体、マックスの"B'wave"と、そのBrainiacとをかけていて、さらにBeware（ご用心を）にかけたことば遊びになっています。

キヴォックを使って、ハートかダイヤへと観客の選択を絞ります。

Equivoque

3．私は"B'wave"でのものを元にした手続きを使っています。

「あなたの想像の中で、4つのエースを思い描いてほしいのです。クラブ、ハート、スペード、そしてダイヤ。できましたか？」

ここで仄めかしたいのは、『このパケットは、Aからなっているものである』ということです。そのまま続けますが、パケットにはあまりあからさまに言及しないようにします。

「それでは、また想像の中で、赤いエースか黒いエース、どちらかを取ってください。できましたか？　どちらのエースを取りましたか？」『取って』という言葉は、大変重要な曖昧さを持つものであり、おそらくベストのひとつといえるでしょう。カードを『取って』というのは、観客が使うため？　それとも捨ててしまうためでしょうか？　この曖昧な状態は、どの色が選ばれたのかをあなたが知るまでは解消されません。

観客が「赤」と言った場合：
「グッド。ハートとダイヤですね。ハートとダイヤのエース、どちらかを表向きにひっくり返しましょう。できました？　どちらのエースをひっくり返しましたか？」

当然、彼女は「ハート」ないし「ダイヤ」と答えてくれるでしょう。

観客が「黒」と言った場合：
「グッド。では残ったのはハートとダイヤですね。それでは、ハートかダイヤ、どちらかを表向きにひっくり返すところを想像してみてください。できましたか？　どちらのエースをひっくり返しましたか？」

「残ったのは……」という台詞を少しだけ強調することで、（言ってみれば）フォースではないかたちで、曖昧さを解消したわけです。

当然、彼女は「ハート」ないし「ダイヤ」と答えてくれるでしょう。

さて、観客がAを1つ『自由に選んだ』ら、トリックを始めることができます。

4．観客がまさにそのAを選ぶであろうことについて、前もって感じるものがあったと述べます。パケットを取り上げ、包んでいたドル札を取り外しましょう。ハートとダイヤ、どちらが言われていたかによって、少しだけ手順は異なります。くどくなるリスクは承知の上で、それぞれの場合について詳細に書いていきますが、何回か練習してみれば、この2つの手順がいかに近しいも

のかはお分かりになるでしょう。

If The Ace Of Hearts Is Named　♡Aと言われたとき：

5．パケットにエルムズレイ・カウントを行います。他の3枚の裏向きで赤裏のカードの中に、♡Aが表向きで見えるでしょう。カウントの最後の1枚はパケットのボトムに入れます（いわゆるところの『アンダーグラウンド』・エルムズレイ・カウントです）。

「きっとあなたは『ハートのエース』と言うだろうなという予感はしていました。なので、前もってパケットの中で表向きにしておいたのです」

6．ブリット・パーティー・ディスプレイを使い、パケットが3枚の裏向きブランク・カードと、1枚の表向き♡Aであることを示していきます。

Bullet Party Display Count　ブリット・パーティー・ディスプレイ・カウント

パケットのトップ・カードを左手に取ります（パケットの次のカードは、表向きの♡Aですね）。左手を返して、ブランク・フェイス・カードを見せます。ブランク・カードを親指とそれ以外で摘むようにして持っているようなら、ここでは面をはっきり見せるために指を引いてください（写真1）。

左手を戻し、続けてエルムズレイ・カウントの『2カウント目』を行います。一見して、表向きの♡Aを、いま示したばかりのブランク・フェイス・カードの上に取ったような感じです（写真2）。ですが、実際にはエルムズレイ・カウントによる入れ替えがあるので、ブランク・フェイス・カードはいま、右手パケットの表側に来ています。

写真1

写真2

右手を上げて表側のブランク面を示します。示したら下げ、右手パケットのトップ・カードを左手の表向きのAの上に取ります（写真3）。これは『フラッシュトレーション』の動作です。そして最後に、右手に残ったカード——ブランク・フェイスです——を見せ、それから一番上に置きます（写真4）。

ジョン・バノン カードトリック　HIGH CALIBER

写真3

写真4

　　パケットの中、♡Aは表向きで、上から3枚目にあります。

　　一度ご自身で、鏡に向かって試してみれば納得すると思いますが、この一連の動作はきわめてディセプティブなものです。特に、右手と左手がある程度離れた状態になっていると、その効果は抜群です。

　　「何をお考えか分かりますよ。ハートのエースを、指先の早業を使って密かにひっくり返した、そうお思いなのでしょう。ですがそれは違うのです。ハートのエースは、私が持っている、ただ1枚のエースなのです。残りのカードはほら、みんな真っ白でしょう？」

7．右手の指で、トップのカード2枚をだいたいカードの長さの3分の1くらい手前にずらしてください。ここで、クライスト・アネマン・アラインメント・ムーブを行います：まず右手中指の指先をAの上に置き、右手親指でダウンジョグしたカード2枚をパケットに重なるように押し込みます。これをやりながら、右手中指の指先はAを外へと押してください（写真5）。右手で表向きの♡Aをパケットから抜き出します。その裏面を見せるため、Aを裏向きにひっくり返しましょう。

　　「あなたはまだお疑いでしょうし、そうお思いになることも分かっていました。だから私は、ハートのエースの裏面も別のものにしておいたのです！」

8．この続くステップはオプションですが、私はいつもやっています。右手で裏向きの♡Aを取り、パケットの手前側から下へと差し込みます。やり過ぎないようにはしてほしいのですが、カードがパケットの下に行ったのか中へと入ったのかがはっきりしないようにしてください。パケットでもう一度エルムズレイ・カウントをします。3枚の赤裏カードの中から、別の裏面のカードが出てくるでしょう。別の裏面のカードが出てきたら、それはアウトジョグしておいてください。

9．右手で、♡Aを表向きにします。左手では、パケットのトップ・カードの下にブレイクを取ってください（写真6）。

写真5　　　　　　　　　　　　　　写真6

「何をお考えか分かりますよ。もし思い浮かべたのがハートのエースではなかったら……、そうではなくて別のエースを思い浮かべていたらどうなっていたんだろうか、でしょう？」

　パケットの一番上に、表向きで♡Aを置きます。ブレイクより上を、1枚のようにして右手で持ちあげてください。ダブル・カードをシャツのポケットに、Aの側が外側になるようにして挿し入れます。そのまま、手前側のブランク・カードをポケットの中に落とし、Aは半分くらいポケットから出た状態にしましょう（写真7）。

10. パケットへと注目を戻してください。◇Aはパケットのうしろで表向きになっています。パケットを『ツイスト』ないし『回転』させます。ボトムのカード（A）をバックルし、右手でトップ2枚をひとまとまりでスライドさせ、◇Aが見えるようにしましょう。表向きになっているAを取り上げ、パケットのトップに載せてください（私はここで、右手の人差し指を使って◇Aを少し前に押し出す、アラインメント・ムーブっぽい動きをするのが好きです）（写真8）。

写真7　　　　　　　　　　　　　　写真8

「もしあなたがダイヤのエースを思っていたらどうでしょう？　そんなときはこうします。［回転させる］　こうすれば表向きなのはダイヤのエースなのです」

11. 表向きの◇Aを取り、それを使って残りの2枚のカードを表向きにひっくり返します。♠Aと

♣Aが現れるでしょう。カードを大きく広げます。

「もしあなたが黒のエースのどちらか、クラブかスペードですが、それを考えていても、きっとどうにかなったでしょう」

12. ポケットから♡Aを取り出し、他のAと一緒に置いてください。4枚をすべて裏向きに返し、それぞれが違った色やデザインの裏面であることを示しましょう（写真9）。

「私たちがただひとつ確実に分かっていること、それは、どのエースをあなたが思ったとしても……他とはちょっと違っている、ということでしょうね！」

If The Ace Of Diamonds Is Named　もし◇Aと言われたら

13. 元々の並びのパケットで、OPECカウントを行いましょう。OPECカウントは、エルムズレイ・カウントと全く同じですが、唯一、カウント1のときに、トップではなくボトムのカードを取るところだけが違います。これはオープンに、特にこそこそ何かを隠そうとはしないかたちで行いましょう（写真10）。残りのカウントはエルムズレイ・カウントをやるときと同じです。3枚の裏向き赤裏カードの中に1枚、表向きの◇Aが見えるでしょう。

写真9

写真10

カウント終了時、表向きの◇Aがトップから2枚目になっていますが、その下にブレイクを取ってください。

「あなたはきっとダイヤのエースと仰るだろうという何かを感じ取っていました。ですから、私はあらかじめパケットの中で表向きにしておいたのです」

14. さて、『ズル』をするところです。右手で、ブレイクより上の2枚を2.5cmかそこら、手前にスライドさせます。ここで、クライスト・アネマン・アラインメント・ムーブを行います：右手中指先を3枚目の裏向きのカードの裏面に置き、ダウンジョグされているカードをパケットに揃えるように右手親指で押していきます（写真11）。

これをする際、右手中指の先は上側のカードを外へと押していきます。アウトジョグしたカード（♠A）を抜き取り、それをパケットのボトムへと移しましょう（写真12）。

写真11

写真12

「何をお考えか分かりますよ。あなたはこう思っている。『マジシャンは何か指先の早業で、ダイヤのエースをパケットから抜き出し、ひっくり返し、そしてそれをまたパケットに戻したんだろう』ってね」

興味深いことに、この台詞は実際の動作とは合っていないはずなのですが、どうにも納得感ある説明になっているようです。間違いなく『ズルい』ことなのですが、こうやって正当化されると、不思議と受け入れられてしまうのですね。

15. ブリット・パーティー・ディスプレイ・カウントを使って、パケットが3枚のブランク・カードと、1枚の表向きの◇Aであることを示してください。最後のカードをパケットのトップに載せることを忘れずに。◇Aは、トップから3枚目に表向きになっています（ステップ6を見てください）。

「ダイヤのエースは、私が持っているただ1枚のエースです。だから手先の早業ではどうしようもないのですよ。残りのカードはほら。全部、真っ白です」

16. 右手の指で、トップのカード2枚を、その長さの3分の1程度、手前に引きます。そうしたら、クライスト・アネマン・アラインメント・ムーブを以下のように行います：右手中指の先をAにあて、ダウンジョグしている2枚をパケットに揃えるように、右手親指で押していきましょう（写真5を参照）。それをしながら、右手中指の先でAを外へと押し出していくのです。

右手で表向きの◇Aをパケットから抜き出します。

「あなたはまだお疑いだし、きっとそうなるだろうということも分かっていました。だから、ダイヤのエースの裏面も、違う色のものにしておいたのです！」

Aを裏向きにひっくり返し、その裏面を示しましょう。

17. この続くステップはオプションですが、私はいつもやっています。右手で裏向きの◇Aを取り、パケットの手前側から下へと差し込みます。やり過ぎないようにはしてほしいのですが、カードがパケットの下に行ったのか中へと入ったのかがはっきりしないようにしてください。パケットでもう一度エルムズレイ・カウントをします。3枚の赤裏カードの中から、別の裏面のカードが出てくるでしょう。別の裏面のカードが出てきたら、それはアウトジョグしておいてください。

18. 右手で、アウトジョグした表向きの◇Aをひっくり返します。同時に左手でパケットのトップ・カードの下にブレイクを確保してください。

「あなたが何をお考えかは分かっています。もしダイヤのエースを選ばずに、他のエースを選んでいたらどうなっていたんだろう、とね」

パケットのトップに表向きの◇Aを載せましょう。右手でブレイクより上を1枚のようにして持ち上げます。ダブル・カードを、Aが外側に来るようにしてシャツのポケットへと入れてください。そのまま、手前側のブランク・カードをポケットの中に落とし、Aが半分くらいポケットから出ているようにします（写真7）。

19. パケットに注目を戻してください。♡Aはパケットの上から2枚目で表向きになっている状態です。パケットを『ツイスト』ないし『回転』させます。ここでもう一度アラインメント・ムーブを行います。トップ・カードをうしろへとスライドさせ、右手中指の先をAの上に置きます。そして右手親指でダウンジョグしたカードをパケットに揃えるように押していってください。これをしながら、右手の中指の先はAを外側へと押し出していきます。Aをパケットから抜き出しましょう。

「もしあなたがハートのエースを思い浮かべていたとしたら？ そんなときはこうするのです。［回転させる］ そうすればハートのエースが表向きなのです」

20. 表向きの♡Aを取り、それを使って残りの2枚のカードを表向きにひっくり返します。♠Aと♣Aが現れるでしょう。カードを大きく広げます。

「もしあなたが黒のエースのどちらか、クラブかスペードですが、それを考えていても、きっとどうにかなったでしょう」

21. ポケットから◇Aを取り出し、他のAと一緒に置いてください。4枚をすべて裏向きに返し、それぞれが違った色やデザインの裏面であることを示しましょう（写真13）。

写真13

「私たちがただひとつ確実に分かっていること、それは、どのエースをあなたが思ったとしても……他とはちょっと違っている、ということでしょうね！」

Short Attention Spin
(Bannon)

　4枚のカードを示します。3枚のブランク・カードと1枚の♡Aです。マジシャンは、観客がちゃんと注意して見ていたかどうかを確かめるため、いくつか質問をします。するとAは観客の手の中から消失し、不思議なことにパケットへと戻るのです。それからブランク・フェイス・カードはその他の3枚のAへと変わってしまいます。最後に、裏面も変わってしまい、それぞれ別の色になってしまうのです。

　すべて検め可能です。

Inception

　2011年初頭、ポール・ゴードンが"Killer Observation Test"と呼ばれるトリックを発表しました。実演動画はまだYouTubeにあるかもしれません。

　この"Observation Test"、すなわち観察力のテストというプレゼンテーション戦略自体は別に新しいものではありません。ゴードン氏のトリックは、最初のほうでは驚くのですが、結局最後は物足りない感じで終わってしまうのです。内容としては、4枚の青裏の◇8が示され、そこから違った5枚目のカードがパケットの中に出現します。そうすると5枚それぞれが別の色の裏面のカードになっている、というものです。これは、カードの1枚がダブル・バック・カードであり、そのため検めさせることができませんでした。

　その作品のエンディングの唐突さは好みではあったのですが、論理的でないプロット、洗練されていないハンドリング、そしてこのカードを検めさせることができないということで、いまひとつ夢中にはなれなかったのです。しかし私は"Spin Doctor"をやっていたおかげで、レインボウ・バック・デザイン[2]のパケット構成には慣れ親しんでいました。なので最初にそれを見たとき考えたように、私はほぼ即座に、このトリックををより論理的で、エンド・クリーン、そして検め可能にできたわけです。しかしながら本作は、そのトリックのバリエーションのひとつというわけではありません。

　そうではなく、私はこれをゼロから弄くり続け、"Spin Doctor"のカード・セットにブリット・パーティー・ディスプレイを付け加えたのです。その結果、満足のいく、エンド・クリーンで洗練されたものを作ることができました。ですから、ポール・ゴードンのオリジナルと並べてみても、このトリックから受ける印象としては、手法・現象いずれの面からも、ほとんど共通項のないもの

訳注2：手順の最後に、使っていたカードの裏面の色やデザインが全部違っていることが示されるタイプのトリック。

になりました。表の面も裏の面同様、すべて変化します。

Remix

1. 4枚のAが必要です。それぞれ裏面が別の色のものです。そしてブランク・フェイス・カードを1枚。これは裏面が♠Aと同じものにします。ラッキーなことに、これらはフラクタル・パケット・トリックである"Spin Doctor"と全く同じカード・セットになります。以下の順序で上から下へ、カードを並べてください：

ブランク・フェイス・カード（裏向き）
♡A（表向き）
A（裏向き）
A（裏向き）
♠A（裏向き）

2. ブリット・パーティー・ディスプレイを使い、このパケットを3枚のブランク・フェイス・カードと、1枚の表向きの♡Aであることを示します（"B'rainiac"のステップ6を見てください）。

「4枚のカードがあります：真っ白、エース、真っ白、真っ白です。きちんと注意して見てくれることを願います。これからあなたには5つの質問をします。これにあなたがどれだけ答えられたかによって、私がどれくらい上手くやれたかが分かるという寸法です。では準備いいですか？」

（ブリット・パーティー・ディスプレイをやったそのあとに、「きちんと注意して見てくれることを願います」と言ったことにご注目ください。このディスプレイはなにげなく、必要以上の注目を集めることなく済ませます）

3. トップのブランク・カードを取り、見せたらボトムへ移します。これは、ディスプレイ・カウントの際、最後の『ブランク』をボトムにしておけば避けられる、カードの余寡な移動動作ではあります。しかしながらこの移動があることで、少しばかりの時間の猶予が生まれます。それにより、パケットの構成を観客に認識させ、ブランク・フェイスと赤裏であることを再ディスプレイする機会を作ることになるのです。

「真っ白なカードは見ましたね。ではエースのスートは何だったか、憶えていますか？……その通りです。ハート、ハートのエース」

4. トップのカードを、カードの長さの3分の1くらい下側に突き出るように右手の指で引きます。ここで、クライスト・アネマン・アラインメント・ムーブを行いましょう：右手中指の先をAの上に載せ、右手親指でダウンジョグしたカードをパケットに揃えるように押していきます。このとき、右手中指の先で、Aを向こう側へと押し出していきます（"B'rainiac"の写真5）。

227

5．アウトジョグしたカードを右手で抜き出します。左手でパケットを表向きにひっくり返してください。Aをパケットの表側の上に載せます。

6．ここで"Spin Doctor"でも使った方法を使うことにしましょう。観客に、手を伸ばしてくれるように頼んでください。演者は左手を伏せます。左手の指を使い、パケットの一番下のカードをそっと動かしましょう。そうしたら右手で、パケットの一番下のカード、つまり、たったいま見せたAと思われているカードを抜き取りますが、実際にはこれはボトムから2枚目のカードなのです。もちろんこれは古式ゆかしき技法、グライドです（写真1）。

写真1

7．カードを観客の手のひらに置きます。Aを消失させてみせようと宣言してください。これは素晴らしい瞬間です。カードは衆人環視の状態であり、何かが起こるとはとても思えません。

「2番目の質問。ちょっと手を伸ばしてください。ハートのエースをお渡しします。そしてエースを消失させましょう。質問はこうです：何が起こったか、見ましたか？　訓練されていない方の目には、何も起きなかったように見えるでしょう。しかしエースはそう、消えてしまったのです」

間を取ってからブランク・フェイス・カードを示しましょう。Aは本当に『消えて』しまいました。1枚であることを強調するため、何度かブランク・カードを弾いたら、ポケットへとしまってください。

8．右手でパケットを取り、ブランクを入れたポケットの上でパケットをゆらゆらさせましょう。パケットを表向きにして左手に置きます。♡Aが見えますね。

「3番目の質問：『これらは、何か仕掛けのあるカードなんじゃないか』　そう思う方はいらっしゃいますか？　ハートのエースが戻ってきます」

（私は、特に観客がその可能性を意識しているときに、『仕掛けのあるカード』という考えを口

にするのが非常に気に入っています。もしこのタイミングでなければ、2回の大きなクライマックスのあとでもいいでしょう。ですが、私たちはすでにクリーンで検め可能な状態です。なので、いわゆる『トリック・カード』を使っているのだと観客が思ってくれればくれるほどいいのです）

9. さて、すべてのAを登場させましょう：

「4番目の質問：これらが真っ白なカードであることはご覧になりましたね？　ですが、これらがエースではないと言い切れますか？」

パケットを広げたら2枚のAをそれぞれの手に持ち、スクゥィグル・ムーブ（カードを前後にこすり合わせるような動作）をします（写真2）。

写真2

このAの出現は完全な不意打ちです。これは素敵な瞬間でしょう。Aの消失と再出現は驚きでしたが、明らかにちょっと変則的なものです。トレード・オフではありますが、これには確かな価値があります。ちょうど観客たちが消失と再出現をひとつながりに結びつけて考えたところで残りのAが出現するので、思考の繋がりが断ち切られてしまうのです。消失と出現には直線的な関係がありますが、ポケットと4枚のAへの変化は、同じような直線的な連続性を持たないので、それによってズレとブレが起こるのです。ああ、なんとクールな。そしてもっとも良い部分は、本当のクライマックスがまだ起こっていないということです。3番目の変化は、手順の道筋をさらに最小化・短縮し、また屈折させます。かなり前までを思い返せる記憶力抜群なタイプの観客であっても、この一連の出来事に関係する動作がそれぞれどういうものだったのかなど、見出すことはまず無理でしょう。

10. 右手のカードを左手のカードの下に入れ、パケットを左手の中で揃えます。これで♠Aをパケットの中へと移しています。裏の色が変わってしまったことを、劇的なかたちで示しましょう。

「最後の質問です。カードに印が付いていたことを何人がお気づきになったでしょうか？　それぞれのカードの裏面が少しずつ違った色合いだったということにお気づきになりましたか？

手を伸ばしてください。何を探すべきかが分かってしまえば、見分けるのは簡単なんです」

　カードは検め可能ですし、検めさせることをオススメします。2つの大きな、そして予想外の変化が起こったのです。4枚のAへ、それからレインボウ・バックに。カードは「検めてよー」と、キーキー鳴いていることでしょう。観客は別にカードを検めたいなんて思っていない、などという言説に惑わされないでください。

　(『観客はカードを検めたいなんて思っていない』などと、固く信じて疑わないパフォーマーの多さには長いこと驚かされ続けています。それもすべて、彼らの『マジック』とやらの演技があまりにも素晴らしく、また観客の「不思議を体験したい」「どうやったかは言わないでくれ、知りたくないんだ」という生得的な欲求のためなのでしょう。ああ、まったくその通りなのでしょうね。それにしても、なんとマジシャンじみた考えをする、マジシャンじみた観客たちであることか)

Montinator 5.0
(Montier)

「これからゲームをご覧に入れましょう」とマジシャンは言います。「これは確率のゲームです。にもかかわらず『負けることは不可能』なのです」と説明します。

マジシャンはパケットを出しますが、その裏にはマークが付けてあるのです。3枚の青裏カードには、その裏面に太く『ジョーカー』と書いてあります。1枚の赤裏カードにも同じように太く『クイーン』と書いてあります。『クイーン』のカードは♠Qであることが示されます。

「カードにはその名前が書いてあります。ジョーカー、ジョーカー、クイーン、そしてジョーカー。どのカードに注目しなければいけないか分かりますか？ クイーン？ まさにその通り。スペードのクイーン、これが、あなたがしっかり追わなければならないカードです」

カードを混ぜ、再び数えます。今回は『ジョーカー』たちの表の面が見せられます。間違いなく全部ジョーカーでした。

「なんで負けることができないか、これでお分かりになりましたね？ ジョーカーの裏にはそれぞれそう書いてありますし、クイーンもそうです。負けることは不可能です。実際、これ以上簡単にする方法なんかありません。あ、そうだ、私がジョーカーの1枚を取り除けば、きっともっと簡単になりますかね」

マジシャンは1枚の『ジョーカー』と書かれたカードを取り上げ、はっきりと示してから、それをポケットへとしまってしまいます。パケットを数えてみると、2枚の『ジョーカー』と1枚の『クイーン』です。トップの『ジョーカー』をテーブルに置き、『クイーン』のカードを示します。

「で、あなたがしなければいけないことは、スペードのクイーンを選ぶことだけです。分かりやすいことに『クイーン』って書いてありますけどね。やる気出ました？ おっと！ ですが『クイーン』と書かれたカードを選んだ瞬間、この負けるのが不可能なゲームは、逆に勝つのが不可能なゲームになってしまうのです！」

マジシャンがパケットを広げると、それはいまや3枚の赤裏の、『クイーン』と書かれたカードになってしまっているのです。これらのカードを見てみると、♣Q、♡Q、そして♢Qです！ マネー・カード、つまり♠Qは青裏の『ジョーカー』のカードになってしまっていたのでした。

「あなたが『クイーン』のカードを選ぶとすぐに、私は『どの』クイーンか尋ねます。……ですがあなたがどれを言っても関係ないのです。これはハートのクイーン、これはクラブのクイーン、

これはダイヤのクイーン。どれもスペードのクイーンじゃありませんね。それはジョーカーたちはワイルド・カードであり、……スペードのクイーンはこっちにありますから！」

すべてがいちどきに押し寄せてきます。4枚のカードはすべて変化してしまったようです。青裏の『ジョーカー』たちは、赤裏の『Q』たちに変わってしまいました。赤裏だった『マネー・カード』である♠Qは青裏の『ジョーカー』に変わってしまったのです。すべて検め可能です。

Inception

またしてもリアムの巧妙さが示されました。私にはこのルーティーンは思いつくことができませんでした。リアムが言うには、ジャック・パーカーの"Visual Acuity"（『52 Memories』、p.150）にインスパイアされたそうです。そのトリックを弄っている中で、彼はブリット・パーティー・ディスプレイが適用できると閃いたのです。少々の工夫で、彼はパーカーのルーティーンのパケットの裏が全部変わるというおいしいところはそのままに、そしてギャフ・カードと両面テープの使用を取り除きました。そして"Bullet Party"トリックから、パケットの表を全部変えるというところを組み合わせたのです。ブリット・パーティー・ディスプレイで表の面を見せるカードの裏面にカードの名前を書いておくという調整により、全体がより一層ディセプティブなものとなりました。リアムはこう言っていました。「至福の時、ってやつだね！」

私はリアムの基本ルーティーンを少しカスタマイズしました。ルーティーン全体をほんの少しだけ単純化するため、いくらか少しずつ変えただけですが（リアムはこのトリックに関する数多のバリエーションを持っていますが、ここに載せたものが私のお気に入りで、いつもやっているバージョンです。リアムのサイト、www.tricktastic.comも見てみてください）。

Remix

Alpha

1．このトリックはすべてがクライマックスです。最初のセットアップとディスプレイのフェイズのあとに、すべてがいちどきに起こります。すなわち、あなたがカードが何であるかを決定づけるや否や、カードはすべて別の何かへと変わってしまったことが示されます。実に機能的でショッキングなものです。

演じるのには、色々違ったアプローチを取り得ることを理解してください。2つの『準備フェイズ』のハンドリングをご紹介しましょう。"Smooth Jazz"ハンドリングはよりシンプルかつ練られたものですが、カードをどける作業が一度だけ必要になります。"Hard Core"ハンドリングはほんの少し、よりテクニックが必要ですが、きわめて切れ味の鋭いものです。

お好きなほうを選んでみてください。

2. "Smooth Jazz" Handling.

a）以下のカードを、トップからボトムへ記載の通りの順に並べてください：

青裏の♠Q	（裏面に『ジョーカー』と書いてある）
青裏のジョーカー	（裏面に『ジョーカー』と書いてある）
赤裏の♡Q	（裏面に『クイーン』と書いてある）
赤裏の♣Q	（裏面に『クイーン』と書いてある）
赤裏の◇Q	（裏面に『クイーン』と書いてある）

ボトムの３枚の赤裏『クイーン』はどんな順序でも構いません。

b）このパケットでエルムズレイ・カウントを行います。３枚の青裏『ジョーカー』と、１枚の赤裏『クイーン』が見えますね。『クイーン』のところに来たらそれはアウトジョグしておきます（写真１）。

c）アウトジョグした『クイーン』を抜き出し、パケットのトップに載せます。これをする際、１枚目の『ジョーカー』のカードの下にブレイクを取ってください。トップの２枚を１枚のようにダブル・リフトします（もしくはひっくり返します）（写真２）。一見して、赤裏の『クイーン』のカードは♠Qのようです。ダブル・カードを裏向きでパケットの上に戻してください。

写真１

写真２

d）トップ２枚のカード、つまり『クイーン』と『ジョーカー』ですが、それをボトムへとカットします。この動作は、まるでQをパケットに混ぜてどこにいったか分からなくするかのように、ランダムな感じに見えるように行ってください。

e）さて、ブリット・パーティー・ディスプレイをしましょう。あたかも３枚の『ジョーカー』のカードの表と裏を、そしてまた、すでに見せた『クイーン』のカードの裏を見せたかのようでしょう。これによる、カードの裏の名前と表の面との組み合わせは、本当に、とてもいい感じに見えてくれるでしょう。

2´. "Hard Core" Handling

a) 以下のカードを、トップからボトムへ記載の通りの順に並べてください：

青裏の♠Q　　　　　（裏面に『ジョーカー』と書いてある）
赤裏の♡Q　　　　　（裏面に『クイーン』と書いてある）
赤裏の♣Q　　　　　（裏面に『クイーン』と書いてある）
赤裏の◇Q　　　　　（裏面に『クイーン』と書いてある）
青裏のジョーカー　（裏面に『ジョーカー』と書いてある）

　　3枚の赤裏『クイーン』はどんな順序でも構いません。

b) このパケットでエルムズレイ・カウントを行います。3枚の青裏の『ジョーカー』と、1枚の赤裏の『クイーン』が見えるでしょう。カウントを完了する際、最後の2枚（どちらも青裏）のカードの下に小さくブレイクを取っておきます。

c) パケットをブレイクのところでカットし、一番上の『クイーン』のカードをトップに持ってきます。パケットのボトム・カード以外をブロック・ターンオーバーしてください（写真3）。一見して、赤裏の『クイーン』のカードが♠Qであるように見えます。ブロック・ターンオーバーを繰り返し、再び♠Qを裏向きにしたように見せましょう。

写真3

d) この状態からブリット・パーティー・ディスプレイをしますが、パケットのボトム・カードを取ってカウントを始めてください。表の面のジョーカーを示して、そこからは普通にディスプレイを行いましょう。これはブリット・パーティー・ディスプレイの『OPEC』・カウント風のバリエーションみたいなものです。これはここではより一層うまいこといきます。なぜならブリット・パーティー・ディスプレイは、エルムズレイ・カウントの各『拍』のあとにカードの表を示す際、自然に止まるからです。

e) さて、OPEC・ブリット・パーティー・ディスプレイを行うと、一見して3枚の『ジョーカー』

カードの表と裏を、そしてまた、先ほどすでに見せた『クイーン』のカードの裏を示したように見えます。これによる、カードの裏の名前と表の面との組み合わせは、実に、実にいい感じに見えてくれるでしょう。

Omega

3．これ以上、観客にとってゲームを簡単にすることはできないと述べます。例外があるとすれば、カードの枚数を少なくすることでしょうか。パケットのトップ・カード、これは本物のジョーカーです。本物のジョーカーを取り、表と裏を見せたらそれをポケットにしまってください。

4．これはオプションですが、私はいつもパケットに『アイ』・カウントを行い、1枚の赤裏『クイーン』が2枚の青裏『ジョーカー』に挟まれるようにして見せています。『アイ』・カウント、これはエドワード・ヴィクターの技法ですが、3枚を3枚として数える技法です。まずパケットを右手のピンチ・グリップで持ちます（エルムズレイ・カウントのときのように）。そうしたら口に出してもいいですし黙ってでも構いませんが、カウント「1」で、左手親指でパケットのトップ・カードを左手へと取ります。

　続いて2番目の『クイーン』のカードを取るように見せますが、実際には右手のカードを全部左手に渡しつつ、それと交換で最初のカードを右手に戻します（写真4）。「3」枚目のカード、これは実際には1番目のカードですが、これを取って左手のカードの上に載せます（写真5）。

写真4　　　　　　　　　　　　写真5

5．ここまでを全部、多少説明的ではありますがさっと行い、予想もしていなかったクライマックスへ繋げましょう。トップの『ジョーカー』を横に置き、もし観客が『クイーン』のカードを取りに行ったら、観客がどのようにして負けてしまうかを言います。パケットを広げ、3枚の赤裏『クイーン』のカードを示しましょう。これは大変な驚きです。なお、3枚ではなく4枚のカードがあるという事実は、この驚きが大きいので全く気づかれません（写真6）。

6．いずれにせよ、どの『クイーン』のカードも『マネー』・カードではないことを示します。そして最後に、♠Qが青裏で、しかも裏に『ジョーカー』と書かれたカードになっていることをあ

きらかにしましょう。この最後の驚きはまた、必然的にフォー・オブ・ア・カインドを完成させるのです（写真7）。

写真6

写真7

One Off

Eastbound and down, loaded up and truckin',
we're gonna do what they said can't be done.

Jerry Reed, from
Smokey And The Bandit

Aces Over Easy (2010)

　これは、私がピーター・ダフィーの『Card Magic USA』(2010)で発表した作品で、ラリー・ジェニングスの"LJ Double-Undercut Aces"のハンドリングをより簡略化したものです。オリジナルと違い、ジェニングスのエキセントリックなダブル・アンダーカット（トップとボトムのカードを入れ替えるもの）は使いません。その代わりとして、マーローによるプロダクションのアイディアと数回の普通のダブル・アンダーカットを用い、洗練された、それでいてとても簡単なエース・ルーティーンに仕上げています。

Précis

　オーバーハンド・シャッフルをしながら、マジシャンは4つのパケットを作ります。それぞれのパケットを見ると、どれも表の側にAが来ています。

　デックをカットしてAを1枚ずつ中に戻していきます。デックをスプレッドすると、Aはデックの真ん中に集まって表向きになっているのです。

Mise En Scéne

A Marlo Ace Production

　デックの表側にAを集めておきます。オーバーハンド・シャッフルを始めますが、最初の動作でトップとボトムのカードを一緒に引き取ります（いわゆるミルク・ビルドです）。デックの4分の1程度までシャッフルしたら、そのパケットをテーブルに置きます。ミルク・ビルドを行ったため、パケットの表側にはAが来ているでしょう。

　2つ目のパケットを作るために、この手順をもう一度行います。

　さらにもう一度この手順を行いますが、今回は左手のパケットと一緒に、残った右手のパケットもテーブルに置きます。デックを4つのシャッフルされた山に分けたように見えます。しかしながら、どれもAが表に来ているのです。

Set Up A Discrepancy

　表向きで並んだパケットから、どれかひとつを取り上げ、裏向きにして持ちます（分厚いパケットは避けましょう）。ボトムからのダブル・リフトを行い、デックのトップに表向きにします。Aが見えるはずです。このボトム・ダブル・リフトですが、私はとても単純な方法を使っています。まずなにげなくカードを広げ、閉じますが、この動作の中でボトム2枚の上にブレイクを作ります。

One Off／Aces Over Easy

　続いてパケット全体を上から右手で持ったら、ブレイクから上のパケット部分を1cmほど手前にずらします。これでダブル・カードがパケットの前方に突き出したかたちになります。さて、あとは突き出したダブル・カードの前端を摘み、引き出して、パケットの上にひっくり返すだけです。こうするとカットしたところからAが出てきたように見えます。このパケットを左手に持ったまま、残りのパケットをひとつずつドラマティックに表向きにして、Aを4枚すべて見つけ出したことを示しましょう。

"Lose" The Aces

　この時点で観客は、左手パケットの状態を思い出せなくなってきているでしょう。そしてテーブルに並んでいるパケットと同じく、表向きのパケットのフェイス側にAが来ているのだと見なすはずです。ということで……：

　パケットをカットしてAを中に入れたように見せかけましょう。実際にはアンダーカットに似た動作でAをボトムに送ります。つまり1枚のカードでカットしているのですが、パケットが少枚数であり、また素早く行うため不自然には見えません。ダブル・リフトを行っていたので、いまパケットの表側には、表向きの適当なカードが来ているはずです。

　そうしたらテーブル上のパケットをひとつ取り、表向きで左手のパケットの上に重ねましょう。ダブル・アンダーカットを行い、表側のAをパケットのボトムに送ります。ひっくり返ったカードのところでカットしないよう気をつけてください。

　2つ目のパケットを取り、左手のパケットの上に重ねます。同じようにダブル・アンダーカットで表側のAをパケットのボトムに送ってください。この手順を最後のパケットでも繰り返しましょう。

The Jennings Reversal

　Aは4枚ともデックの一番後ろ側（下）に来ており、その上に少枚数（10～13枚）のひっくり返ったカードが続いています。デックの表側を数枚広げて、表側にはAがないことを示してください。

　デックを裏向きにします。そして上から少なくとも3分の1（ひっくり返っているカードよりも多い枚数）を取り上げてぱたんと返します。表向きになったカードを広げ（あらかじめひっくり返ったブロックがあるので、これはせいぜい8枚か10枚でしょう）、トップ付近にもAがないことを示してください。そうしたらなにげなくその表向きのカードをひっくり返しましょう。あらかじめひっくり返っていたブロックがあるおかげで、これらの動作によってAがひっくり返り、デックの真ん中へとコントロールされたわけです。演者はちょっと角度に気をつければいいだけです。

　少し間をおき、おまじないをかけてからデックを広げると、驚いたことに、Aがスプレッドの真ん中に表向きで出現します。

　手順は満足のいく流れであり、酔っ払っていてもできるほど簡単です――演者が、観客が、あるいは演者も観客もそこにいる全員が酔いどれでも。私がよく用いる演出としては、まず『マジシャ

ンの論理』[1]について話し、4枚のAを出現させます。となれば、4枚のAを再びデックの中に戻してしまうことは全く理に適っています。Aを見つけ、再びデックの中に戻したのですから、このあと論理的にしっくりくるクライマックスといえばたったひとつ：それらを一度に、デックの真ん中から、ひっくり返った状態で再度見つけ出すことくらいです。

訳注1：バノンの言う『マジシャンの論理』とは、たとえば4枚のAをデックの中から探して抜き出し、それをまたデックに戻し、それから不思議な方法で見つけるような、マジシャンがよく行うけれど、全く理に適っていない行為のことです。本手順はまさに『マジシャンの論理』そのものですが、あえてそうであると言及することで、手順に面白さを付与しています。

One of the Better Losers (2012)

　"Ten Hand Poker Deal"と"Fast-Stack"のコンセプトを組み合わせて、テキサス・ホールデム・ポーカーの手順を作ってみよう、というのがここでの狙いです。コンセプトの適用はそこまで難しくありませんでした。というのも10組のハンドに対して、スタックする必要があるのは2枚だけだからです。とはいえいささかトリッキーなものにもなりました。これはテキサス・ホールデムのフロップ、ターン、リバーという要素のせいです。

　私は、ポーカーをテーマにした手順に対しては、実際のカード・ゲームで通用するような『デモンストレーション』的なものではなく、常にマジックらしいものを作ろうとしてきました。言い換えれば、そこには何らかの意外性やプロットのひねりが必要なのです。テキサス・ホールデムの手札を10組、単にスタッキングするというのでもいいでしょう。ですがそれよりも『カットを1回、シャッフルを1回、そしてもう一度カットを1回』で行うほうがより一層面白いと思うのです。さらにはAをスタッキングし、それが予期せぬロイヤルフラッシュに打ち負かされるとくれば、これ以上のものはないでしょう——特に10組もの手を配っている場合は。

　これは非常にうまい具合に機能する、先進的なアプローチです。完全に即席で（少枚数のスタックが必要ですが、観客の目の前で準備することが可能なレベルです）、そして難しい技法を必要としません。イン・ファロが1回必要ではありますが、簡単に行うための工夫も紹介しましょう。

　手続きの見た目上の単純さも策略の一部です。一度カットし、一度シャッフル、そしてもう一度カットして、演者は10組の手札を配りますが、演者の手にはAのペアが配られます。——そして、本当のお楽しみが待っています。

　たった一度のシャッフルだけで、多くのことが成し遂げられる手順です。さらに、10組の手を配りますので、テーブルを広く使ってトリックを『大きく』する、実に楽しいものでもあります。こういうのも、時によっては非常に効果的でしょう。

Précis

　マジシャンはよく混ざったデックから4枚のAを抜き出します。テキサス・ホールデムのデモンストレーションとして、マジシャンは4枚のAをデックのトップに置き「カットを1回、シャッフルを1回、そしてもう一度カットを1回、それで自分に『ポケット・ロケッツ』——つまりエースのペアがくるようにデックをスタックしてみせましょう」と言います。

　宣言した通りに、マジシャンはAをデックの中にカットし、シャッフルを1回行い、そしてもう

一度カットします。10人分の手札の1巡目を配りますが、マジシャンの手元にはAが配られます。2巡目を配ると、2枚目のAです。ポケット・ロケッツ！ 望みうる最高のハンドです。

フロップ[2]で、表向きになるのは残り2枚のA。フォーエースなら勝ったも同然です。

ターン[3]をめくりながら、マジシャンは言います。「ここで8人目のプレイヤーがオール・イン、つまり全額賭けると宣言しました」

マジシャンは配った手を数え、8番目の手を除けます。

「私はフォーエースなのでもちろんコール。このまま続けます」

リバー・カード[4]を表にしますが、ここでターン・カードとリバー・カードが共に高いカードで、フロップで出た♠Aと同じくスペードであることに気づきます。

「フォーエースはきわめて強い手です。少なくとも相手が……」

プレイヤー8の手によってロイヤルフラッシュが成立し、マジシャンのフォーエースは打ち負かされます。

「……ロイヤルフラッシュでない限り。こんなのにあたってしまった日には、フォーエースも負けハンドのひとつに過ぎません」

Mise En Scéne

The Easy Set-Up

よく混ぜられたデックから4枚のAを抜き出します。同時に、♠K、♠Q、♠J、♠10をカルしてデックのトップへとコントロールします。このときトップ2枚の間に適当なカード（Xカード）を3枚挟みます。つまりトップから：♠, X, X, X, ♠, ♠, ♠, ［残りのデック］という順になります（スペードのカードの順番は重要ではありません）。

このセットアップは、『Dear Mr. Fantasy』で解説した技法"Cull De Stack"を用いることで簡単に達成できます（本章の最後（247頁）に再掲）。

トップのスタックを崩さないかぎり、デックをシャッフルすることも可能です。

訳注2：フロップ。テキサス・ホールデムでボード（全員が共通して使える表向きのカード。最終的に5枚になる）のうち、最初にオープンになる3枚のこと。ホール・カードが2枚なので、このターンからはボードのぶんと合わせて5枚以上になり、役を作ることができます。
訳注3：ターン。ボードとしてオープンになる4枚目のカードのこと。
訳注4：リバー。ボードとしてオープンになる5枚目のカードのこと。

次に進む前に、ダブル・アンダーカットでトップのスペードをボトムに送りましょう。これでセットアップは、トップから X, X, X, ♠, ♠, ♠, [残りのデック], ♠ となります。

単純にこの状態から始めるのでも構いません。

Adding On
さて、まずカードの並びを少し変える必要があります。ブラウ・アディションを用いるのが簡単でしょう。あるいは、裏向きで行う、ブラウ・アディションのバリエーションでもいいでしょう（私が好むのはこちらのやり方です）。

先ほど抜き出したAは、テーブル上で裏向きになっているのが理想的です。♠Aはパケットの表側でなくてはいけません。

デックを左手ディーリング・ポジションに持ち、ブラウ・アディションの準備として、トップ4枚の下にブレイクを作っておきます。

右手でAのパケットを取り上げ、デックの上に表向きにひっくり返します。直ちにブレイクから上の8枚を取り上げてください。

ブラウ・アディションを行います：まずは左手親指を使い、右手の一番上のカードをパケットから3分の2ほど左へ突き出すまで引き出します。続いてパケットを使い、引き出したカードをデックの上へひっくり返してください。これを2番目、3番目のAについても行います。

いま右手には表向きのAと、その下に4枚の裏向きのカードが残っています。最後のA（のように見えているかたまり）をデックのトップに置き、右手でトップ・カード1枚を裏返します。

ポジション・チェック：この時点でカードは次のような並びになっています。
トップから：A, X, X, X, ♠, A, A, ♠A, ♠, ♠, [残りのデック], ♠

（裏向きで行うブラウ・アディションのバリエーションも紹介しておきましょう。この場合、♠Aはフェイスではなくトップに来ている必要があります。4枚のAを裏向きでデックのトップに重ね、ブレイクから上のカード全部を取り上げるのです。そのままトップの3枚を1枚ずつ引き出してデックのトップに取り、残った5枚を1枚のようにデックに置きます。これはブラウ・アディションに似てはいますが、カードをひっくり返す動作が要りません。この方法でもAをデックのトップ部に留めることができますので、とても良いハンドリングです）

One Cut, One Shuffle, And One Cut
ボトム4枚の上にブレイクを作ります。私はたいてい、デックを広げて揃える動作の中でこれを行います。同時に、これから行うゲームはテキサス・ホールデムだと言ってください。『カットを1回、シャッフルを1回、そしてカットをもう1回』するだけでAをスタックしてみせると説明し

ます。ボトムの4枚をカットしてトップに移し、Aをデックの中に入れてしまったように見せます。私は「カットを1回」と繰り返して言いながら、単に素早くアンダーカットを行って、ボトムの4枚をトップに移しています。

ポジション・チェック：トップから X, X, X, ♠, A, X, X, X, ♠, A, A, ♠A, ♠, ♠, [残りのデック]

では、一度『イン』のファロ・シャッフルを行いましょう。このシャッフルは全体がパーフェクトである必要はありません。トップの14枚だけが完璧に交互になっていればいいのです。パーフェクト・イン・ファロである必要がないことから、次のようなちょっとした工夫が使えます。

右手で少なくとも14枚のカードを取り上げ、残りのデックの中にかみ合わせます。これは完璧に交互にかみ合っている必要がありますが、26枚ずつで行うパーフェクト・ファロよりも易しいことが分かるでしょう。

かみ合ったカードを押し込んで揃えますが、その際、右手側パケットのトップ・カード（元々のデックのトップ・カード）の上に右手親指でブレイクを保持します。やってみれば分かると思いますが、これは非常に簡単で、ほとんど自動的にできてしまうものです。ここでブレイクから上のカードをカットすれば、トップ14枚をアウト・ファロしたのと同じになります。

これをイン・ファロにするには、まずブレイク上のカードを1枚落とし、それからカットを行うだけです。一度目のカットと同じく、非常に少ない枚数でのカットになるでしょう。しかし素早く滑らかに、かつオフビートの中で行えば、ごく普通のカットに見えるはずです（代案として、ブレイクの箇所からスリップ・カットを行うでも構いません。左手親指でトップ・カードを保持することで、そのままデックのトップに効率的に加えることができます）。

これで、はじめに宣言した通りに『カットを1回、シャッフルを1回、そして再度カットを1回』行いました。仕込みはこれでおしまい、あとはカードを配るだけです。

最小限のハンドリングであるにも関わらず、デックは10人でのテキサス・ホールデム用に完璧にスタックされています。10組の手札の1巡目を配ります。9枚を半円状に配っていき、10枚目を演者自身に配ります。少し間を取ってから、演者のカードの表を見せてAが配られたことを示しましょう。続けて2巡目を配ります。同じく少し間を取ってから、演者のカードの表を見せて2枚目のAであることを示します。Aのペア――別名『ポケット・ロケッツ』――が、テキサス・ホールデムで望みうる最高の手であることを説明します。

それでは次のようにして『フロップ』を配りましょう。トップ・カードをバーン・カードとして裏向きのまま脇に配って捨てます。続いてカードを3枚、半円の中心あたりに表向きに並べて配ります。そのうち2枚がAでしょう（しかも一方は♠Aのはずです）。これで演者の手はフォーエースです！　フォーエースはまず負けることのない非常に強力な手であり、これで勝負は見えたような

ものであると説明します。

　続いて『ターン』を配ります。トップ・カードをバーン・カードとして先ほどと同じところに捨てます。次の１枚を表向きにして、フロップ・カードの隣に配ってください。このとき場にはスペードが２枚見えていますが、フォーエースが『ナッツ（最高手）』ではなく、ロイヤルフラッシュが成立する可能性があることはまず気づかれないでしょう。

　演者はまだ自分の勝利を楽観視していますが、突然、８番目の男が『オール・イン』します。配った演者以外の９組の手札を１人目２人目……と数えていき、８番目以外のプレイヤーのカードをすべて捨てます。演者はフォーエースを持っているので、もちろんコールです。「この状況でコールしないだなんてありえません！」と説明しましょう。ポーカーが分かっている観客であれば、ここでフラッシュの可能性に思い当たるかもしれません。

　では『リバー』を配りましょう。トップ・カードを捨て、次のカードを表にして配ります。これが３枚目のスペードであり、フラッシュが成立しうる状況になりました。

　演者の手札を表向きで出し、『クアッド』[5]・エースであることを見せます。フォーエースはきわめて素晴らしい手であり、実際問題、負けることなどあり得ないと説明してください。

　ここで８番目の手を開くと、そこでロイヤルフラッシュが成立しています。

　では締めの台詞を。「フォーエースは素晴らしいハンドです。ただしロイヤルフラッシュにぶち当たらない限りは。こうなってしまっては、フォーエースといえど負けハンドのひとつに過ぎません」

Post Mortem

Credits And Background
　この手順は私の以前の手順、４枚のAを素早くスタッキングする"Pocket Rockets"（2005）を元にしています。デイヴ・ソロモンの協力によって、ここにダブル、トリプル、さらにはクオドラプル・『デューク』[6]までも仕込む方法を発見することができました――言い換えるなら、Aをスタックする手続きの中で、他の手もセットしてしまうということです。

　先ほど述べたように、４枚のAのスタッキングは巧妙ではありますが、トリックといえるのは『デューク』のロイヤルフラッシュです。私は"Pocket Rockets"を再考するにあたり、複数人への『デューク』の方法についても取り組み、それが可能であることも発見しましたが、１回の『デュ

訳注5：『Quad』も『４つ』を示すのですが、ポーカーのスラングでは特にフォー・オブ・ア・カインドを意味します。なお直後にも出ていますが、同数字の４枚が揃った、ということで、フォーカードと意味は同じです。
訳注6：『double duke』は、ポーカーにおいて２人にいいハンドをスタックする方法（イカサマ）です。それも１人にいいハンドが配られるが、実は２人目にはもっと強いハンドが配られる、というものです。

ーク』がもっとも効率がいいと判断しました。さらにいいのは、これならばシャッフルされたデックから始められるのです。

　このトリックの概要版は、トム・フレームのコンピレーション『Hold'Em Magic』(Vanishing Inc., 2011) にも掲載されました。

Disguise
　ロイヤルフラッシュは、8番目の手が♠Kと♠Jの場合にもっとも露見しにくくなります。もしこのように手順を進めたいのであれば、セットアップを次のようにしてください：
　トップから　♠Kか♠J , X, X, X, ♠Jか♠K, ♠, ♠, ［残りのデック］

Cull de Stack
(『Dear Mr. Fantasy』より再掲)

　ではここでちょっとだけ寄り道を。この長い手順を締めくくる最後のトリックである"Beyond Fabulous"は、かなり手の込んだセット・アップを必要とするように感じられるかもしれません。♠K、♠Q、♠J、そして♠10が、それぞれデックのフェイス側から1枚目、2枚目、4枚目、8枚目に来なければなりませんからね。ですが"Cull De Stack[7]"を使えばこのセット・アップがその場ですぐにできます。素早く効率的に、言い換えれば短時間で多くのことができるのです。

The System
　この手順全体の流れの中における"Cull De Stack"の考え方について説明しましょう。これはバックリーのカルに基づいています（Buckley,『Card Control』, p.41,"The Strip"を参照）。

　たとえば、4枚のスペードのフラッシュ・カードをターゲット・カードとしましょう。シャッフルされたデックを取り、表向きで持ちます。フェイスを自分に向けて広げ始めます。最初のターゲット・カードが来たら、そのカードを過ぎて3枚右手に送り、ここで右手のカード全体をダウン・ジョグします（写真1）。

　ダウン・ジョグした状態で次のターゲット・カードが来るまで右手にカードを広げ続けます。ターゲット・カードが来たら2枚のカードをダウン・ジョグします。つまり、ターゲット・カードとその次のカードです（写真2）。

写真1

写真2

　さらに広げ続け、今度は残りの2枚のターゲット・カードのところでそれぞれダウン・ジョグし

訳注7：フランス語の『Cul de Sac』（カル・ド・サック）のもじり。なお原語のほうは直訳すると『袋の底』。袋小路を意味します。

ます（写真3）。左手へとスプレッドを閉じ、右手でデックをヒンズー・シャフルの位置でつかみます。ダウン・ジョグされた部分を引き出し、テーブルの上に置いてください（写真4）。連続した動作で左手のパケットから何回かに分けてパケットを取り、テーブルの上のパケットに重ね、デックを揃えます。

写真3

写真4

　以上の動作は、あなたがカードを広げ、それからカットをしたように見えます。しかし、ターゲット・カードは、デックのトップから、1番目、2番目、4番目、8番目に来ています。さらっとオーバーハンド・シャフルをすることで最初の8枚を送れば、セット・アップした部分をボトムに移すことだってできます（いまはトップに残した状態です）。

　このテクニックを使えば、状況に応じてある特定のカードを、デックの特定の位置へとセットできることがお分かりになるでしょう。

The Credit
　私は"Cull De Stack"を何年ものあいだ、たくさんのトリックの中で用いてきました。しかしあとになってマーローが同様の考え方をしていたことが分かりました。彼の手順の中では、同様にカルを使って4枚のAそれぞれのあいだに2枚ずつ他のカードを加えていました。つまり、Aが3枚目、6枚目、9枚目、12枚目になるようにしていたのです。ここで1回ファロ・シャフルをすれば、4枚のAは6人ゲームの場合にディーラーのところへと配られることになります。素晴らしい使い方ですね。

All In
(MAGIC Magazine, February 2012)

"And the night got deathly quiet,
and his face lost all expression,
said, 'If you're gonna play the game, boy,
you got to learn to play it right'."

Rodgers and Hart
"The Gambler"

Chronic

「マジシャンの序列として、『大魔導師』のすぐ下が『時間と空間を統べし者』なんだ」ちょっと目を輝かせながらバノンが言いました。「で、白状してしまえば私の獲得した称号はそこまででね。こんなことを言い出した理由はただひとつ、このトリックが時間と、それから空間にあるものについて——無論、カードのことだが——それらについてのことだからなんだ」

バノンはデックがないか辺りを見回し、それから手を伸ばして、私の左にいた目を惹くようなうら若き女性からデックを受け取りました。彼女はカフェの向かい側でバノンに気づき、挨拶をしようと駆けつけてくれたのです。

「シャッフルは済んでいるかい？」と彼が尋ねます。彼女は、自分がこのショーの一部であることをあきらかに嬉しく思っているようで、期待を込めた表情で頷きました。バノンは手元でデックを何度かなにげなくカットしながら、この実験のための舞台を調えていきます。「リズ、私はいま、一日の中で自分の好きな時間帯について考えているんだ。君にはどこかの１時間について思ってみてほしい。一番好きな時刻だったり、一番好きではない時刻だったり、でなければランダムでも構わない。１から12でね。できたかい？」

リズはちょっと考え、視線を右上のほうに彷徨わせ、それから頷きました。

「素晴らしい。それが何時かは言わないで。リズ、君がどの時刻を思ったか、私に知る術はあると思うかい？　率直に」

「いいえ」と彼女がためらいがちに言いました。

「そうだね。さて、これから君に何枚かのカードを１枚ずつ見せていく。君には自分の選んだ時刻の枚数目のカードを憶えてほしいんだ。いいかい？」

バノンはデックからカードを取り上げはじめ、私たちにカードの表を１枚ずつ順に見せていきました。「１、２、……３時……４時……」彼はここで止めて「ロック」と言いました。大変悲しいことに、それがビル・ヘイリー・アンド・コメッツからの引喩[1]だと分かったのは私だけでした。

バノンはわずかに肩をすくめ、続けます。「５、６、……７時……８時……それから９時……10

訳注1："Rock Around The Clock" という曲の歌詞。『One, two, three o'clock, four o'clock rock.』なお、以降の訳文で『時』が入っているところは、台詞上『o'clock』が付いている部分です。

……11時……そして12時」

「リズ、君はある時刻を思って、そしてその時刻のところにあったカードを憶えたね？　率直に言ってほしいんだが、私に君のカードを知ることなんかできただろうか？」彼は12枚のパケットをデックのトップへと落とし、デックを普通にカットしてテーブルに置きました。「カードをカットしてしまえば、君にすら、自分のカードがどこにあるか分からない、そうだね？」彼はデックをもう1度カットします。「そして、さらにカットをした日には、君は自分のカードがどのあたりにあるかすら分からないね？」

バノンが言うたびにリズは頷き、すぐに「これでどう見つけるのかしら、ありえない」とばかりに頭を左右に振り始めました。彼女のカードを見つけることは、ますます不可能になっていきます。

バノンはリズにデックを渡しました。「リズ、君がどの時刻を思い浮かべたのかは言わなくていい。だが、私のお気に入りの時刻を教えておこう。7時だ。午前のじゃないよ。それだとあまりにも早いからね。午後7時、カクテル・アワーというやつだ」

彼は続けます。「リズ、君の時刻に私の時刻を足してくれるかな。合計が何でも、その枚数分、テーブルのここに配っていってほしい。分かったかい？」彼女が配っていくとき、バノンは目を逸らしていました。

彼女のほうへと振り返る前にバノンは尋ねます。「リズ、率直に頼むよ。私に知る術はあっただろうか——前もって、君がテーブルに何枚配ることになるかを」

バノンのしつこい念押しを楽しむように、彼女は「いいえ」と応えます。私は少々戸惑っていたことを認めざるを得ません。これは普通の『クロック・トリック』ではありませんでした。なぜならリズは最初に『彼女が選んだ時刻分のカード』を取り除いていませんでしたから。これでは例の数理によるカードの位置操作がうまくいきません。

バノンは配られたカードを取り上げ、さっとシャッフルしてから手に載せて重さを確かめるような仕草をしました。「ちょっと時間を潰さないといけないみたいだ。半分取り除こう」彼は交互にカードをアウトジョグしていき、それらを抜き取ってデックに戻しました。「ショッピング・モールでしばらく過ごすとか」再び、彼は交互にアウトジョグして、それを捨てました。「ネット・サーフィンでもしたりして」もう一度、彼はアウトジョグし、それを捨てます。「テレビでも見て」彼の手には2枚のカードが残っています。彼はリズにどちらかを指差すように言い、指されたほうを捨てました。

「時間が味方してくれているか、見てみよう。リズ、君はどんなカードを思っている？」

最初に、彼女はただ彼を見て、そして囁くように言いました。「ハートの2」

ジョン・バノン カードトリック　HIGH CALIBER

バノンはゆっくりと最後のカードを表向きにします——♡2でした。彼は拍手喝采の合図を出します。「『時間と空間を統べし者』というわけだ」

II

そのあと、去り際にリズは、バノンに微笑みつつも不思議そうな顔で見ていました。「どうして私のカードが分かったの？」彼女はそう尋ね、答えを待つことなく踵を返し、去りました。

私はバノンに言いました。「最後のところでリバース・ファロをやったのは分かったんですが、それにしても一体どうやってカードを正しい位置にコントロールしたんですか？」彼は頭を振り、微笑み、そして言いました。「真面目な話、全然違うね」

「冗談でしょう？」と私。「あれを見ればリバース・ファロだったのは分かりますよ。いうなれば数理的なコントロールでしょう」

「数理はほぼ関係ないね。操作の続きは関係ない。これは要するにハッタリ——幾重ものハッタリなのさ」そう言ってバノンは微笑みました。私はこの手のトリックは彼のお気に入りだということは知っていました。

「本当に？　これはクロック・トリックじゃないんですか？」私はそう尋ねました。もちろん、ここで私が言っているのは、『数理』や手続き的な操作を用い、『思っただけの』と称して、実際にはカードをフォースしたり、自分には分かる位置へと移したりする、ロケーション・トリック群を指しています。

「そうだね、観客に好きな『時刻』のところのカードを思ってもらう、という『時計』の演出はそのまま使っている。『時計』の演出は、カードを単に数えていることを隠匿しつつ、トリックをより分かりやすい、地に足のついた感じにできる。これは抽象的な数字を使うよりずっといい。数えているのではなく、時刻を順番に挙げているようにみえるからね。それも効果的なごまかし方だ。ラリー・ベッカーはもっと進んでいて、観客には好きな月を思ってもらい、カードを示しながら暦を連続的に読みあげていくんだ。『January, February, ……』ってね。私も使いたいところだったんだけど、今回は数という性質を保つ必要があったんだ[2]」

「足し算があるからですか？」私のこの発言は完全にあてずっぽうでした。

バノンは頷きます。「そう。だが『時計』という演出部分を除けば、伝統的な『クロック・トリック』で使うカード位置変換の方法論とはかなり違ったものになっているんだ。1つには、観客は『自分が思った数字と同じだけのカードを取り除く』必要がないこと。何もどかさなくていいし、何も戻さなくていい」

訳注2：英語では月をマーチ、エイプリル、メイのように呼ぶので、数をかぞえている感じがさらに消せるというアイディア。ただし日本語では睦月、如月、弥生ではなく1月、2月、3月……のように数での呼称が一般的なので、月の名称にするメリットはそう大きくありません。

そこについては私はすでに気づいていました。「少しだけどスピードアップになる、ですよね？」

「そうだ。これで、トリックの最後の手続きを少しだけ省ける。見せようか……」彼はそう言って、カードに手を伸ばしました。

「基本的なロケーションはきわめてシンプルで、あからさまには違いないんだが、そうは見えないんだ。きっと基礎をなしている原理は古いものだろう。私はそれを『１＋１＝２』ロケーションと呼んでいる。思い出してほしいんだが、思ったカードはデックのトップから12枚のうちの１枚になる。私がしなければならないことは、私の好きな時間ぶんのカードを、この12枚の上に載せることだけだ」

「え？　それだけですか？　それで終わり？」私は尋ねました。

「ああ、だが巧妙にやるんだ。私はクリンプをつけたキー・カードを使っている」彼はデックをカットし、そして持ち上げてくれたので、私はボトムのカードを見ることができました。「ジョーカーに下向きのコーナー・クリンプをつけてある。だからこれがボトムに来るようにカットすることができるというわけだ」

基本的なクリンプは、インデックスのコーナーの片方を、３mmくらい下方向に曲げるものだというのを私は思い出していました。こうすることで、クリンプはうしろ側から見つけることが容易になり、そして手元を見ないでもそこから簡単にカットできるようになるのです。

私はまた、バノンはよくジョーカー２枚のうち片方にクリンプをつけていて（写真１）、使うもよし、使わずどけておくもよし、といったように、状況に応じて使い分けられるようにしていることも思い出しました。もっとも、これはその場でボトム・カードにクリンプをつけるのでも充分でしょう（写真２）。

写真１　　　　　　　　　　写真２

「それから、もし望むならデックはシャッフルしてもいい。そうしたら、クリンプ・カードをカットしてボトムに持ってくるんだ。最後に、クリンプ・カードの下に７枚のカードをシャッフル

て移そう。これでクリンプ・カードは下から8枚目になった。ここからは好きなだけシャッフルしてもいい。ボトムの8枚さえ乱さなければね」バノンはトップの3分の1くらいを取り上げ、それをデックの後ろから噛ませました。ボトムの8枚よりかは上に、ですが。ソフトな音を立てつつ、カードをカスケードします。私が座っていたところからは、それは確かに本当のシャッフルのように見えました。

「OK、トリックの準備はこれで完了だ」

III

バノンはカードを選ぶパートについてさっと要約しました。「観客は1から12の中で時刻を思うわけだね。そうしたら演者は、デックのトップから1枚ずつカードを12枚取って観客に見せていくんだ。まず右手でトップ・カードを取って、それを見せる」

「そうしたら右手はその場にとどめ、左手のデックを近づけていって、先ほどのカードの向こう側に次のカードを取るんだ」（写真3）。

写真3

「カードの順番が逆順にはならないことが分かるだろう。それから3枚目、云々……と。左手だけが動いている状態だ。こうすることで観客が見るときにカードがぶれないから見やすい。私は右手を動かしていないからね。これは、次のカードを取りにいくのに右手が動き続けているのよりも遥かにいいんだ」

バノンは取ったカードをデックのトップに戻し、デックの上半分をカットしてテーブルに置き、残りのデックをその上に載せました。どこかにクリンプがあるということを知っていてもなお、このテーブルでのカットはフェアで、何もやましいところのない感じに見えます。

「12枚のカードを示したあと、それをデックに戻して2回カットする。だがその2回目はクリンプのところでカットするんだ。クリンプ・カードがボトムに来るようにカットすれば、12枚の『思われたカード候補』の上に7枚のカードが来ることになる」

バノンは私にデックを渡し、ボトムのジョーカーをチラッと見せました。彼が言います。「私は観客の選んだ時刻に関しては一切聞かないんだ。そもそも聞く必要がない。その代わりに、私は観客の時刻──それが何であれ──に私の時刻を足して、その枚数分をテーブルに配るようにお願いするんだ。観客が、自身の8時に私の7時を足すと15になるわけだが、それを配って15枚の山を作っていく。観客の思ったカードはいま配られた山の一番上にあるんだよ。分かるかい？」

なるほど、私にもちゃんと理解できました。私たちが最初にトップに置いた7枚のカード、これが最初に配られます。そして観客の『選んだ時刻』と同じ分のカードが、合計に達するまで配られます。そうすれば当然、配られたカードの山の一番上は、選ばれたカードになるわけです。非常にシンプルでした。あまりにも単純です。

「OK、1＋1＝2は理解しました。なんでこんなのでみんな引っかかるんですかね？」そう私は尋ねました。

バノンは待ってましたとばかりに答えます。「思うに、理由は3つだ。最初に、観客の注意がいずれか個別の数ではなく、2つの数の合計にだけ向くこと。もし『OK、まず僕の時刻のぶんを配って。そうしたら今度は君の選んだ時刻のぶんを』とか言ったら、もっとバレバレになってしまうだろう。もちろん、それこそが『起こっていること』なんだが、合計値に注意を向けさせることで、ここを少しばかり曖昧にしているんだ」

「次に、『自由な』カットがとても公明正大であること。最後に演者がカットできるのなら、観客に何度だってカットをしてもらって構わない。こう何度かカットすることで、カードを配り始めた箇所と最初に見せたカードとのあいだに、心理的な隔たりを作ることができるんだ。この配る操作はランダムで、関係ないものに見えるだろう」

「最後だが、私が『重要でない物の押し売り』（the hard sell of the immaterial）と呼ぶものがある。これは、手法に全く関係がないところは強調し、手法に関係してくる要素については強調しないという、昔からあるベスト・プラクティスだね。さて、君は時刻も、カードが何かも知らない。どこにあるのかに至っては、君はもちろん、観客にも分からない。これはまったく本当だ」

「こういった側面を観客に確認させることで、演者はトリックの『不可能性』を前面に押し出して主張するだけではなく、観客を唯一の問題点からミスリードするんだよ。つまり、『配った合計枚数と、彼女の選んだ時刻のあいだには関係性がある』ということからね。これは『2－1＝1ロケーション』とでも呼ぶべきかな。私はここでの最後の台詞がことさら気に入っていてね。『君が何枚のカードを配ることになるのか、あらかじめ知るなんてことはできない、そうだろう？』これまた本当にその通りで、合計に注目させることで、その根幹部分にある手法については不明瞭にしてしまうわけだ」

トリックの裏側が分かってくるにつれ、私はバノンが正しかったことを理解しました。このトリックはほぼ完全にハッタリだったのです。本当にしなければならないこと、それはクリンプのとこ

ろでカットする、これだけです。残りはハッタリの積み重なりに過ぎないのです。『タネと仕掛けはございます』かあ……。

IV

「それで、リバース・ファロではどうするんですか?」と私は尋ねました。私はバノンがパケットをシャッフルしていたのを思い出していました。「あ、分かりましたよ。選ばれたカードをリバース・ファロの適切な位置にコントロールしていたんでしょう、違いますか?」私はこのとき、リバース・ファロを使う、カール・ファルヴスの"Oracle"という呼ばれる作品を思い浮かべていたようです。後に私はそれを『Pallbearer's Review』, Volume 6, Number 1 (November 1970) で見つけました。

バノンはミステリアスな笑いを浮かべ、「まあ、違う。そうだ、とも言えるけどね。私がやったことは『トップ・カードをボトムに移して、そこにとどめておいた』。それだけだ」

彼は私の顔に浮かんだ困惑を見て、そして少し笑っていたに違いありません。「最後にもうひとつの偽りとハッタリがある。サイモン・アロンソンの実に巧妙な"Bluff Oracle"だ。サイモンはリバース・ファロの操作の中で、特定のカードを残すのに、必ずしも数理は必要ないということを悟った。彼は単純に、そのカードをボトムにコントロールし、それから連続でリバース・ファロをしているように見せかけて、その実、ボトム・カードが入っていないほうのパケットを捨てるだけにしたんだ」

バノンはさっとパケットを広げると1枚おきにアウトジョグしていきました(写真4)。「ボトム・カードがどこに行くかだけ見ていればいい。アウトジョグしたものを抜き出したら、ボトム・カードを含んでいないほうのパケットを捨てる。ときにアウトジョグしたほうを捨てることもあるだろうし、そうじゃないほうを捨てることもあるだろうね。最終的にボトム・カードが残されるまで続ける。なんと素晴らしいんだ」

写真4

「2枚にまでなったところで、エキヴォックを加えてもいい。観客にどちらか1枚を指すように

頼んで、どちらと言われようと、観客の憶えたカードと違うほうを捨てればいい。言い換えれば、観客が選んだほうのカードを指したら、『そちらのカードを残すことを選んだわけですね』、そんな風に振舞えばいいわけだ。もし観客が選んだのではないほうのカードを指差したら、『ではそれは捨てましょう』とね」

「なにも知らない観客には、これはパケットの中ほどにあった何枚かのカードへとランダムに絞っていくかのように見える。手品を多少分かっているタイプの人たちには、演者がリバース・ファロを行って、パケットの中ほどにある特定のカードへと絞っていっているように映るだろうね。無論、どちらの陣営も間違っているんだが」

私は"Oracle"のロケーションと、リン・シールズの"Moracle"（これも『Pallbearer's Review』, July 1971に載っています）の、マルチプル・オラクル・ロケーションはよく知っていました。特にバノンは、2005年に出した『Dear Mr. Fantasy』の中でも人気だったトリック、"Beyond Fabulous"でその原理を実にうまく使っていました。ですが、アロンソンの"Bluff Oracle"は私にとって新しいもので、そして実に悪賢いものでした。

悪賢く、そして効率的。バノンは効率大好きタイプでした。彼は常にトリックをより短く、優美にしようとしているのです。「これは多くの問題を解決できるね」と私は言いました。「アロンソンはどこでこれを発表しているんですか？」

「いや、未発表だよ。ここだけの話にしておいてくれ」

V

プレゼンテーションが必要最小限だったことを思い出しつつバノンに尋ねました。「さっき『時間と空間を統べし者』とか使いましたよね？」

「クロック・トリックを演じるときはほとんどいつもそうしている。『時間と空間を統べし者』のアプローチは、プレゼンテーション上の多くをクリアできる。もっとも分かりやすいのは、『好きな時刻を選んで』という仕掛けに文脈を与えてくれることだね。最初の一言二言のあと、台本はもう単純な説明調となる。指示したり、状況を描写したり、何が起こっているのかにコメントしたりとね。これはすべて『小道具の冒険』になっている。一部の人からは悪く言われるが、『小道具の冒険』は本来的には何ひとつ間違ってはいない。それでいいんだ。なぜならすべては文脈の中で起こるのだから」

「文脈？」

「文脈だ。君は知っているだろうけど、私はトリックに意味があるべきとは思っていない。だが興味を惹いて面白くあるべきだとは思う。興味というのは文脈によって作られるものだ」

彼がウォーミング・アップを済ませただけだということが分かりました。いかに冗談めかさず、

押し付けがましくなく、珍妙でないようにトリックのプレゼンテーションを行うか──バノンがこれについて多くの時間を割き、考えてきたか、私はよく知っています。

「『時間と空間を統べし者』が、他にどんな意味を持ち、どう役に立つか考えてみてほしい。まずこの演出は、私が『カーテンの向こうを覗く』（A peek behind the curtain）と呼んでいるプレゼンテーション戦略を使っている。手品をしない普通の人は、マジシャンがどうやってその能力を身につけたのかよく分かっていない。どう生きてきたのか、何を経験してきたのか、集まったときには何をしているのか、そういった類のことがね。だから、そういうことについてちょっとだけ説明しようとする、秘密のカーテンの向こうを覗き見させるような申し出、これが興味を生むんだ」

私はバノンがエース・アセンブリのプレゼンテーションで、それと似たアプローチを採っていたことを思い出しました。そこで彼は「マジシャン同士が会ったときに、お互い見せ合うようなトリックをお見せしましょう」みたいなことを言っていました。それが『カーテンの向こうを覗く』ということですね。

「他には？」と私は尋ねました。

「そうだな、もう1つのプレゼンテーション戦略が、『ペルソナ・ベース』だ。正しい種類のペルソナであれば、観客は『あなたがやっているから』というだけでトリックを見てくれるだろう。ここに追加のプレゼンテーションは必要ない。デヴィット・ブレインが「見な」（"Watch this."）と言っている状況を考えてみればいい。ここでは、『"時間と空間を統べし者"として振る舞う』ことで、ペルソナの要素を強めるんだ。そして、『私が辿り着いた限りでは』という率直で自己批判的な告白を加えたとき、ペルソナの要素はより大きなものになるんだ」

「一体いくつ『プレゼンテーション戦略』を持ってるんですか？」

バノンは自分の腕時計を見ました。仕方ない、それはまた今度としましょうか。

Buf'd

　薄汚いホテルのみすぼらしい部屋に、いい歳をしたかすみ目のオッサンたちがすし詰めになってカード・トリックをしている――お察しの通り、そう、ここはマジック・コンベンション。

　私は二度見してしまいました。そうそうあることではありません。バノンは特に難しいスライト・オブ・ハンドで有名というわけでもありませんでしたから、私はこの単純な２枚の入れ替わりがこう終わるとは思ってもみなかったのです。私は頭を振り、そして横の観客を見ました。どうも彼は以前にこのトリックを見たことがあり、私のようなリアクションにも慣れているようでした。「バノネートされましたねえ」と彼は微笑しながら言いました。

　ああ、その通り。びっくりはしましたよ。なに？ 『バノネーター』とやらによって？**3** いや彼らが何と呼んでいるのかは知りませんがね。私はバノンがスタイリッシュな映像でお馴染みのBig Blind Mediaと手を組む前から、バノンのことは知っているんです。彼がそこの黒いドクロがプリントされたTシャツを着て、特製のファンキーなトランプを使い始める前からですよ。その私にバノネートって。勘弁してくれって話ですよ。

　バノンはデックのトップ数枚をスプレッドし、一番上の２枚を取り上げて私にその表を見せました。「２枚のカードを憶えられるかい？　スペードのエースとハートのクイーン」

　私は頷きました。「もちろんです」

　バノンはその２枚をデックの上で表向きにひっくり返しました。「結構だ。では謎をお見せしよう。不思議で不可解な謎を……。謎というのはこうだ。エースをボトムにしたら、クイーンはトップ。いいかい？」

　彼はAを裏向きにひっくり返してデックのボトムへと回しました。そして彼はトップ・カードを右手で取り、ゆったりと揺らします。

　「しかしその答えは『不思議』だ。なぜならエースはトップにあるからね」彼は右手のカードをデックの上で表向きにひっくり返しました――♠Aです。それから、彼はゆっくりとデックを表向きにひっくり返しました。そこには♡Qが。「クイーンがボトムだ」

訳注3：BANON-ATORはアーノルド・シュワルツネッガー主演の映画『The Terminator』からの語呂遊び。バノネーターに、バノネートされるということなので、バノンにしてやられる、引っ掛けられる、程度の意味でお考えください。

ジョン・バノン カードトリック HIGH CALIBER

「不可思議とは何か、知っているかな？ 不可思議、それはクイーンがトップにある、ということだ」彼は両手のあいだにカードを広げました。何もしていないのに、表向きのQの下の残りのデックはすべて裏向きでした。彼は一番下にある裏向きのカードを抜き出すと弾いて表向きにします──♠A！「エースはいまボトムにあるんだ」

うっわ……。何と言い表せばいいのか。再トランスポジション？ キックバック・トランスポジション？ バックファイア？ 何にせよ、予想だにしなかった現象でした。

するとバノンは表向きのAを表向きのQの上に載せました。「忘れないで──スペードのエースと、ハートのクイーン」彼は2枚を裏向きにひっくり返してデックの上に置き、そして繰り返しました。「スペードのエースと、ハートのクイーン」

彼はトップのカードをひっくり返して、裏向きでカードの箱の上に置きました。「エースはちょっとだけておこう。クイーンはデックに入れてしまう」彼はデックのトップ・カードを取り、デックの中ほどへと差し込み、それから何度かカットをしました。

「さて、クイーンを見つけるのにどのくらいの時間がかかると思う？」それはまったく修辞的な質問でした。なぜなら彼がカードの箱の上のカードをひっくり返しましたから。Aではなく、Q。

「エースはどこだろう？」またしても修辞疑問。「デックの中に違いない……手掛かりを探せば、見つけるのは簡単さ」デックの中ほど、3枚の表向きのAと、そのあいだには1枚の裏向きのカードがありました。もちろん、それは♠Aだったのです。

「もう1つの謎は……解決だね」

II

「こんなのは見たことがない。やることがすごく多そう」

バノンはドーナツ・ショップのただ1人のウェイトレスを呼び止めようとするのをやめ、テーブルの向かいから私をじっと見ました。「何だって？」と彼。「やることが多い？ たった1回半のダブル・ターンオーバーだけさ。それだけ。2動作にも満たないよ」

「本当に？」私は疑いも露に言います。

「4枚のAとハートのクイーンを出して」と彼は素っ気無く言いました。「クイーンを、裏向きのパケットのトップにして、それからスペードのエースは上から2番目になるようにセットして」

私がごちゃごちゃとやっているあいだに、バノンは自分のデックを取り出しました。バイシクルのヴィンテージ＃5の『キューピッズ』、バノンは近頃このデックがお気に入りでした。彼は熱心なデック・コレクターというわけではないのですが、見た感じが一味違うデックが好きなのです。

「マーローのバッファロード(Buffalo'd)・プリンシプル、というのを聞いたことは?」知っているような気はしたのですが、それが何だったかよく分かりません。後に分かったことには、それは私の生まれよりもやや古い、『Ibidem』、15, p.288 (December 1958) に載っていました。

彼はデックのトップの2枚のカードをひっくり返します。「見てごらん、スペードのエースと、ハートのクイーンだね?」と、トップとその次の表向きのカードを指して言いました。私は頷きます。

彼はこのペアを裏向きにひっくり返し、トップ・カードをテーブルに配りました。「スペードのエースと、ハートのクイーン」彼は次のカードを右手で取り、止まります。

「ええと……それから?」私は困惑していました——彼が手の中にあるカードを見せてくれるまでは。手に持ったカードはすでにQではなくAでした。そしてQはテーブルに。

「バッファロード。表向きになった2枚のカードの名を言って、これを裏向きにひっくり返すが、表向きだったときと同じ順序でカードの名前を言うんだ」

「そうか。2枚一緒にひっくり返したんだから、順番は逆になるのか」

「その通り。人は、カードの名前をそのように口に出せば、そうなんだと思うものなんだよ。マーロー自身のこのシンプルなバージョンであってさえ、とても効果的だろう」

「ということはここにはそれ以上のことがある、と?」私は尋ねました。バノンは微笑みます。

III

「このトリックはバッファロードというコンセプトに対する私の探求なんだ。最初のフェイズでは、私が『ブラファロード(Bluffalo'd)』と呼んでいるものを使う」

「面白いですね」と私。別に面白くはない。

「4枚のエースと、ハートのクイーンはあった? クイーンはトップ、2枚目にスペードのエースは来てるかい? グッド、裏向きにしたパケットをデックの表側にセットして」と彼が待ちきれない感じで言いました。

「表?」OK、表向きのデックを持っていて、その上に裏向きの5枚のパケットということか。こうすると普通の裏向きのデックを持っているように見えます。私は彼が、実際にはどのくらい先んじていたかが分かり始めていました。

バノンは続けます。「実際の状況が露見してしまわない限りにおいて、つまり、4枚までなら押し出すことができる。なので4枚をスプレッドして、揃え、それから右手でトップの2枚を取ろう。

右手を上向きに返して、この2枚を見せる」(写真1)。

写真1

「観客に、2枚のカードを憶えていられるかを尋ねる。そうしたらこのペアの名を言うが、表側、つまりスペードのエースからだ。それから次のカードを言う。ハートのクイーン、と」

バノンは2枚のカードを表向きにデックの上でひっくり返しました。「2枚をデックの上で表向きにして揃えるが、そのとき左手小指でその下にブレイクを取っておく。ここでは少々タイム・ミスディレクションが必要だ」

バノンが『タイム・ミスディレクション』と言うとき、それが示すものはひとつ——『不整合』です。バノンがトリックを作り上げるときのキーとなるルール、それは『人間の性質を利用する』ことでした。言い換えれば観客の知覚的・分析的なショートカットを逆用するのです。彼はそれを『柔道』の型と呼んでいました。たとえば、人はそれが重要ではない、もしくは重要そうではないものに対しては、まるで注意を払わないものです。なので、少々の時間が経過したあとには、観客は現状について、こちらがそうだと言った内容をそのまま受け入れてしまう、というわけです。彼らが実際、数秒前に自分自身で見て、そしていまも実際にそうなっている状況ではなく。

「ここで私は、『不思議で不可思議な謎』について、ウィンストン・チャーチルの言葉を引用する[4]。これは実際にはソビエト政府についての発言なんだが、カード・トリックにもうまくハマる。事実、こういう格言の引用というのは、概して説得力のある場面設定や文脈をトリックに与えてくれるものだが、このトリックではそれが実にうまくいくんだ」

彼はまっすぐに私を見ました。「注意して。私は何度もマジシャン相手にこれを説明してきたが、大部分の人は最初理解できないんだよ。用意はいいかい?」私は頷きました。

訳注4:この台詞は、原文では "a riddle... wrapped in a mystery... inside an enigma." となっています。これはウィンストン・チャーチルが、1939年10月のラジオ放送で、ロシアの不可解さについて語ったフレーズが慣用句化されたものです。

「OK、ではおさらいだ。いまエースとクイーンの下にブレイクを取っているが、エースしか見えていない。これからダブル・ターンオーバーをして、2枚のカードを1枚のようにして両方とも裏向きにひっくり返す。そうしたらトップ・カードを取り、それをデックのボトムへと移す──『スペードのエースだ』と言いながらね」

私は彼を見ました。「それで？」

「それで、ここに大きな不整合があるんだ。両方のカードは最初表向きだった。だからエースを裏向きに返したとき、クイーンは本来表向きのままであるべきなんだが、『彼女』はそうじゃなかったよね。そして『エース』をボトムへと移したあと、トップにある裏向きカードを取ってこう言うんだ。『クイーン』とね。これですべてがうまくいくのさ」

彼が正しいことは疑うべくもありません。不整合に『バッファロード』のミスコールが加わり、非常にディセプティブでした。

「このひとつの技法──本質的には完全なダブル・ターンオーバーの半分──これがすべてを成すんだ。そうしたらエースがトップにあることを示して。私はエースをデックから離してぱちんと表向きにするのが好きで、そうしたらそれを表向きでトップに置くんだ。こうすることで、ちょっとだけ余計に、デックの『トップ』を印象づけられるというわけさ。さて、エースを表向きにしたまま──これはすぐに次の不整合を引き起こすんだが──デック全体を縦方向にゆっくりとひっくり返し、デックのボトムにクイーンが現れたことを示そう」

これだけでも効果的な入れ替わり現象になるでしょう。ですが、セットアップをしておいたおかげで、最後のどんでん返しが残っていたのです。

「手順を進める前に、ここで少しだけ間を取ろう。ミスディレクションと、ドラマを盛り上げるためにね。ちょうどいま、君は表向きのクイーン、裏向きのデック大部分、3枚の表向きのエース、そして裏向きのスペードのエース、という状態になっているよね。パーフェクト。ここでゆっくりとデックを広げて。そうするとクイーンが裏向きのデックのトップにあるように見えるだろう」（写真2）

「当然、表向きのエースが出てくるところまで広げることはできないから、充分余裕をもった手前で止める。私はスプレッドを粗く閉じ、それを右手で取る。そうしたら左手で、一番下のカード──これは裏向きのスペードのエースだが、これを引き出して表向きに返す。それから、表向きのエースを表向きのクイーンの上に載せて、全体を左手ディーリング・ポジションに揃えるんだ」（写真3）

写真2

写真3

「素晴らしいトリックです」と私。ただ、このトリックは行うのは至極単純だけれど、構造はいくらかややこしいなと思いました。セットアップしたデックに言葉の工夫、そしてひとつふたつの不整合に最小限のスライト・オブ・ハンド、バノンはこれらを何層にも積み重ねていたのです。この手のトリック、つまり色々な要素を慎重に組み上げておくことで、ほとんどの仕事は前もって済んでいるタイプのものが、彼は特に好きなのだということは知っています。

IV

「ここでトリックを終わりにしてもいいと思う。しかし私は2段目がほしかったんだ。1段目からうまく繋がるだけでなく、自然なかたちでデックから証拠を消してしまえるようなものがね」

「へえ、どうやってこの第1フェイズを上回るものを思いついたんですか？」

「まあ、実際にはできていない」とバノン。「だから、上回ろうとチャレンジする代わりに、ブラッファロードのフェイズを補完しようとしたんだ。第2フェイズは手早くできるものでなくてはならないと思ったのだけれど、それにはギアを換える必要があった。単なる入れ替わりではなく、いや主眼は入れ替わりだとしても、『少なくとも入れ替わりはする』というくらいに。意味分かるかい？」

「そうですねえ」サッパリ分かりませんな。

「幸い、基本の『バッファロード』戦略は、これを2回やりおおす程度には十分強力なサトルティであると思うんだ。主にセットアップのせいだが、これはオープニングで演じるトリックになるだろう。とすれば、トリックの締めにはエース・プロダクションが効果的じゃないかと考えたんだ。特にエース・プロダクションなら、第1フェイズを食ってしまうことなく、それでいてある程度の関連性を持たせることができるだろう」

「理解できました」と私。バノンの短い結論の裏には、物凄く多くの分析があったのだと理解しました。

「それでちょうどいま、我々は表向きのエース、表向きのクイーン、残りのデック、そしてボト

All In／Buf'd

ムに表向きのエースが3枚というのを持っている」バノンはカードをスプレッドして、そして閉じて揃えました。

「今回、我々は続く位置交換を気取らせないようにしたいわけだ。だから、まず2枚のカードの名前を口に出して言う。『スペードのエースと、ハートのクイーン』とね」バノンがAを押し出すと、Qが見えるようになりました。「ここでは、両方のカードを一緒に裏向きにひっくり返すが、その下に小指でブレイクを保っておく。さて、2枚のカードの名前を単に繰り返すかのようにして、ダブル・ターンオーバーをしながら『スペードのエース』と言う。ダブル・カードを裏向きにひっくり返して、トップ・カードをカード・ボックスの上に置いてくれ。そうしたらトップ・カードを取り、これを『ハートのクイーン』だとミスコールしよう」

「OK、分かりました。ここは基本的な『バッファロード』ですが、その途中にさらっとダブル・ターンオーバーをしているんですね」後に、バノンが私に語ってくれたところによると、これは彼の畏友であるデヴィット・ソロモンによる『バッファロード』・サトルティのハンドリングで、『The Wisdom of Solomon』(p. 8, 2007) の "Pure Vice-Versa" などで読めるとのことでした。

「その通り。ここで左手小指でデックの一番下のカード、表向きのエースのうちの1枚だが、それをプルダウンする。『クイーン』ということになっているカードを取り、これをデックのうしろ側に差し入れるように見せるんだが、実際にはこれをプルダウンしたカードの上へと入れる。これは逆『ティルト』というか逆『デプス・イリュージョン』みたいなもので、カードを差し込むときはデックを微かに上向きに傾けておき、押し込んで揃えるときに下に傾けるのがいいね」（写真4）

写真4

「最後に、デックをさりげなく普通にカットするかランニング・カットして、先ほどのエースと残りのひっくり返っているエースを真ん中あたりに持ってくる。そうしたら、まずは箱の上にあるのがエースではなくクイーンであるのを示そう。それから『手掛かりを探す』という名目でカードを広げていく——これは謎という文脈にも合致している——そしてもちろん、何かを見つけるわけだ——ひっくり返った3枚のエースをね。デックはクリーンで、トリックは終わり。もし望むならそれらのエースを使うこともできる」

V

「これはいいですね」と私。「バックファイア的な入れ替わりは素晴らしい。どうやって思いついたんです？」

「最初のフェイズは、ダン＆デイヴ・バックの『Sleightly Magical』というe-book、および『Trilogy』という名のDVDにある、"Hedberg's Peak"に着想を得た」私はいままで、カード・マジックのフラリッシュというカテゴリには興味がなかったのですが、バノンはそこに対してもリスペクトがあるようで、時折『シビル』・カットをやったりもしていました。私たちのような人間よりも、彼は『Cardistry』（カード・フラリッシュ・アート）についても、置いていかれないようにしているようです。

「面白いのは、もちろん、即座に起こる再度の入れ替わりのところだね。とはいえ、実際のハンドリングではきわめて高度なことが要求されたんだ。レギュラー・デックで始めるんだが、ある一時点で、デックのほぼ全部をハーフ・パスをする必要があったんだよ。私は、本質的にはこのハーフ・パスを前もってやってしまうことで、ハンドリングをシンプルなものにしようとしたんだ。ほとんど同時期に、サイモンとデイヴ、そして私は、ビール・グラスの上下でやる、スカーンの入れ替わり現象の即席ハンドリングを弄っていてね。そこで『バッファロード』が自然と出てきたんだが、これはバック兄弟のトリックにもピッタリのように思えた。あとはもう、手を動かすだけだった」

Origami Poker Revisited

「あらゆる面から見て、これはおそらく地球上でもっとも優れたセルフワーキング・トリックだ」バノンはこのトリックをそう評しました。悪くありません。特に、バノンが自分のトリックを褒めるタイプの人間ではないことを考慮すればなおさら。彼はトリックの良さや欠点については、あえてことさらに言うことはありませんから。

その晩、以前バノンの撮影の際に観客をしてくれたリズ嬢に偶然出会ったのですが、バノンは「何か特別なやつをやってみようか」と言いました。ですが、彼はデックを箱にしまい、蓋を閉じ、脇に置いたのです。そしてポケットへと手を伸ばし、真ん中あたりを2ドル札でぐるっと巻いた少枚数のパケットを取り出し、それをテーブルへと抛りました（写真1）。

写真1

私にはカードの一番上だけ見えましたが、ラス・ヴェガスのどこのホテルの売店でも買えるようなカジノ・デックのようで、珍妙な、ピンクがかった色をしていました。

リズがこのパケットに強く興味を持ったことが見て取れました。彼女はカード・トリックに不案内というわけではなかったのですが、このトリックは彼女の知るものとはまるで違っており、明白に一線を画していたのです。

「リズ、私は超能力とかそういった類の力は全く持っていない。けれども影響力について、つまり私たちの行動や振る舞いに影響を与える力というものについて研究しているんだ。影響力についての実験をやってみよう。いいかな？」

バノンはパケットを取り上げ、封紙の2ドル札を抜き取り、パケットを表向きにひっくり返して

軽く表を見せました。見るところ、10やそれ以上のいわゆるハイ・カードをランダムに集めたもののようです。

「カジノ・デッキからハイ・カードをいくらか持ってきた。私からすると混ざっているように見えるけれど、可能な限り、もっとランダムにしよう。たとえばこんな風にシャッフルできる」そう言ってバノンはパケットを裏向きにひっくり返し、何度かさらっとオーバーハンド・シャッフルをしました。

「シャッフルすることでカードの位置が変わる。それから、何枚か表向きにして、それらも一緒にしてシャッフルすることもできるね」バノンはパケットの半分くらいを広げて取り、表向きにひっくり返すと、表向きのカードと裏向きのカードを一緒くたにシャッフルしました。パケットを広げ、カードが混ざっていることを示します。

「こういう風にシャッフルすると、カードの表と裏という向きが変わる。リズ、こんな風にシャッフルしてくれるかい？」バノンはパケットを表向きと裏向きが混ざるようにオーバーハンド・シャッフルをしました。

リズが頷くと、バノンはパケットを手渡し、そしてシャッフルさせます。バノンは言いました。「いいね。もう1回シャッフルしてみよう」彼女は言われた通りにしました。

「同じく、カードの位置も向きも両方ランダムにしてしまうのに、こういった混ぜ方もある」バノンはカードを各列4枚、3列にわたって配りました（写真2）。

写真2

もちろん、表向きのカードも裏向きのカードもあります。バノンはこれで何をするつもりなんだろうと、私は不思議に思っていました。とにもかくにもリズと彼、双方がシャッフルを繰り返しました——しかも表裏ぐちゃぐちゃに。私が見た限りではきわめて公明正大に行われたように思えます。

「リズ、ここにあるカード全体が1枚の紙だと思って。これから1回につき縦か横でこの『カードの紙』を折りたたんでいって、ひとつのパケットにまでしていこう。最後に折りきるまで、どこの縦で折るのか横で折るのか、君が決めるんだ」

口で説明しながら、バノンは左端の列のカードを真ん中の列へと重なるようにひっくり返す真似をしました。

「OK、大丈夫かな？　じゃあ、最初に折るのはどの縦列？　それともどの横列？」

リズは下側の横列を選びました。バノンはその横列のそれぞれのカードを、隣り合った真ん中の横列へとひっくり返していきます。裏向きのカードだったら、この操作で表向きにひっくり返ります。逆に表向きのカードだったら裏向きにひっくり返されるわけです。行き当たりばったり、特にコントロールもされていないように見えました。

次に、リズは右の縦列を選び、それから今度は新たな右端の縦列を選びました。折られていくにつれ、それぞれの場所も1枚、2枚、もしくはそれ以上のカードになっていきます。その場所が折られると、そこにあるすべてのカードはひとかたまりにひっくり返されます。さらに何度か、リズの指示通りに折っていくと、広げたカードは最終的にひとつのパケットへと戻りました。

最後のもうひと折りとして、バノンはパケット全体をひっくり返しました。

「さて、どのくらいランダムになったかな？　私たちはお互いにカードを表と裏でシャッフルしたね？　それから、それからめちゃくちゃに折りたたんだが、その都度、どうやるか君が選んだ、そうだね？　この混ぜた結果について影響を与えるような方法は何もなかったはずだ」

彼の言に、いまや躊躇うことなくリズは同意しています。実のところ、私もそうでした。

「結果に影響を与える方法はない……我々が法を破らない限りは」バノンが何やらよく分からないことを言い出しました。

「我々が自然の法を破らない限りにおいては……だけどね」バノンはゆっくりとパケットを広げます。5枚のカードが表向きになっていました。スペードのロイヤルフラッシュです！（写真3）

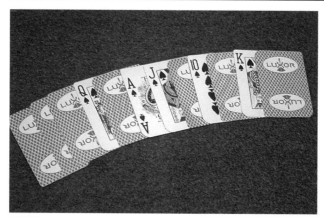
写真3

II

　即興の『ショー』が終わり、リズとその夫がカフェを去ったあと、私は「素晴らしいトリックです」と言いました。「本気で、地球上でもっとも優れたセルフワーキング・トリックだって思っているんですか？」

　「それに相応しいだろう。いかなる技法もなく、操作と呼べるほどのものもない。毎回うまくいく。どのように機能するものなのかをまだ知らない者だったら、……トリックを演じている者ですら引っ掛けるだろう。ロイヤルフラッシュのエンディングはドラマティックで、『あとから分かる自己参照的な』構造の予言と見なせるだろう。ロイヤルフラッシュが最後に示されたとき、観客は皆、これが意図的な結果だったことを知るんだ。だからこれは、『予言のない予言』のようなものなんだよ。最後になるが、たった12枚のカードしか使わないことがさらに、これを引き締まった、狡猾で、そして無駄のない『オリガミ・カード・トリック』にしているんだ。好きにならないはずがないだろう？」

　私は、バノンがハマーのパリティ原理と、『オリガミ』とバノンが呼んでいるカードを『折る』手続きとを組み合わせることに注力してきたのを思い出しました。大半は2005年に出た彼の著書、『Dear Mr. Fantasy』に載っています。

　私はパケットを拾い上げ、一瞥しました。「あれ？　これ普通のカードじゃないですか」と私。

　バノンはスマートフォンのメールから目を上げました。「それで？」

　「だから、使っているレギュラー・デックからカードを抜き出してもこのトリックはできますよね」

　「それで？」

　「『それで？』ってどういう意味です？　そのほうが良くないですか？」

「必ずしも悪くはないが、私はこのトリックは少し飾り立てたパケット・トリックにするほうが好きだな」

「誤解がないようにはっきり言わせてもらいますが」と私は疑うように言いました。「最高の即席トリックを作っておいて、それをパケット・トリックにしちゃったっていうんですか？」

バノンは頭を振りました。「君はあきらかに私のパケット・トリック理論を分かっていないようだね。多くの演者が分かっていないのだけど。いいかい、使っているデックと全く違ったカードを出してくるのが、とても不自然だという類の考え方がある。それは単に『分かっていない』だけなんだよ」

「じゃあ、説明してくださいよ」

「主に3つの理由がある。いや、4つか」と彼が言いました。またしても、バノンは質問への準備ができていたようです。

「1つ目。それは見た目の変化だ。違う、というのはいいことだ。パケット・トリックを色々やれば、そのたびに異なった面白いカードを使い、異なった色とりどりの現象を演じることができる。私たちがレギュラー・デックでは普通やらない、もしくはできないようなトリックだ。たとえば、カラー・チェンジング・デックのトリックをやったら、基本的にはそれで終わりだ。だけど一方でカラー・チェンジング・パケットのトリックを演じたとしたら、まだ始まったばかりってことさ」

「けれども『違っている』というのは、怪しいと思われるんじゃないですか？」と私は尋ねました。「カードがある種の、トリック・カードに違いないとか思われたら駄目なんじゃないですか？」

「そういった疑いは必ずしも悪いものじゃない。もしそれに対して準備済みであれば、疑念というのはとてもいいものになり得る。本当に大量のギャフをその手に持っていたりしないのであればね。構成と取り扱いについて注意を払う必要はあるが、それだけだ」

「分かります、『フラクタル』ですね」『フラクタル』、というのはバノン用語で、最後に検めさせられるパケット・トリックのことです。

バノンは微笑みました。「まさにその通り。次、2つ目の理由は、フォーカスを変えられること。パケット・トリックというのはだいたいにおいて、普通のフル・デックのトリックとは全く違ったものになりがちだ。レギュラー・デックで行われるトリックというのはだいたい特定のカードを見つけるか、もしくは取り出してくるものだ。しかしパケット・トリックは、小さいけれど重大な変化を扱う——たとえば1枚のカードがパケットの中で魔法のようにひっくり返るとかね。少枚数のカードを強調する場合、観客の注意や注目の度合いは必然的に増すものなんだ——クロースアップ・トリックの、より『近距離(クロース)』のかたちだからね」

「3つ目、ギアを換えること。パケット・トリックというのは数々のトリックを区別してくれる。これは非常にいいことだ」

「すみません、何の話かよく分かりません」言葉通り、私は本当に分かりませんでした。

「OK」と彼はため息をついて言いました。「こういう手品格言があるだろう、『たくさんのカード・トリックをやると、次の日に観客が憶えているのは、"いいマジシャンだったね（※そうであってほしい）"と、"カード・トリックをいっぱいやってたね"だけ』、というやつだ。カード・トリックは回想の中で溶けて混ざりあう傾向がある。それはその通りだと私も思った。君もだろ？」

「まあ、そうかも。それについてそれほど考えたことはないんですが」

「だから、パケット・トリックを賢く活用して、大して差のないカード・トリックの奔流をうまく堰き止めるんだ。たくさんのカード・トリックの中でも、パケット・トリックは目立つからね。言うなればだが、ギアを換えるというのは、カード・トリックの流れを止めることができる、ということでもある」

私はこの何というか普通じゃないコンセプトについて考えました。「えーっと、パケット・トリックによってギアを換えることは、トリック同士の違いを際立たせることに繋がるし、運が良ければそれぞれのトリックをより忘れがたいものにもしてくれる、みたいなことですかね」

バノンは頷きました。「パケット・トリック、特にフラクタルなものはだが、全般的に見て良いものだ。トリックを見せるのに、カード用の小さいケースからパケットを取り出してくるというのは、実際全く問題ない。君も見ただろう、私がパケットを出してきたとき、リズがたちまち興味を惹かれていたのを」

「そう言うのなら。さておき、とりあえず何が起きたか私が忘れないうちに、このトリックについて少し話をしましょうよ」

III

バノンはカードを並べ始めました。「12枚のカードが必要だ。スペードのエース、キング、クイーン、ジャック、そして10。それから5枚の赤い絵札と2枚のクラブの絵札。厳密に必要なわけではないが、この7枚のうち1枚を10で代用してもいいね。個々の順序は特にないが、こんな感じでグループにまとめておく」

彼はカードのファンを指さしました。「最初に、表向きに広げたときの一番下側にスペードのロイヤルフラッシュを。ここはどんな順序でも構わない」

「その次がその他の7枚の絵札だ。これもまた、その中がどんな順序であっても構わないが、私は赤いカードの中に2枚の黒を散らすようにしている。実にシンプルだ」

私は同意しました。「シンプル。そして即席。観客の眼前でも、普通のデックからこれらを取り出してくることは簡単だと思うんですよねえ」私はバノンのパケット・トリックのコンセプトにはあまり納得できていませんでした。少なくとも、このトリックでは。

「ああ、そうかもね」バノンは私の発言をさらっと流して続けます。「私はカジノ用のカードを、こうして２ドル札で巻いたものを使っている。見た目の面白さと、興味を惹くためにね。実際にはトリックに何の関係も無い。それからカードや２ドル札についての話も特にしない。演技をするのに、カジノ・カードのパケットからこの２ドル札を取り除き、パケットを表向きにひっくり返して広げるが、全部を広げてはいけない。最後の３枚か４枚についてはかたまりのままにしておくんだ」

「観客はぱっと表の絵柄を見て、全部エースや絵札、あと場合によっては10がある、ということだけ認識する」（写真４）

ぱっと見ただけでも十分にフェアな気がしたことを思い出しました。あのとき私は、バノンが何かを隠していたようには感じられませんでした。彼はスプレッドを閉じ、パケットを裏向きにひっくり返してオーバーハンド・シャッフルの位置で持ちました。

「最初に、パケットを裏向きでシャッフルする。だが、私が実際にやっているのは、左手親指を使って、最初の５枚のカードを１枚ずつ取っていっているだけだ。ロイヤルフラッシュのカードだね。それから、動きを止めずに残りの７枚のカードをシャッフルして取っていく。私はこの７枚については乱雑に、本当にシャッフルしているように見せようとしている」（写真５）

写真４　　　　　　　　　　写真５

彼は話した通りにシャッフルを行いました。いい感じに見えましたが、実際に起こっているのはロイヤルフラッシュのカードをパケットのトップからボトムへと移しただけです。

「表向き、裏向きのカードでシャッフルするパートは、このトリック全体のカギとなるところだ。いや、カギのうちのひとつだね。さて、これからトップ７枚のカードをスプレッドして表向きにひっくり返したら、それを残りの５枚の裏向きカード——ロイヤルフラッシュのカードだが、それとシャッフルする」

ジョン・バノン カードトリック　HIGH CALIBER

　バノンはパケットを広げました。表と裏がランダムに混ぜられたように見えます。ですがいまの私には、この裏向きのカードが、実際にはロイヤルフラッシュのカードであることは分かっているのです。このシャッフルのデモンストレーションのとき、ランダムに混ぜているように見えつつも、実際にはロイヤルフラッシュのカードが隠されていたという手法に、ニヤリとせざるを得ませんでした。ですが、この時点ではまだ、トリックがどのように機能するのかはよく分かっていなかったのです。

　「この時点で、それぞれ個別にカードをひっくり返したりしない限りにおいては、いくらでも、好きなだけシャッフルして構わない。ここは素敵なパートだね。観客だって同じようにシャッフルすることができる。観客は気の済むまでオーバーハンド・シャッフルしていいんだ」

　それは確かにセールス・ポイントになりますね。観客がシャッフルできる、と。しかし本当に困惑する部分は、私が思うに、やはり『折りたたむ』フェイズでしょう。

　バノンが続けました。「観客がシャッフルし終わったら、カードを受け取って『3x4』の格子状にカードを配っていく。ここでは2つの重要なポイントがある。1つ目、これは列を行ったり来たりの『ヘビ』のように、蛇行して配らなければならない。左から始めて、次は右から左、そして最後はまた左から右へとね。次に、配る際には1枚おきにひっくり返して配っていくということだ。ときに表向きのカードを裏向きにすることもあるだろうし、裏向きのカードを表向きにすることもあるだろう」

　私はナプキンを引っ摑むと、忘れないようにさらっと図を描きました。配る順にカードに番号を付け、どのカードがひっくり返して配るものなのかを忘れないため、小さなアスタリスク記号を偶数枚目の番号の横に書いていきます。私の理解では、1枚おきにカードをひっくり返すことで、トリック全体がうまくいくようです。

```
1    2*   3    4*
8*   7    6*   5
9    10*  11   12*
```
(*マークが付いているカードを配るときにはひっくり返す)

　「ここが一番いいところだ」とバノンが強く言いました。「カードが配られたら、このグリッドをひとつのパケットになるまで『折りたたんで』いく。もっともっとカードが混ざっていくように見せてね。同じくらいいいところなんだが、この折りたたみプロセスは観客が指示を出していくんだ。どんな風になるのか見せよう。観客に、このグリッドの一番外の横列か、縦列を指示してもらう。ここでは一番上の横列を使おう」

　私の図でいうと、カードの1，2，3，4になります。列を『折る』ので、カード1はひっくり返してカード8の上に置き、カード2はひっくり返してカード7の上に、カード3はひっくり返してカード6の上に、そしてカード4はひっくり返してカード5の上に載せます（写真6）。

All In／Origami Poker Revisited

写真6

　折りたたみのプロセスが進むにつれ、複数枚のカードが重なっている箇所が列の中にできますが、それはひとつのかたまりとして隣にひっくり返します。『折られた』カードは最終的に、ひとつのパケットへと再び戻るわけです。

　「各ステップで、観客にはどの列を『折る』のかを指示させる。ここに、少なくとも私は満足のいく、完全な自由さがあるんだ。なぜなら、本当にどこを言われても関係ないからね」とバノン。折りたたみのフェイズは実に自由にやっているように見えたことは認めざるを得ません。それでいて、結果に大きな影響を及ぼしているように見えました。カードの位置や向きが、予想不可能なかたちで変わっていったからです。

　「折りたたむのを終えながら」とバノンが続けます。「パケットの中で、最終的に表向きにすべきカードを見つける必要がある。もしスペードのフラッシュのカードが表向きになっていない場合は、パケットに最後の『ひと折り』ということで全体をひっくり返すんだ。これでいまスペードのカードはすべて表向きになった。もちろん、すでにスペードのカードが表向きになっていたなら、最後のひっくり返しは不要だけどね」

　バノンはテーブル上にパケットをスプレッドしました。ただ、スペードのフラッシュのカードだけが表向きになっていたのです。いま思い返しても、この結果は実に驚くべきものです。

　「最後に1点、スペードのカードをエース、キング、クイーン……のように順にスプレッドから抜き出していくといい。もしかしたら観客は『パケットを広げたとき、ロイヤルフラッシュは並びまで揃っていたんだ』と間違って記憶してくれるかもしれないだろう？」（写真7）

写真7

IV

「やれやれ、一体どうやってこんなのを考え付いたんですか？　とても複雑ですよ」

「ああ、確かに見た目よりも複雑だ。私はこのバージョンには他の副次的な可能性については入れ込まなかった。ここで使うのはすべて、ボブ・ハマーの『カット・アンド・ターン・ツー・オーバー』の原理で、それはもう色々なやり方で試行錯誤したよ。このトリックは、言ってみればテーブルの下でのCATTOみたいなややこしい操作なしでカードを数理的に正しい配置に整え、それから、必要な並べ替えをそれとわかりにくい方法で行うんだ。私は多くの活用例を『Dear Mr. Fantasy』の中で書いたんだが、これは完全にセルフワーキングだ」

「何を言っているのかよく分からないんですけど……」

「気にしないでくれ。要するに、コントロールされた表向き裏向きのシャッフルのあと、カードを1枚おきにひっくり返せば、パケットが正しいハマーのポジションにセットされる、ということだ。これは『Dear Mr. Fantasy』にも載せた元の"Origami Poker"でも使っている。折りたたんでいくプロセスは、実際にはデュードニーによる折り紙実験まで遡るんだが、これは『パケットを2つの山に配っていって、片方の山だけひっくり返す』というハマーの仕組みの最後のステップと、機能的には同一だ。この気づきが、あの本の"Degrees of Freedom"という章全体の基礎になっているんだ。エジソンならこう言うかな、『あとは努力だけだ』とね」

Ion Man

　彼女の反応は実質的に無音。口は無意識のうちに開いていましたが、そこからは何の音も漏れていませんでした。彼女はただ、自身の手のひらをじっと見つめます。そして目瞬き。最終的に彼女は頭を振り、少し笑って、そしていつもの質問をしました。「どうやったの？」と。

　私にとってもっとも興味をそそったのは、バノンがコイン・トリックをやっていたこと、それもメンタル・タイプのものをやっていたことでした。

　バノンはポケットから何かを取り出しました。それは 1 枚の名刺を半分に折り、開かないようにブルドッグ・クリップで留めたものでした。その一辺に沿って、『未来 (The Future)』と書いてあります。見る限り、トランプはありません。さて、この絵の間違いはどこでしょうか？[5]

　バノンは隣に座っていたスタイルのいい若い女性へと向き直り、クリップで留めた名刺をカウンターに置きました。「この名刺はちょっとあとでね。さてサミー、これから想像力のゲームをしたいんだ。まず君の両手を、こんな風にカップのようにしてくれるかな」

　彼女は微笑むと、両手をカップのようにし、バノンのゲームに快く参加したのです。

　バノンが続けます。「3 枚のコインを手の中で振っていると思ってほしい。ニッケル（¢ 5）、ダイム（¢ 10）、そしてクォーター（¢ 25）だ。OK？　では運命の手に委ねてみようか。偶然、コインが 1 枚、手からテーブルに落ちたとしよう。どれが落ちた？」

　「ダイムね」と彼女。

　「分かった。そのダイムは差し上げよう」

　「あら、素敵ね」彼女はバノンの台詞を面白がっていたのかな？　よく分かりません。

　「これでいま、ニッケルとクォーターが残った。では、1 枚ずつ、両手に持って、拳をきゅっと握っていてほしい。それじゃあ、どっちかの手を開けて。どのコインが見える？」

　「ニッケル」

訳注5：『こたえ：バノンなのにトランプを出していない』あたりでしょうか。

「では同じように、これもあげよう」

「うふふ」と彼女。ウケてる？　いや、そんなことはないか。

「もう一方の手を開けて。どのコインが見える？」

「クォーターね」

「では、そのクォーターを見て、それが表か、それとも裏か教えてくれるかい」

彼女はほんの少しのあいだ考えてから言いました。「表ね」

「君はいま、自分の手の上に、クォーター・コインを思い描いている、そうだよね？」私はバノンがここまでの手順をおさらいし始めていることに気づきます。

「それはダイムだったかもしれないしニッケルだったかもしれない。でもいまあるのはクォーター、そうだね？」彼女は頷きます。

「それから、それは『表』を向いている、だったよね？」彼女は、自分の開いている右手のひらを見下ろし、再び頷きました。

「君はもしかしたら『裏』を思い浮かべることもできたかもしれないけど、実際には『表』と思ったんだよね？」

バノンは折りたたんだ名刺を取り上げ、クリップを外しました。「このカードに『未来』って書いてあるの、分かるかい？　未来が何をもたらすのか、見てみようか」

彼は折られたカードをサミーの手のひらの上へと持っていきます。「表向きの、クォーター……」

突然、カードの中から１枚のコインが彼女の手のひらへと滑り落ちたのです。クォーターでした。そしてそれは表向きだったのです。

こんなことになるとは思いもしていなかった私は、最初はサミーと同様に呆然としてしまいました。バノンは名刺をクリップと一緒にバーのカウンターにほうります。

彼が静かに言いました。「想像力のゲームというやつだよ」

II

「あなたがコイン・トリックって……」サミーがコスモポリタン[6]を飲み終わってバーをあとにしてから、私はバノンをからかいました。

バノンは肩をすくめました。「マックス・メイヴェンの"Positive Negative"トリックは、なにがしかの理由でマジシャンやメンタリストたちの琴線に触れるものだった。予言が書いてあり、観客は想像上のコインを、まあ通常は3枚のうちの1枚、それを『選ぶ』というやつだ。選ばれたコインを想像の中で弾くと、『表』か『裏』か、どちらかを上にして地面に落ちる。想像上のどのコインを選ぶのか、そのコインは『表向き』か『裏向き』か、これらを演者は成功裏に予言してみせるわけだね。メンタリストたちはこういうの、つまり、『6つの可能性のうちの1つを予言する類のもの』が大好きだから。ダイスを1回振ったのと同じだね」

マックスのトリックは彼の『Videomind』のDVDセットのVol.2に入っていたような……と、私は曖昧な記憶を辿っていました。後にバノンから、リー・アールの『Syzygy』誌のIssue 2にも載っていることを聞きました。

「サミーもそれ、気に入ったみたいですよね」と私。実のところ、私も気に入ったのですが。

「彼女のコズモも1杯目じゃなかったとはいえ、あなたはそういう言い訳はできませんよ[7]」と続ける私。

「とにかく、とりあえず教えてくださいよ。そうしたらそれの次は私が一杯奢りますって」確かそこにあるバノンのマティーニも1杯目ではなかったはず。

「方法は一般と同じアプローチを採る。エキヴォック1回で想像上のコインのうち1枚をフォースし、表か裏かによって2つのアウトを用意しておく。問題はいかにエンド・クリーンにするか、さ」

彼は名刺とクリップを取り上げ、それをバー・カウンターの下へと持っていきました。「このバージョンでは、2回に1回は完璧に非の打ち所のないかたちで、クリーンな終わりを迎える。もう一方は、心理的にはクリーンに終わる――演出の中にそれを臭わせるところが一切ないから、観客は他のアウトを疑ったりしないのさ」

彼はカードを再度クリップで留めて、それをバー・カウンターの上に置きました。「最後に、こ

訳注6：マティーニの一種でウォッカをベースとしたカクテルの名前。『世界共通』『国際人』などの意味の通り、世界的に飲まれているが、『根無し草』の意味もあったりする、アメリカ的なカクテル。ウォッカ：ホワイト・キュラソー：クランベリー・ジュース：ライム・ジュース を 3：1：1：1でシェイクして作ります（ステアで作ることも）。素材の中で唯一色の付いたクランベリー・ジュースによる真っ赤な仕上がりが美しく、バーに行ったら最初の一杯として注文したい甘口のお酒。干しぶどうを3～4粒沈める流儀も。1980年代以降にできたという比較的新しめのカクテルであり、様々なバリエーションがあります。注文するときは『コズモ』と言ったりします。
訳注7：酔っ払ってもいないのに、バノンがカードじゃなくてコインのマジックをやるなんて、どういう風の吹き回しだ、という『私』氏のツッコミ。

の方法はロー・テクだ。二重の封筒だの、スイッチ用の道具だのは使わないんだ。大がかりな道具を使うに値するほど強烈な現象じゃない」

「最初に、私が合理化しようとしたエキヴォックについてを見てみよう。次に、演技の文脈上で、『アウト』の仕組みがどうなっているのかを見ることにしようか」

III

「たいていのエキヴォックは、あまりにも手が込みすぎたもので、言葉数が多く、そしてしばしば間が抜けている」バノンは『喋りすぎ』なメンタリストを嫌っていました。彼は続けます。「エキヴォック全般に関しての無駄をそぎ落としていく試みの中で、3つのものから選ばせるのに別のアプローチを選んだ。観客に『2つを選んで、そうしたら片方を私にください』というのではなく、まず想像上のコインを3枚すべて手に持ってもらって、『偶発的に』1枚をテーブルに落っことしてもらうんだ。私にとっては、よりスムーズで、ひょっとすると少し手早くやれるようにも思えたんだ」

私はバノンの冒頭の台詞を思い出していました。『3枚のコインを手の中で振っていると思ってほしい。ニッケル、ダイム、そしてクォーターだ。OK？ では運命の手に委ねてみようか。偶然、コインが1枚、手からテーブルに落ちたとしよう。どれが落ちた？』というやつです。

「OK」と私。「落ちたコインはターゲットのコイン、つまりクォーターになるか、あるいはその他のターゲットでない2枚のうちの1枚になるわけですね」

「その通り。もし彼女が『落ちたのはクォーター』だと言ったら、残りの2枚はそのまま持って帰ってもらって、以降はクォーターに注目してもらう。彼女には想像上のクォーターを取り上げて、それを手のひらに載せてもらって、これが表向きなのか裏向きなのかを言ってもらうわけだ」

バノンの直接的で最小限の台詞が聞こえるようでした。『素晴らしい。落ちなかった2枚のコインは差し上げよう。手を伸ばしてくれるかい。落ちたクォーターを取り上げて、自分の手のひらの上に置いて、さて、そのクォーターは表向きかな？ それとも裏向きか、教えてくれるかい？』シンプルであり、通常のエキヴォックの枠組みにありがちな、『鳥が舞い降りてきた』だの、『ビルが燃えている』だのというような不自然さもありません。

バノンは続けます。「もし彼女が違うコインのうちの1枚が落ちたと言った場合、今回のサミーがそうだったんだが、そのときは彼女に、『そのコインは差し上げましょう』と言うんだ。そうしたら、残りの想像上のコインをそれぞれの手に握ってもらう。それからどちらかの手を開いてもらって、いま見えるコインは何かを聞くんだ」この流れはサミーのときに起こったことそのままでしたから分かりやすい。彼女はダイムを落とし、そしてニッケルを見ました。私はここでもまた、端的にまとめられたバノンの台詞が聞こえるようでした。『結構。それも差し上げよう。これで、きゅっと握った拳には、クォーターが残った、ということだね。手を開けて、そのクォーターは表向きか裏向きか、教えてくれるかい』

バノンが続けます。「別の場合、つまり彼女が『見た』のがクォーターの場合だが、そのときは彼女に『もう一方のコインはあげるよ』と言う。いずれにせよ、クォーターに注目するわけだ。どちらのケースにおいても、開いた手のひらの上に、想像上のクォーターが乗っている、というようにして終わりたいわけだからね」

『いいね。ダイムも差し上げよう。じゃあクォーターを見て、それは表向きか裏向きか教えて？』ここでも、私の脳裏にはそんな直接的な台詞が思い浮かびました。

私は頭の中で様々なパターンを想像してみました。良いエキヴォックの鍵となるものは曖昧さですが、その曖昧さはどちらの意味として取るのであっても満足のいくかたちでなければなりません。また、同様に手続きも最小化されるべきでしょう。バノンも言うように、『2つを取り上げて、ひとつを私にください』というアプローチについて、私は最初の『2つを取り上げて』というところに納得のいったためしがありません。私はバノンのバリエーションのほうがどれほどうまくいくものか理解できました。

IV

「ということで、私たちはクォーターを持っているわけですが。『表向き』か『裏向き』かについてはどんな風にやるんです？」

「そこについてだけどね、サミーに演じたときは一番嫌なパターンの結果だったわけだ。他の可能性のほうが幾分マシだっただろうに」

サミーのリアクションを思い出すと、私には俄かには信じがたい感じがしました。ただ一方で、彼女は長々とエキヴォックのパートをこなさなければならなかったのです。

「とにかく、『表向き』か『裏向き』かをカバーするのには、普通のエンディングと、不慮の事態に備えたエンディング、この2つが必要になる。ツー・ウェイ・システムだ。まず、『裏向き』が選ばれたときのエンディング、これはきわめて直接的でクリーンなものだ。『表向き』が選ばれた場合のエンディングは文脈に基づいたもので、私も気づいたんだが、とても満足のいくものだ」

バノンは自分のポケットをごそごそ探り始めました。「デイヴ・フォレストの"Positive Thinking"と呼ばれる"Positive Negative"のハンドリングを見たあとで辿りついたんだ。デイヴは『裏向き』のエンディングで私を引っ掛けてくれたんだが、ちょっと考えてから、彼の『表向き』のエンディングのときのシナリオは、さっき演じたような『態度と文脈に基づいたもの』に違いないと結論付けた。あとで分かったことだが、デイヴは『表向き』が選ばれたときには非常に素晴らしいアウトを用意していたんだけれど、これは私の想像していたものとは全く別のものだったよ」

デイヴ・フォレストといえば、Full 52というインターネットのマジック・ショップのオーナーであることを思い出しました。バノンと私はラス・ヴェガスで2009年に行われたMagic Liveで彼

に会ったことがあります。私は彼の作品の多くが好きでしたし、バノンが彼のことを『クレバーな人のひとり』だと思っていることも知っていました。

　バノンはバー・カウンターの上に何点か道具を置いていました。「OK。このトリックは即席ではないが、道具を揃えるのは手早く簡単だ。一度作ってしまえばそれでいい。まず、裏に何も書いていない名刺が必要だ。それを白い面が内側になるように、長い辺の真ん中で折る。名刺を開いて、折り目が横向きになるようにして。上半分の内側に、『裏が上（Tails Side Up）』と書く」

　彼は名刺の上にクォーターを置きました。「OK、クォーターを下半分の上に表向きで乗せる。上半分を折って閉じ、クォーターが見えないようにカバーするんだ。そして、折り目のところをブルドッグ・クリップで挟んで留める。名刺が折りたたまれた状態でとどまるようにするためと、中のクォーターが外へと出てこないためにね」（写真1と2）

写真1

写真2

　どううまくいくのかが分かり始めていました。2つの『アウト』が機能するのですが、この2つは構造上異なった『アウト』だったのです。

　私を完全に置き去りにしながら、バノンは話を続けていました。「最後に、折り目と逆の短い辺に沿って、予言だということを書いておく。『予言（Prediction）』とか書いてもいいのだけど、私は、もっと人の関心を惹き付けるような、『未来（The Future）』とか、『真実（The Truth）』とかそういうのを書くようにしている。分かると思うけど、この一言を書いておくのは重要だよ。これがあることで、この折られた紙が正しい方向を向いているかどうかが分かるからね」

　彼は私を見上げました。「ステアではなく、シェイクで[8]」　私の困惑を見て取り、彼は続けます。「ほら、1杯奢ってくれるって話だったじゃないか」

訳注8："Shaken, not stirred."『007』シリーズにおいて、主人公のジェイムズ・ボンドが「Vodka Martini, Shaken, not stirred.」（ウォッカ・マティーニを。ステアではなくシェイクで）と注文するシーンがあり、そのパロディ。なお、日本では慣例的にウォッカと表記されますが、英語ではヴォドカ，ヴァドゥカ，ロシア語ではヴォートカ，ヴォーッカに近いです。

「いやいや、まだ終わってませんよ。いや、やり方はもう私にも分かっていますけど、とりあえず最後までやってみましょうよ」

バノンはため息をつきました。「OK。この『小さな奇跡』を演じるのには、まず折りたたんだ名刺を出してきて、テーブルに置く。『未来』って書かれたほうを上にしてね。名刺に何か挟んであるなんて誰も考えないし、気づきもしないよ。これは単に、折りたたんでクリップ留めされた名刺としか見えない。君の好きなように、長くも短くもコメントできるだろう。私は短くするようにしているけどね。憶えているかい？『ちょっと想像力のゲームをしよう』って」

V

「エキヴォックのあと、観客はクォーターを選んでいて、『表』か『裏』かはすでに言っているわけだよ。観客はそこに座ってて、片方の手を開けている。そこにコインを持っているかのようにね」

「はい」と私は頷きました。

「秘密としては、これから２つの全く異なるかたちで、偶発性に対処していくということだ。私が好きなのは『表向き』と言われることだけどね。たとえこの『アウト』がエンド・クリーンでないにしてもだ。その代わりに、文脈の上では素晴らしい瞬間を得ることができる。もし観客が『表向き』と言ったなら、そこまでのおさらいの中で、必ずどのコインであるかと、『表向き』であること、その両方を強調しなければいけない」

私は先ほど彼がサミーのときに使った台詞を思い出しました。『君はいま、自分の手の上に、クォーター・コインを思い描いている、そうだよね？』『それはダイムだったかもしれないしニッケルだったかもしれない。でもいまあるのはクォーター、そうだね？』『それから、それは"表"を向いている、だったよね？』『君はもしかしたら"裏"を思い浮かべることもできたかもしれないけど、実際には"表"と思ったんだよね？』『このカードに"未来"って書いてあるの、分かるかい？未来が何をもたらすのか、見てみようか』

バノンはクリップ留めした名刺に手を伸ばします。「折った名刺を取り上げ、クリップを外す。指示通り、観客は手を伸ばして、手は開いて上向きにしていて、そして想像上のクォーターをその手に持っているだろう。こっちは右手の指で、折り目のところを摘んで持ち、クォーターが出てこないようにしておこう。まだ誰も、この名刺の中に何か物体が隠れているなんて疑いもしていないだろう」

「手を伸ばして」と彼はジェスチャーで示しました。「名刺を観客の手の上に持ってきて、指を緩めてクォーターが観客の手の上に優しく滑り落ちるようにする。表の面が上になっている。これは素晴らしい瞬間であり、自発的開示とでもいおうか、つまりそのもの自体がその意味を主張してくれるというわけだ。何も言う必要はないし、言うべきでもない」

私はコインがサミーの手に静かに滑り落ちたときのことを思い出します。表向きでした（写真３）。

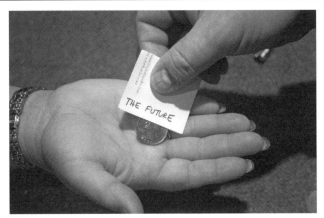

写真3

「ここが素敵なポイントなんだが、名刺には何の怪しさもない。カケラも無いんだ。それからこのちょっとしたドラマにおける名刺の役割もまた自明だ。そう、クォーターを隠すためだ。心理的にクリーンな状態なんだよ。別の結果が許容されるような選択肢は無いからね」

バノンはクォーターを取り上げ、コインと名刺、そしてクリップを再度セットしました。「これですらベスト・エンドというわけじゃあない。もし観客が『裏向き』と言ったら、非の打ち所無くクリーンな、ちょっとした奇跡を起こすことができる。この場合、君は最初にコインのチョイスを強調し、そのあとで向きについての話をする」

私の手はまだ開いていました。

バノンが台詞を続けていきます。「サミー、君の手にあるとイメージしたのはクォーター、そうだね？ ダイムだったかもしれないし、ニッケルであったかもしれない。だけどいまはクォーターだね。名刺に『未来』って書いてあるの、分かるかい？ 未来が何をもたらすのか、見てみよう」

「いいかい、このとき私は、選ばれたコインがクォーターであるということしか話をしていない。表か裏かといった向きについては触れていないんだ。先ほど同様、名刺からクリップを外し、それを観客の手の上に持ってくる。しかしながら今回は、観客の手の上10cmくらいのところで持って『キャッチして』と言って、手の中にクォーターを落とすんだ。強調するのは正しいコインであることのみにして、表か裏かといった向きについては強調しない」

この場合、言った通りのコインが出現するわけですが、これは予期せぬ、驚くべきものだろうと思いました。

バノンは微笑み、「仕上げに入ろう。やるべきはひとつ、観客に向きの選択についてを思い出させることだ」

演じているかのようにバノンは言いました。「サミー、君はクォーターであることを想像しただ

けじゃなく、その向き、『裏向き』であるということまで想像していたよね。『表向き』だと想像することだってできていただろうに、君はそうではなく、『裏向き』だと思った。未来が君に何を用意しているのか、見てみようか」

「完璧だろう。やるべきこと、それはカードを開いて、書いておいた予言を見せるだけ。もし望むなら、声に出してそれを読んでもいい。『裏が上』、ってね」

バノンのマティーニはすでに届いていました。彼は一口飲んでそして言います。「いずれの場合でもハッピー・エンド。悪くないメンタル・コイン・トリックだろう？」彼はテーブル上のデックへと手を伸ばします。

私はコインとカードとクリップの混成物を自分のポケットに滑り込ませ、このトリックにうってつけの犠牲者を求めて周りをさっと見渡したのでした。

VI

「"Ion Man"？ え、このトリックの名前、"Ion Man"で本当にいいの？」

バノンは「もちろんさ[9]」と微笑みました。

訳注9：この返答は、原文では"Positively."となっています。この受け答えとタイトル"Ion Man"は、positive/negative ionで陽/陰イオンを指すこと、マックス・メイヴェンの作品名及びプロット名が"Positive, Negative"であること、そしてそこに"Iron Man"（鉄人）とがかかっています。

Bannon At The Sidebar[10]
(Raj Madhok)

　素晴らしいカード・マジックの本を計画し、執筆し、そして出版するまでにはいったい何人の法律家が必要となるでしょうか？。答えはひとり、それがジョン・バノンならね。決して冗談ではありません。たとえあなたがカジュアルなカード・マジックしかやらない方だとしても、きっと彼の作品に親しんでいたり、彼のトリックをひとつやふたつは演じているかもしれません。

　『Impossibilia』(1990)、『Smoke and Mirrors』(1992)、そして『Dear Mr. Fantasy』(2005) と、ジョンはその評判の高い著作で知られています。長いあいだスポットライトの外にいたあと、彼は英国のアヴァンギャルドなBig Blind Mediaと組んで、世界的なベストセラーとなったDVDを2タイトル発表しました。『Bullets After Dark』と『Bullet Party』です。彼は『フラクタル』なパケット・トリックのシリーズを出していますし、多くの『小さいけれど、賞賛が多数寄せられた』ペーパー・バックも自ら出版しています。噂によるとメンタリズムの本も出版する予定であるとか[11]。彼は『バノン』印の、創造的で、簡単で、それでいてディセプティブなカード・マジックを創りあげてきました。

　私は80年代後半からジョンを知っていましたし、彼のトリックのほとんどについてディスカッションもしてきたものです（非常にいいとは言えない作品についても――おっと、そういうものについては口外しないと宣誓していたんでした）。彼の友人たちは、彼のことを、『思考派』のためのカード・マジシャンとして捉えています。技法よりサトルティを、技量より不整合を好むタイプの。ジョンは"トリック全体"を考える人です。彼と私はトリックや手法のみならず、構成や文脈、プレゼンテーションやインパクトについて、詳しく論じたものです。

　『Dear Mr. Fantasy』で、ジョンは普通のマジック本の形式を離れ、『ビザー・マジック』でよくやるような物語形式でトリックを解説、方々で好評を博しました。なぜでしょうか。ジョンはこう考えたのです：マジックの体験全体を伝えるためには、単にトリックを説明するだけではなく、そこに文脈を加え、観客の頭の中に入り込んでいけるようにすることが大切で、小説のようなかたちならそれが可能である、と。伝統的な形式のものでは、こういった類の詳細については、その大部分を読者に委ねてしまいます。そして読者は、「著者はこういった要素について、どれだけ考えを巡らせたのだろうか」と思い悩むことになります。すでに従来形式の達人であり、マジックのもっとも素晴らしい著述家のひとりとして認知されていたバノンは、その能力を使ってこの形式を作り上げたのです。彼の試みがうまくいったかどうか、それは貴方のご判断に委ねるところですが、

訳注10：" sidebar " は、普通『補足（記事）』の意味ですが、『裁判官と弁護士のあいだで（陪審員に聞こえないように）行われる協議』も指します。バノンは弁護士ですので、『補足』を行う場所として『サイドバー』ということで意味をかけています。

訳注11：『Mentalissimo』(2016) のことです。

これはやはり華やかで面白いものでしょう。

　さて、こういったすべてのことについて、パワフルな、フルタイムのシカゴの弁護士氏はどうやって時間を確保しているのでしょう。私は仕事や家族、そして趣味のバランスについてジョンに尋ねたことがあります。彼の親友であるサイモン・アロンソンとデヴィット・ソロモン、彼らとの週に一度のシカゴ・セッションは別にして、彼はいつマジックを創ったり考えたりするのでしょうか。

「実際、仕事と家族を持つことは、ある意味それ（創作）を簡単にしてくれる。なぜなら、緊急性というものを取り去ってくれるからね。私は自分のスピードで取り組み、私自身がこれは出すに値すると考えたとき、準備ができたときにだけ世に出すんだ。金銭的な理由でとか、プレッシャーの下で『創作する』という選択肢は私には無理でね。興味を持ったことを書きためるノートを手元に置いているんだが、ときに、私は他の誰よりも生産的になったりもする。言うまでないが、私はカード・トリックについて考えたり何かしたりすることが好きなんだよ」

　ジョンのこういった実際的なものの見方というのは、彼があまりレクチャーをしなかったり、コンベンション会場に現れない理由のひとつでしょう。彼はこう言っていました。「他に果たさなければいけない義務があるから、かなり前から物事を確約することは難しいんだ」と。私は2度、マジック・コンベンションに出てくれるよう彼を招きましたが、契約書にサインしてくれなかった出演者は彼だけでした。まあ、彼は弁護士ですからね。

　彼の最近のアウトプットを見て興味が湧き、創作プロセスについて聞いてみたことがあります。

「私は本当に『創作プロセス』は持っていないんだよ。異なったトリックに異なった方法で辿りついている。ときにプロットに興味が湧いてイチから考えたりとか、見たのは残念な演技ではあったんだけど、そこに埋もれていた素敵なアイディアが私の思考をスタートさせてくれたりとかね。たいていの場合、あるひとつのマジックのコンセプトと、別のひとつの異種交配、交わりを発展させる、という試みを含んでいる。要するに、マジックのニューラル・ネットワークにいかに多くのノードを持てるかというスキル、それぞれのやり取りを意識的にしろ無意識的にしろ活発化させるスキル、その様々なコネクションのそれぞれを切り捨てるか、それとも採用するかの判断を発展させるスキルだ。多くの場合思いつくのは、『うまくいくけれども単調な技法の連なりに過ぎない』トリックだ。ただ、それだけだと私にはあまり面白くなくてね。私が本当にハッピーな気分になるのは、ここにある種のもうひとひねりが要るんだよ」

　ジョンは何よりもまず、己の立場を『アマチュア』だと断言するでしょう。その本来の意味、ラテン語の『amator』（愛する者）として。彼は、プロのマジシャンだけに意味があるなどとは思っていません。逆に、マジックの連綿とした発展の中では、特に近年のインターネットの発達によって続く、情報の爆発的な展開により、そのアマチュアの人たちこそが、重要でチャレンジングな役割を果たしてきたと、そう強く信じているのです。

「良いカード・トリックには常に多くの発展の余地があるものだ。マジックも進化し改善してい

くために、あらゆる学問同様、革新と実験が必要なんだ。私はただ、幸運にも幾許か他者の琴線に共鳴することができたような、下手な繕い屋に過ぎない」

　幸いにも、小説体の文章はある程度、ジョンとセッションするような感じを含んでいます。ジョン自身はそれに気づいていないかもしれませんが、彼の深み、情熱、才能、すべてがそこにあります——それから彼のちょっとした奇行っぷりもまた同様に。だからその声もきっと真実味をもって、親しみを覚えるように聞こえることでしょう。

　彼と一緒の時間を過ごす機会を持ったことのない方たち、皆さんが彼と実際に会う機会を得るまでは、本書の文章が彼の頭脳の内部へといざなってくれることでしょう。ですが、あなたもお分かりになるでしょうけれど、ジョンは自分自身をあまりシリアスには受け止めていません。彼は言うのです。『楽しもうじゃないか。もし楽しみがないとしたら、そこに何の意味があるというんだ？』とね。

　私もそれは否定できかねます。さて、セッションに戻るとしましょうか。

ラジ・マドホク

Shufflin' (2012)

Tell all the truth but tell it slant,
Success in circuit lies,
Too bright for our infirm delight
The truth's superb surprise;
As lightning to the children eased
With explanation kind,
The truth must dazzle gradually
Or every man be blind.

—Emily Dickinson

Spin Doctor
(D. Solomon)

『フラクタル』とは、数学の世界で、『すべての尺度において、自己相似性を示す対象や性質』のことをいいます。対象は全尺度において『完全に』同一な構造を示す必要はありませんが、同様の『タイプ』の構造を示す必要があるのです。

数学的な見方ではありませんが、フル・デックよりも少ない枚数のカードで行うトリックも、フル・デックと同じ特徴の多くを示すでしょう。ただし、小さな尺度で。つまり、フル・デックのときと同様の『構造』（トランスポジションやカラー・チェンジ、選ばれたカードが予言されている、のような）が、より小さな尺度でも存在できるという意味において、そこには自己相似性が存在するといえるのではないでしょうか。

Précis

4枚の青裏のカードからなる少枚数のパケットを見せます。裏向きのパケットを捻ったり回転させたりするたびに、パケットの中で毎回違ったAが表向きになっていきます。

3回の『回転』のたび、表向きになったAは、♡Aであったり♣Aであったり、そして◇Aであったりしました。まだ表になっていなかった♠Aについてはマジシャンの手で表向きにしますが、その瞬間、すべてのAが表向きになります。

マジシャンは♠Aを観客の手のひらに裏向きで置き、「これからこのカードを消してしまって、残りの3枚の中に出現させてみせよう」と言います。残りの3枚のAは、マジシャンの左手にスプレッドした状態です。

……何も起きません。少なくとも、何も起こっていないように思える状態です。しかしながら、マジシャンが『♠A』をひっくり返すと表は真っ白──消えてしまったのです。そしてスプレッドされたほうのAを観客が見ると、その間には♠Aが再び現れているのです。

マジシャンは、Aを目の前で変えてみせる、と言います。……何も起きません。少なくとも、何も起こっていないように思える状態です。しかしマジシャンが観客の手のひらにAを1枚ずつ裏向きにして配っていくと、Aの裏がそれぞれ、全く異なったデザインや色のカードになってしまっているのです。4枚がそれぞれ別々の色の裏面に。

すべてクリーンで検め可能です。パームも、難しい技法も不要です。

Mise En Scéne

Some Assembly Required

4枚のAをそれぞれ違ったデザインのデックから持ってくる必要があります。それぞれの裏面が、デザインも色も、なるべく異なっているものが良いでしょう。それから、♠Aと同じ裏面のブランク・フェイス・カードが必要です(この条件があるので、私は♠Aとブランク・フェイスには、バイシクルの赤裏のものを使っています)。

パケットは表側から、以下の順に並べてください:

♣A (表向き)
◇A (表向き)
♡A (表向き)
♠A (表向き)
ブランク・フェイス・カード (裏向き)

赤いAと黒いAが交互に出てくるようにしたいのであれば、この順序は大切です。

Super Subtle Simple Set-Up System

もし矛盾や不整合を堂々と活用するタイプのトリックがお好きなら、きっと本作も気に入ってもらえるでしょう。さて、これからAを示し、ツイスティングの手順部分のセットアップを技法を使わずにやってしまいます。少しばかりのタイム・ミスディレクションと、幾許かの厚かましさを使いますが。

表向きのパケットを右手で上から摑みます。親指を手前、それ以外を奥にします(写真1)。もちろん、これはよく知られているビドル・グリップ(エンド・グリップ)です。

左手親指でAを1枚ずつ3枚、左手に取っていってください。残った2枚(Aとブランクが背中合わせになっているもの)を1枚のようにして、先ほど取ったカードの上に載せます(写真2は説

写真1

写真2

明のために広げて見せていますが、ダブルを載せたところで揃えます)。

　一拍か二拍ぶん何か喋ってから、上側にある表向きの♠Aを、右手親指を裏に、そのほかの指を表に当てて取ります。観客に♠Aの表の面が見えるように右手を上げてください(写真3)。

　そうしたら右手を下げ、その動きの中で♠Aを裏向きに返します。左手のパケットのトップに裏向きのカードがあるので、このパケット全体は裏向きであるように見えるでしょう。

　裏向きの♠Aをパケットの下に差し入れ、ゆっくりと押し込んでいって揃えてください(写真4)。

写真3

写真4

　パケットはいま、上から下へ向かって以下の状態にあります:

ブランク・フェイス・カード(裏向き)
♡A(表向き)
◇A(表向き)
♣A(表向き)
♠A(裏向き)

　信じられないと思いますが、この部分については、私が見せた人、全員が全員、気にも留めませんでした。全員です。一拍か二拍おくというタイム・ミスディレクションがあることで、観客はパケットの実際の状態を忘れてしまうのです。したがって、観客は『演者が♠Aを取り上げたとき、パケットは裏向きだった』という暗黙の説明を受け入れてしまうわけですね。Aを裏向きにしてボトムに差し入れるのは自然な動作です。

First Spin
　パケットを左手ディーリング・ポジションに持ったら、"Twisting the Aces" で使われている古典的な『回転』を行う準備は万端です。左手でパケットの中央付近を、親指を上、中指を下にして、摘んで保持します。そうしたら右手で、このパケットを180度『回転』させてください(写真5)。

エルムズレイ・カウントを行うためにパケットを持ち直します。これから、ほんの少しだけ変わったエルムズレイ・カウントのバリエーションを行います：最初の２カウント（トップ・カードを取る、カードを入れ替える）を行うと、♡Aの表の面が見えるでしょう。ですが、カウント３のとき、右手に残った２枚のうち、上のカードではなく下のカードを取るようにします（写真６）。これは、右手親指でトップ・カードを右へ引きつつ、右手のその他の指でボトム・カードを左へと押すことでできるでしょう。

写真5

写真6

ここでこのちょっとした調整をしたことで、ルーティーンの後半部分では意味のない置き換えをせずに済みます。トレード・オフは、単に最初のエルムズレイ・カウントはこのように行う、ということを憶えておくだけ。ほんのちょっとの対価ですね。とにもかくにも、最初の回転で♡Aを表向きにしました。

Second Spin

最初のカウントに続き、またパケットを回転させてからもう一度エルムズレイ・カウントを、今回は普通のを行いましょう。♣Aの表が見えるはずです。♣Aのところにきたら、それを半分ほどアウトジョグさせておきます（写真７）。

♣Aをアウトジョグしたまま、パケットを左手で保持してください。右手で♣Aを抜き出し、観客に見せます。そうしたら、表向きのAをまたパケットの下へと差し入れます。このとき、左手小指で、パケットの一番下のカードをバックルしておいてください（写真８）。

写真7

写真8

ここで、バックルしたカードの上にAを差し込みます。だいたい3分の1くらい差し込んだところでバックルを解消しましょう（写真9）。ゆっくりと、全体が揃うまでAを押し込んでいきます。

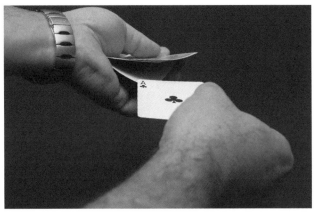
写真9

Third Spin

続けて、パケットに3度目の回転を加えたら、エルムズレイ・カウントを行ってください。表向きの◇Aが見えるでしょう。カウントの途中で◇Aが出てきたら、それをアウトジョグしておきます。

右手で一番上の裏向きのカードとその下の◇Aを取り、2枚を前後に数回動かします（スクィグル・ムーブ）。

◇Aをダウンジョグしたら（写真10）、上の裏向きカードより少しだけ右側に突き出す状態まで引きます。

最後に、左手のカードを右手の2枚のあいだに差し入れます。これはつまり、表向きの◇Aの上にということです（写真11）。パケットを左手ディーリング・ポジションに揃えましょう。

写真10

写真11

The Dangerous Ace Of Spades

　ここまでで3度回転させ、3枚のAが表向きになりました。ですがここまではウォーミング・アップです。「さあ、スペードのエースでは、ちょっとだけ違ったことをやってみよう」と言います。

　トップ・カードをパケットの上で表向きにひっくり返します。♠Aですね。パケットのトップが表向きの状態でもう一度回転させます。パケットを右手で上から掴み、左手でパケットの下側3枚を以下のようにしてバック・スプレッドしていきましょう：

　まず、パケットを、上向けた左手の指先の上に軽く載せます。左手人差し指の側面を使い、一番下のカードを左側へと引き出してください（写真12）。

　左手人差し指の指先で、下から2枚目のカードに触れ、同じように左へと引き出します（写真13）。

写真12

写真13

　最後に、左手中指の指先で、下から3枚目のカードに触れ、同じように引き出しましょう。一番上の2枚は1枚としてトップに保持されています（写真14）。

　♠Aが表向きにされたあと、一瞬で他の3枚のAが表向きにひっくり返ったように見えるでしょう（写真15）。

写真14

写真15

　バック・スプレッドしたカードを、左手の親指の付け根とその他の指で挟むと、トップのダブル・カードを右手の親指と人差し指の根元で挟むことができますね（写真16）。

　ダブル・カードを右手に引き取り、動きを止めずにその他のAを右手へとリバース・カウントしていきます（写真17）。

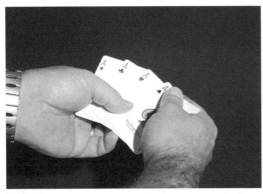
写真16

写真17

　パケットを左手ディーリング・ポジションに移します。この時点でAは表向きになっており、一番下のカードは裏向きのブランク・フェイス・カードです。ここのフェイズにはたくさんの動作がありますが、これは決して『技法めいた動き』ではなく、ひっくり返し、回転させ、広げて数えて揃える、という自然な流れになっているのです。

The Vanished
　これから♠Aを観客の手の中で『消失』——つまりブランクへと変えてしまいます。観客に手を上向きにして伸ばしてもらってください。この説明をしつつ、観客が従ってくれる中で、このあと説明するラリー・ウェストのクリーン・アップ・ムーブを行いましょう。右手親指を上、その他の指を下にして、パケットを右側からつまみます。続く動作で、パケットを右へと動かしますが、このとき左手の第一関節の部分に沿うようなかたちにしてください（写真18）。右手親指でボトム以外のカードを左へと押します。

パケットの一番下のカード、ブランクですが、これを使ってそれ以外のカードを裏向きに、左手へとひっくり返してください（写真19）。ボトム・カードは右手の指の上に保持します。ここの手続きはカジュアルに、オフ・ビートで、そして注目の外で行いましょう。

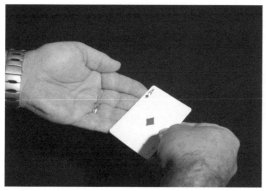
写真18

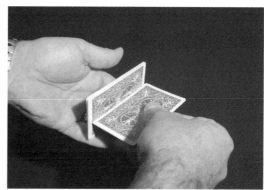
写真19

右手の裏向きのカード（ブランク）を、観客に伸ばしてもらった手の上に載せてください。すぐにカードを離してはいけません。カードをひっくり返したい、という観客の衝動が収まるのを待つ必要があるからです。もし、どうしても心配なのであれば、観客にもう片方の手でカードを覆ってもらうといいでしょう。

観客に、『その手にあるカードを消してみせる』と言います。この宣言に対して、観客はとても懐疑的な気持ちになるでしょう。

加えて、『消えたAは、それ以外のAの中に現れる』と説明してください。これを言いつつ、左手のパケットを表向きにひっくり返し、右手で上から取ります。左手親指で、1枚目、2枚目と引き取り、少し広げた状態で左手で保持します。最後の2枚については、1枚として右端に加えてください。

左手親指で、この小さなスプレッドを保持しましょう（写真20）。♠Aは右端のカードの下に隠れています。

写真20

　盛り上げるのに必要だと思うことは何でも構いませんのでやって、それから♠Aが消失したことを宣言します。この宣言は観客をとても混乱させてくれるでしょう。なぜなら、カードはまだ見えている状態ですし、まさかカードがブランクになるなどとは誰一人として思ってもみないからです。

　手を伸ばして観客の手の上にあるカードを表向きにひっくり返して、Aが本当に『消失』してしまったことを示します。ブランク・カードであるのを明かすと同時に、左手では一番上のカードを右側へスプレッドし、♠Aを出現させます（写真21）。

　観客は誰一人、この出現には気づきません。なぜなら観客たちの注意力はすべて、この不意打ち展開と、実に奇妙な物体──すなわち、ブランク・カードへと引き寄せられているからです。

　『消失』を印象付けたら、左手のパケットに♠Aが再出現していることに注目を集めましょう。Aをほんの少しアウトジョグさせることで、再出現を強調します（写真22）。

写真21

写真22

The Fabulous
　消失と再出現の部分は、直感に反し、そして予想不可能なかたちで起こるものであり観客を混乱させます。ここは、さらなる疑わしい宣言をするのに完璧なタイミングです。「それでは、観客の

皆さんのまさに目の前で、すべてのエースを変えてしまいましょう」と言うのです。

　なにがしか適切な盛り上げのあと、「うまくいきました」と宣言してください。またも、見たところでは何も起きたようには見えず、観客はさぞや困惑することでしょう。

　Aのパケットを裏向きにひっくり返し、観客の手の上にあるブランク・カードの上に裏向きで配ります。Aの裏面はそれぞれ色が異なっており、明らかに別々のデックから持ってきたものになっているのです（写真23）。カードは全部観客の手に残しても構いません。すべて検め可能です。

Presentation
　プレゼンテーションというのは個人的なものです。このようなトリックの場合、私は主に単純な説明調のアプローチを用いており、文脈に応じてそこにちょっとスパイスを利かせたりしています。たとえば♠Aを『死のカード』と呼ぶなどして。これは私の趣味で、以下の台詞例でも用いています。また、トリック・カードを使っている可能性に言及しておいて、それを直ちに否定するのも好きです。カードは検め可能なので、このように自ら疑惑のタネを蒔いてもなんら危険はありません。ちなみに、デックの中で『もっとも高貴な』、という一風変わった台詞はEllusionist社の広告からです。

「デックの中でもっとも高貴なカード、すなわち4枚のエースを使ったトリックです。クラブ……ダイヤ……ハート……そして危険なスペードのエース。スペードは『死のカード』としても知られていますね。いくつかの文化圏においてはこれはとても恐ろしいカードなのです。これは最後に取っておきましょう」

「他のカードからいきましょう。ハートのエースはあたかも魔法のように」

「クラブのエースは、まさに砂漠に照りつける太陽の蜃気楼のように」

「ダイヤのエース。まるで仕掛けのあるカードのように……。冗談です。私は仕掛けのあるカードは決して使いませんのでね」

「さて、スペードのエースを最後に取っておいたのを憶えていますね？　スペードのエースには面白いことが3つ……」

「1つ目、スペードのエースを表向きにすると、他のもすべて表向きにひっくり返ります」

「2つ目、手を伸ばしてください。エースはあなたの手から消失し、……そしてその他のエースの中へと戻ります」

「訓練を積んでいない人の目には、何も起こっていないように見えます。ですが、エースは消えてしまったのです。そしてエースはこちらに現れました」

「3つ目の面白いこと、これからエースをすべて別のカードに変えてご覧に入れましょう——それも一切隠すことなく」

「訓練を積んでいない人の目には、何も起こっていないように見えます。ですが、エースは別のカードへと変わってしまったのです。表ではなく……裏がね！」

「4枚のエースは、それぞれ全く別のデックから持ってきたカードへと変わってしまったのですよ！」

「これは4枚のエースにまつわる謎のひとつです」

Post Mortem

Background And Credits

"Spin Doctor" は、デレック・ディングルによる、カードの裏の色が変わるツイスティング・ルーティーン、"Twisting the Aces"（Fulves、『Epilogue』、Issue 15、July 1972）をベースにしています。これはまた、『The Complete Works Of Derek Dingle』（Kaufman, 1982）にも、"We'll Twist, If You Insist." の名で掲載されています。そのルーティーンでは5枚のカードを使い、クライマックスで驚くべき裏面のカラー・チェンジが起こります。ディングルのトリックはそれ自体素晴らしいもので、大変影響力のある『ツイスティング』・トリックでしたので、そこからの35年間、膨大な数の模倣を生みました（偉大さの証明ですね）。しかしながら、その構造上、ディングルのトリックはエンド・クリーンにはできなかったのです。

同じく念頭にあったのは、サム・シュワルツが同時期に発表したディングル作品の改案 "Backflip"（Fulves、『Epilogue』、Issue 19、November 1973）で、この手順では裏面の色が2度変わり、2度も素晴らしい驚きをもたらすものです。しかしながら、"Backflip" は6枚のカードを4枚として扱うのですが、それをこの文脈でやるのはさすがにちょっと無理があると思うのです。さらにいうと、これもディングルのルーティーンと同様、エンド・クリーンではないし、そうできないのです。

私はおそらく他のどれよりも長く、このトリックに取り組んできました。私の目標は非常にシンプルなものです。まずこのトリックをエンド・クリーンにすること。そしてその中で、ディングルとシュワルツの手順、そのいずれもが使っている不格好なクライスト・アネマン・アライメント・ムーブと、無意味なカードの入れ替えを排除すること。この2つを達成しようとしました。しかしながら、この難題はなかなか解決できず、手順は長きにわたって様々なかたちで変遷していくこととなったのです。

最初に、私は自身のカラー・チェンジング・デック・トリックである、"Strangers' Gallery" を借用してみました。もし、クライマックスが4枚とも別の裏面になる『レインボー』・フィニッシュであれば、4枚のうち3枚のカードの裏面が『変わる』だけでいいのです。1枚は元のままで

構わないということですね。この方法なら、トリックはエンド・クリーンにできます。"Strangers' Gallery"は『Smoke & Mirrors』(1992)に載っています。なおルイ・ファランガも、同じくツイスティング・トリックにレインボー・エンディングを採用し、1枚だけ変わらないカードがある、"Squaw Valley Twist"というトリックを作っています (Maxwell、『Lake Tahoe Card Magic』、L&L Publishing、1985)。

　次なる構造的なチャレンジ、それはいかにして余分なカードを処理するか、ということでした(単にパームを使う、とかいうのはナシで)。最初、私は余分なカードを取り除くのに、ウォルトンの『カスケード』・サトルティを使いました。これは実行可能でしたし、面白いアプローチでした。しかし数年前に、私はブランク・カードを使った『消失』というかたちで調えることで、何ひとつ隠さない状態でエクストラ・カードを取り除けることに気付きました。このアプローチは、ゴードン・ビーンとラリー・ジェニングスのトリック、"The Limited Edition"のユージン・バーガーのハンドリングと似たものでした。

　これら2つの構造的要素はうまくはまりました。残るは実際につくる作業です。これが大きいのですけれど。開始時のセットアップ部は効率的であり満足がいくものでした。特に、ツイスト現象のためにカードをセットアップする従来のやり方を知っている方であれば、いっそうお気に召して頂けることでしょう。ディングルを例にとると、彼はバックル・カウントを使い、メカニカル・リバースをし、ツー・アズ・フォー・カウントを使っていましたからね。さらにこの手順のおかげで、私は人間の心がどれだけ不注意なものか、そしてそのゆえに、『不整合』の力がどれだけ強力かを、より強く認識することができたのです。私が解説しようとしている最中なのに、なおもこの『不整合』を見過ごしてしまうマジシャンすらいたくらいです。あなたが私のような人なら、このトリックをやる度、にんまりしてしまうことでしょう。

Spin Cycle

　"Spin Doctor"で発表したツイスティング部分は非常に効果的で、普通のカードで行うのにも適しています。こんなバリエーションがあります：

　4枚のAを抜き出すか、デックからプロダクションしたあと、カードを1枚選ばせ、それをトップにコントロールし、その下に小指でブレイクを取っておきます。そうしたらAのパケットを表向きにデックの上でひっくり返し、すぐにブレイク上の5枚のカードを持ち上げます。つまりパケットの一番下に、選ばれたカードを付け加えてくるのです。デックは脇に置いてください。

　そうしたら"Spin Doctor"で解説したように進めますが、♠Aと思われているカードを(消失と再出現のために)観客の手のひらの上に載せるところで、今回はそれをいったんテーブルに置き、その上から観客の手をかぶせて覆ってもらいます。

　Aが消失した、と宣言してください。彼女があなたのほうを見たら、♠Aを露出させるため、上にあるAをずらします。ただ、まだここでは注目されてはいけません。観客は、まだ手の下にカードがあるのを感じる、と言うでしょう。Aは消失したのだと強く主張し、それから♠Aがその他の

Aのあいだに再出現していることに注目を集めてください。

　適当なバイプレイのあと、観客に手を持ち上げてもらって、その下にカードがまだあることを示します。そうしたらそれを全く別のカードにしてみせよう、と宣言してください。選ばれたカードの名前を聞いたら、観客にカードをめくってもらいましょう。じゃじゃーん。

Historical Note

　ここの記述は、本質的には『Spin Doctor』のDVDに入れた電子ファイルと同じものです。2008年のリリースから、"Spin Doctor"は広く賞賛を頂くことができました。一部の方は本作を『過去最高のパケット・トリック』と言ってくださり、大変ありがたかったものです。実は、"Spin Doctor"は『フラクタル』なカード・トリックの第1作で、拙著『Dear Mr. Fantasy』の最終章にする予定だったのですが、当時はまだ完成には至っていないように思えたので入れなかったのでした。

　ちなみに、この基本的なカードのセットは、もっともっと広い用途で使えることが分かりました。モンティアと私は、この基本のカード・セットを使ったトリックをいくつか、2011年の合作『Triabolical』[1]に発表しています。

訳注1：本書に収録しています（215頁参照）。

The Power of Poker
(D. Solomon)

I

バノンはそれを『ほぼ完璧なセルフワーキング・トリック』と呼んでおり、実際、凄い傑作なのです。

最初にお伝えしておきますが、これはいわゆる、テン・カード・ポーカー・ディール、あれの単なるバリエーションのひとつなどではありません。そう、これは『なにか別の』ものだったのです。確かに10枚のカードを使い、2つのポーカーのハンド（手札）を作ります。ですが……。

バノンは10枚のカードを取り出して並べ替え、テーブル上に1ドル札を置きました。

彼は言います。「君にこの1ドル札を勝ち取るチャンスをあげよう。これからスタッド・ポーカーをしようか。だがこのゲーム、『君と私、どちらがどのカードを受けとるか』は君がすべて選ぶことができる。もし君のハンドが勝てば、この1ドル札は君のものだ。逆に私のハンドが勝てば、この1ドル札は私のもののまま、という寸法だ。1ドルなんて大金でないことは分かっている。たった1ドルだけをここに出している理由、それは……、正直に言って、ほとんどいつも私が負けるからなんだけどね。いいかい、すべてにおいて君は『選択』することができる。つまり君はこのトリックを（私にとって）台無しにする、10回ものチャンスがあるわけだ。私が君の選択を完璧に予想できていない限りは、うまくいかないだろうね。うまくいかないということは……私はその1ドルを失ってしまうことに」

「なるほど、確かに」と私は思いました。

彼はパケットからテーブル上に、裏向きでカードを2枚配りました。「ちょっとしたファイブ・カード・スタッドだ。まずはホール・カード。どちらを君のホール・カードにしようか？ 私は残ったものを受け取るとしよう」

私は左側のカードを指しました。彼はそのカードを私に向かって押し出し、右側のカードを自分の分として引き取りました。「もし、やっぱり換えようかな、と思ったのなら、……換えてもいいよ？」と彼は言いましたが、私は頭を振りました。「換えなくていいです」と。心の中で私は「ふうん。となるとこれはエキヴォック……というかマジシャンズ・チョイスは使わないトリックってことか」などと考えていました。

「それ、もし見たければ、いま見てくれても構わないよ」と彼。私は自分のカードをそっとめくってみました──♠Aでした。これはなかなか幸先のいいスタートです。

バノンはテーブル上にもう２枚カードを配りました。「では、ここから１枚を、自分のハンド用に選んで。さあどっちにしようか」

　私は再び左側のカードを指さしました。「本当にそれでいい？　換えたいな、とか思ったりはしないかい？」と彼が尋ねます。もし「はい」と言ったらどうなるのか、ただそれを見るためだけに、今度は別のカードを指してみました。
　「こっちに換えるの？」と彼が尋ねます。私は「ええ」と頷きました。

　バノンは私が選ばなかったカードにパケットを載せます。彼は私の選んだカードをひっくり返し、私のホール・カードの上に抛り投げました――♡A。私はいま、Aのワンペアです。悪くありません。

　彼はパケットを拾い上げて、そしてもう２枚カードを配ります。「もう１枚、自分用に選んで」その通りにする私。再び彼は、私が選ばなかったカードにパケットを載せ、そして私には選んだカードを示しました。◇9。これまでのところ、いずれも非常に公明正大に行われていると認めざるを得ません。

　「今度は、私のために何枚か選んでほしいのだけど」とバノンは言いました。先ほどと全く同じようにして、私はバノンのハンド用に１枚カードを選びました。彼はその表を見ずに、自分のホール・カードの上に置きます。それからまた、私は彼のハンド用にもう１枚のカードを選びました。私たちはいま、お互い３枚ずつのカードを持っています。「４番目のカードだ。ではまた、君のハンド用にどちらか選んでもらおうか」彼が再び２枚のカードを配り、私がエキヴォックでもマジシャンズ・チョイスでもないかたちで１枚を選びます。今度は♣9でした。私のハンドは、Aと9のツーペアです。

　ワーオ、凄いぞ……。

　「ではもう１枚を私のために。いいのを頼むよ」私が選ぶとバノンは言いました。「これまでのところ、君がすべての選択をしてきた。非常にフェアに進めてきたつもりだし、私は君の決定に影響を与えるような、いかなる試みもしていない。そうだよね？」完全に同意です。

　「いま２枚のカードが残っている。１枚は私の、そしてもう１枚は君のになる。君は自分で選ぶことができる。実際に表を見せても構わないよ。さあ、どちらがいいかな？」彼は私に向かって、２枚のカードを表が見えるように示しました。◇Aと♠10。この選択はまさしく『朝飯前』で、考えるまでもない状態です。私はAを取りました。これで私はAと9の、しかもエース・オーバーでのフルハウス、これはきわめて強いハンドです。

　「ハンドはどんな感じだい？」という彼の問いに、私は自分のホール・カードをひっくり返します。

　「フルハウスか!!」と彼が叫びました。「フルハウス、しかもエース・オーバーで!?……こいつは良いハンドだね。これに勝てる役はそうそうないだろう。確かめてみよう……」

バノンはポケットからバイシクルのデックを取り出し、そこに入っているポーカーの役の一覧が書かれたおまけカード[2]を取り出して指さします。

「フォーオブアカインド（フォーカード）か、ストレートフラッシュしか君のハンドには勝てないね。実際問題、ストレートフラッシュといったら、ほぼ何にでも勝てるようなハンドだよ」

あー、……ああっ！　突如、私はこのゲームがどこに向かっているのかを悟りました。けれども私には信じられません……。『選択』はすべて私がしました。本当に10回も、私には自分で『選択』することができたはずです。これでうまくいくとか、嘘でしょう……？

バノンは続けます。「君は自分の選択でフルハウスを作り上げたわけだが、もし同様に、私のほうにストレートフラッシュを選んでくれていれば、私はこの1ドルを失わずに済むわけだ。そうだね？」彼は自分のカードを取り上げ、そしてテーブル上に表向きに配り始めます。♠9、♠10、♠J、♠Q、そして♠K。ああ、ストレートフラッシュだ……！

II

「悪くないだろう？」とバノンは言いました。「半分の確率でこの結果になるんだ。残りの半分ではもっといい結果を得ることになる。つまり、ロイヤルフラッシュで終わることができるんだ」

「まあ、……悪くないですね」私は言いました——混乱を悟られぬよう取り繕いながら。「これはあなたのトリック？」

「いや、根本としてはデイヴ・ソロモンが作ったものだ。彼は『MAGIC Magazine』にこれを発表したんだ。そのとき、手法を発展させるのを手伝ってくれたから、ということで、私バノンとトマス・ブロムバーグも一緒にクレジットしてくれたんだよ。しかし、これは紛れもなく彼のトリックだ。彼こそがそのすべてをまとめ、仕上げた。私はこのトリックの実に深いサトルティに魅了されたよ。まず第1に、これが完全なるセルフワーキングであること。第2に、エキヴォックあるいはマジシャンズ・チョイスがないこと。選択のすべては観客が行うんだ。それでいて、この素晴らしく、かつ予測可能な結果を得ることができるんだ。観客は常にエースと9からなるフルハウスになる。そして演者は常にストレートフラッシュ。そしてさらに2回に1回はロイヤルフラッシュを得ることになる。本当に信じられないよね」

「基本プロットはアレックス・エルムズレイの"Power Poker"という作品から来ている。ちなみにこれは『テン・カード・ポーカー・ディール』とは何の関係もないことに注意してほしい。こっちだと、観客は常に強いポーカー・ハンドになり、マジシャンは常にストレートフラッシュになる。そしてどちらのハンドも構成はあらかじめ分かっているんだ——おおよそはね。エルムズレイのそれは非常に素敵な作品でね。君がちゃんとしたスキルを持っているのなら、という条件付きだけど。いや、なぜかというと、そっちはエクストラ・カードや、何度かボトム・ディールを使うん

訳注2：以前バイシクルのデックには、ポーカーの役表カードが入っていたのですが、残念なことに最近は入っていません。

だよ。エキヴォックを使えばエクストラ・カードは取り除けるんだが、それでもまだ、やっかいなボトム・ディールは残ってしまう。これは明白なトレード・オフだったよ」

「デイヴはまずはエルムズレイのルーティーンからスタートして、まずエクストラ・カードをやめ、エキヴォックを加えた。そしてこのトリックに取り組む中で彼は、ボトム・ディールをなくすため、ビル・サイモンの"The Four Queen"という作品で使われている巧妙なカードの選ばせ方を持ってきたんだ」

(のちに色々と調べてみましたが、思った通り、まず『MAGIC Magazine』1999年8月号のp.76に"Revised Mexican Poker"が載っていました。"Power Poker"はアレックス・エルムズレイの最初のビデオ・テープ『The Magic Of Alex Elmsley, Volume One』(L&L Publishing, 1997)にありました。ビル・サイモンの手順については、彼の素晴らしい本である『Mathematical Magic』に載っているのを思い出しました。この本は、初版が1964年となっていますが、私は1993年のDover版しか持っていません。こちらだと"The Four Queens"はp.178です。バノンもデイヴも私も皆、数年前に"Mexican Poker"という名前で流行ったアンダーグラウンドの手順を通じてこのトリックを知りました)

バノンは続けます。「だが"The Four Queen"の手順はもう1回、別のエキヴォックを必要としていてね。2度のエキヴォックは、エレガントでも実用的でも、あるいはいい解決法と呼べるものでもなかった。だから、そこで完成ということにはできなかったんだね。だが驚いたことに、彼は2種類のサトルティを加えることで、2度のエキヴォックをなくすことに成功したんだよ」

「まずホール・カード(1枚目)の策略だけど、ここには非常に巧妙な原理が隠れている。選択は自由。だが結果はここの選択によって変化するんだ。ストレートフラッシュとロイヤルフラッシュが半々になると言ったのは、つまりこういう訳さ。観客は常にフルハウスを得るのだけど、エースが多い場合と9が多い場合とがあるんだ」

「第2に、最後のカードについてオープンな選択権を与えることによって、観客は論理的に自分のハンドの価値をもっとも高めるカードを選ぶ。言い替えれば、最後の2枚のカードについては、論理的に考えたら選択はただ1つしか無い状態だ。なので、エキヴォックは不要となるわけだね」

私は少々待ちきれなくなってきていました。私はまだこのトリックに完全に引っかかったままであり、彼が何を言っているのか、いまひとつピンと来ません。「非常に素晴らしいですね」と私は言いました。「けれども、結局それは、……要するにどうなるんです?」

「OK、OK」と彼。「いやしかし、この幾重にも張り巡らされたサトルティ、そしてエキヴォックなしというのは、実に興奮するよね」

「ですからもうハッキリ教えてくださいよ。そうしたら興奮でもなんでもしますから」

III

「10枚のカードをある順序に並べなくてはいけない」そう言ってバノンは素早くカードを並べ替え、テーブル上にスプレッドし、自分のドリンクの下からカクテル・ナプキンを引き抜いて私に手渡しました。

私はナプキンを受け取り、10枚のカードの並び順を以下のようにメモしました。

```
トップから：
♠A
♠9
A（どれでもいい）
A（どれでもいい）
9（どれでもいい）
9（どれでもいい）
♠K
♠Q
♠J
♠10（これが表側）
```

バノンはパケットを裏向きディーリング・ポジションで持ち、テーブル上に2枚を裏向きで配りました。「まずはホール・カードの策略だ。観客に、『まずホール・カードを選ばなくてはならない』と言うんだ。普段こういうのをプレーしない人たちでも、『ファイブ・カード・スタッド』や『ホール・カード』の概念については、少なくとも聞いたことくらいはあるだろう。ほら、観客がどちらを選択するとしても、演者は残ったもう片方のカードを受けとる。観客がどっちを取るかは重要じゃないんだ。1つ目のサトルティ、演者が最終的に受け取ることになるストレートフラッシュの両端のカードを使うこと[3]によって、そのどちらが来てもストレートフラッシュが成立する。同様に、エースでも9でも、観客にはフルハウスになるようにできている。これが第2のサトルティだね」

どうなっているのかが分かってきました。……なんとなく。

「とにかく、観客はどちらのカードでも選べるし、君は残ったカードを得る。私はいつも、観客に自分のホール・カードをこっそり見てくれるよう頼んでいるね。これは、観客が自分のハンドの進行具合をモニターすることができるようにするためだ」

「さて次はビル・サイモンのパートで、さらなる巧妙なサトルティたちの登場だ。ここで観客は2枚のカードから1枚選ぶ、ということを自分のために、そして演者のために行っていくんだが、この選択はすべて幻なんだよ。観客が自分用に選択するとき、観客はフルハウスのカードの2枚か

訳注3：K, Q, J, 10 に対してAか9かということ。

ら選んでいる。演者のために選択するときは逆に、観客はストレートフラッシュのカードの２枚から選んでいる。この手順はきわめて巧妙で、サイモン自身が指摘するように、『やっている自分自身も引っかかってしまう』だろうね。こんな感じだ」

彼はテーブル上に２枚のカードを裏向きに配り、そして私にどちらか片方を選ぶように言いました。「これはどちらも、フルハウスを構成するカードのうちのエース２枚なんだ。君がどちらを選択しようと、私は残ったほうにパケットを落として重ねて、選ばれたほうのカードを表向きにする。強調しておきたいんだが、選ばれなかったほうのカードは、余計な注目を集めることなく、さりげなくパケットのボトムへと処分されているんだ。分かるかい？」

私は頷きました。私はこのトリックの悪魔的な構成を理解し始めていました。

バノンはテーブル上にもう２枚、裏向きにカードを配ります。再び彼は私に１枚を選択するように頼み、選ばれなかったカードの上にパケットを落とし、選択されたカードを表向きにして、私のハンドの上にそれを抛り投げます。

彼は再び手順を進めましたが、今度は彼のためにカードを選ぶように言います。彼は選ばれなかったカードにパケットを落とし、選ばれたほうのカードは表を見せずに自分のハンドのほうへと滑らせました。

「全体の手続きの流れは」と彼。「まず観客が自分に２回、そして演者に２回選ぶ。次に観客に１回、演者に１回選ぶ。毎回同じように。ビル・サイモンに感謝だね。トリックは自動的にうまくいくんだ。観客はフルハウスのカードを得る。そして演者はストレートフラッシュのカードを得ることができる、と。実に素晴らしい」

バノンはもう３度、同じ手続きを手早く行い、それぞれのハンドを作っていきました。私たちはそれぞれ４枚のカード、つまりホール・カードともう３枚ずつ（私のはいずれも表向き、彼のほうは裏向き）を持っています。

「この時点で」とバノン。「２枚のカードが残っている。それぞれの『セット』の最後の１枚だ。どちらのカードが選ばれ、どちらで終わるのかについては、完全なコントロールができるわけじゃないんだ。だが、君は２枚のうちどちらかを手にすることになる。ここでエキヴォックを使うこともできるが、デイヴが考えた通りなら、別に使う必要はないだろうね。さらにもう１層、サトルティが加えられているんだ。いいかい、２枚の残っているカードのうち、ただ１枚だけが、観客のハンドをスリーオブアカインド（スリーカード）もしくはツーペアからフルハウスへと劇的にパワー・アップさせることができる。なので、君がやらなければならない大事なことは観客にカードを見せ、ハンドが最良になるカードを選ぶよう頼む、これだよ。君の指示に従う限り、観客は適切なカードを選ぶことになる。この点が非常に巧妙だよね」

私は説明にはついていけていましたが、あることに気づき始めました。「あれ？　ちょっと待って。

これ、観客はもう片方のカードを取って、トリックを台無しにすることができてしまいませんか？」

「良い指摘だね」バノンは微笑みました。「その場合、観客は『自分のハンドを作るのに最良のカードを選択してください』という指示を、故意に無視しなくてはならないことになる。もしそんなことをするような観客を選んでしまったのなら、それは君の失策だ。だが思い出してほしい。君は2枚のカードが何かを見せているんだよ。だから君は観客が間違ったほうを選んだかどうか分かるよね。その時点で、君自身も観客のハンドを検討するふりをして、『そっちじゃないカードのほうがもっと良いように思いますが』と指摘するだけでいいんだ。色々と理由をつけてその場を凌がねばならないが、私は、人の揚げ足を取るような観客にはお目にかかったことはないね。相手がマジシャンだったら『いやいや、キングのほうで！　是非！』などと言うかもしれないが、普通の人はそういうことはしないよ」

「OK、これでもう終わりだ。カードは配られ、観客がすべての選択を行った。技法もエキヴォックもなかった。しかしいま、君はストレートフラッシュを、もしかするとロイヤルフラッシュを得ている、と。観客にはフルハウス、これも断じて悪いハンドじゃないけどね。あと私は、クライマックスを盛り上げるために『ポーカーの役表』カードを使っている。観客たちが、ポーカーの役についてあまりよく知らない、どの役がどういう強さなのか分かっていない場合、こういう小道具が役に立つのさ。ロイヤルフラッシュといえばポーカーの象徴だ。みんな聞いたことがあって、凄くいいハンドだということくらいは知っている。それに引き換えストレートフラッシュとかフルハウスというのは、もっと曖昧な概念で、アメリカの文化においてはいまいち確立されていないものだからね」

「まあ言わなくても当然分かると思うけど、もし君が観客のポーカー知識について心配なら、毎回分かりやすくロイヤルフラッシュで終わらせることもできる。単にエキヴォックを使ってスペードの9をホール・カードとしてフォースしてしまえばいいだけだ。一度エキヴォックを使ったとて、別にトリックの何をも損なったりはしないだろう。もっとも、エキヴォックを使わないバージョンのほうが面白いと思うけどね。質問は？」

IV

「いや、特にありません」と私は言いました。「クールなトリックですね。そういえばこれ、ジャンボ・カードでやったら、見た感じも凄く良いと思いますね」

「全くその通り！　そう、このトリックはジャンボ・カードにぴったりなんだよ。ジャンボ・カードについての私の理論って、君に話したことあったかな？」

「いや、どう……でしたかねえ……」と私はためらいがちに言いました。私は理論をまたもう1つ聞きたかったかというとそうでもなく……。

「あ、そう。じゃあ、それはいずれまた……」そう言って彼はその話題から離れます。

309

「あ、でも、忘れてしまう前に言っておくとだね」と彼は突然言いました。「トリックの結末に関する予言を用意しておくこともできるよ。たとえば、『あなたはAと9からなるフルハウスになりますが、ゲームには負けてしまうでしょう。あなたは私に、ゲームの中でもっとも強いハンドであるストレートフラッシュを配ってくれますので。申し訳ありません。けれども、これで私は1ドルを失わないで済みます』、とかなんとか。これは少し演出過剰な感じとはいえ、非常に効果的だろうね」

バノンが続けます。「実際、2001年にミネアポリスでこのトリックについてレクチャーをやった際、私はジャンボ・カードと予言のどんでん返しを使ったんだ。君が今回見たのは、即興的なカード・トリックとしてのバージョンでね。あのときのレクチャーのように、このトリックはきちんと演出すれば大きく演じられるし、たくさんの注目を浴びることもできるだろう。実際、私は少なくとも1人、そのコンベンション会場にいたある著名な仲間なんだが、彼が自身のフォーマルなショーで、このトリックをジャンボ・カードと予言を使って演じているのを知っているよ[4]」

私たちは他の話題へと移りました。

夜も更けてきました。私はどこぞにしまってあるジャンボ・カードのデックを引っ張りだして、この憶えたてのマジックを試してみることを心に決めたのでした。

Historical Note

"Power of Poker" は元々1999年の『MAGIC Magazine』に載ったものですが、2005年の『Dear Mr. Fantasy』の中でもおそらくもっとも賞賛されたトリックのひとつでしょうし、それに値するものです。本作は数多くのバリエーションや発展への、色々な道筋を触発するものでした。私はいまだこれこそがベストだと思っていますけどね。

予言と一緒にジャンボ・カードを使うかたちで、私はいまだにこれを演じています。しかしながら最近、私は普通の大きさのカードを使うように立ち戻ったりしています。そういうときはカードを配るところをすべて観客にやってもらっています。こうすることで観客は、そこにはいかなる『いかさま行為』も行われていない、ということを確信してくれるのです。

訳注4：ここで言及されている人物であるかは定かではありませんが、バノンの友人でもあった故ユージン・バーガーは、このトリックをジャンボ・カードで、そして予言をブードゥー人形の中に入れておくというかたちで演じていたそうです。

The Bannon Triumph
a/k/a Play it Straight Triumph

Précis
　カードが１枚選ばれますが、それは戻さず観客が持ち、残ったカードは表と裏、完全にごちゃごちゃに混ぜられてしまいます。ですがマジシャンはすべてのカードを裏向きに揃えてしまうのです――ただし選ばれたカードと同じスートのカードは別です。それらはすべて表向きで、しかも順番が揃っています。選ばれたカードが何だったか、……それは単に表向きになったカードを順序通り数えていき、１枚だけ抜けているのが何かを見れば明白ですね。

Mise En Scéne
　セットアップが必要です。クラブをAからKの順に並べて、デックのトップに置いてください（私は元々ハートを使っていましたが、いまはもっぱらクラブを使っています。フォーマルなレクチャーのような煌々とした照明の下では、赤のスートは見えづらくなることが多いのです。このことは、自分の最初のビデオである『Impossibilia』を作った際の苦い経験から学びました。ハートだと見えない、というわけではないのですが、本来見えるべきほどにはくっきり見えなかったのです）。

　ここからは、スタックを崩さない限りはどれだけフォールス・シャッフルをしても構いません。ジョグか、リフト・シャッフルなどが良いでしょう。何か平らな面を使えるなら、私はトップのスタックを崩さないマイク・スキナーの策略を使います。つまり、カードを表向きにリフル・シャッフルするのです。これだと、観客はシャッフルの度に表側のカードが次々違うものになっていくのを見ることができますし、何よりスタックした部分を巻き込まずにシャッフルするのは児戯にも等しい簡単さでしょう。たとえ大枚数のスタックであってもこの方法で保つことができます。

　演じるにあたり、まずはスタックしたクラブの中から１枚をフォースしなければなりません。私はデックの半分を使ってこれを行うのが好きです。右手親指でデック側面を下にリフルしていき、観客に真ん中あたりでストップと言ってもらってください。言われたところでデックをスウィング・カット、上半分を左手に取ります。取った元々の上半分はそのまま持ち、元々の下半分はテーブルに置きます。

　手元に残したパケットのうち、トップの13枚だけをスプレッドし、観客にはそこから取ってもらいましょう。デック全体のトップ13枚をスプレッドするより、26枚のうちの13枚をスプレッドするほうが、見た目としても圧倒的にいいでしょう。観客は必然的にクラブの１枚を選ぶことになります。テーブルに置いたものも含めてデックをまとめますが、クラブのスタックはトップに残すようにしてください。

ジョン・バノン カードトリック　HIGH CALIBER

　これからデックをほぼ4等分にカットしていきます。最初のパケットは残っているクラブの12枚だけにならなくてはいけません。デックを前方へと傾け、♣Kが見えるまで手前のエンドを上にリフルしていきましょう。そうしたらそこでデックをカットします。何かしら正確を期そうとしている、という建前なので、ここはゆっくりとリフルして構いません。

　そうしたらパケットを演者から見て左側に置きます。

　残ったデックをだいたい3等分して、先ほどのクラブのパケットと一列になるように右側へと並べていきます。下の図を参照してください：

A B C D

　クラブのパケットはAの位置です。BとDのパケットを表向きにひっくり返します。

　両手を使って、AとBのパケットを長辺が横になるように回し、縦方向でテーブル上にスプレッドしましょう。そうしたら、パケットを揃えて、パケットAとBでシャッフルします。見た目を良くするためにですが、パケットAの一番上にある裏向きカード（♣A）が、シャッフルしたあとのパケットのトップになるように、同じく、一番下の裏向きカード（♣K）がボトムになるようにしてください。

　パケットCを縦にスプレッドします。これをやりつつ、いま一緒にしたパケットABをひっくり返しましょう。パケットCを揃え、それとパケットABとをシャッフルしてください。厳密に必要なわけではありませんが、パケットCが主にパケットABの上側とかみ合うようにし、またパケットCの一番上の裏向きのカードが、パケットABの表向きの♣Kを覆うようにするといいでしょう。

　そうしたら、パケットDを縦にスプレッドします。これをしつつ、先ほど一緒にしたパケットABCをひっくり返しましょう。それからパケットDを揃えて、パケットABCとシャッフルします。

　デックを取り上げて、トップの10～15枚をスプレッド、カードが表と裏で混ざっていることを示します。デックをテーブル上に置きにいきますが、その動作の中でひっくり返してください。そうなるように注意してシャッフルしたので、裏向きのカードはデックの上側にやや偏っており、広げたときに自然な混ざり具合に見えます。

　もちろん、クラブのカードが裏向きであるときにはそこに表向きのパケットを、クラブが表向きのときには裏向きのパケットを混ぜ込んでいるので、クラブだけがひっくり返っていることになります。さらにいいことに、クラブの順序は崩れていないのです。

　観客に、選んだカードのスートが何だったかを聞いてください。デックの上で指をぱちんと鳴らしたら、テーブル上に大きくスプレッドしましょう。クラブはすべて表向き、かつ順序通りに並ん

でいますね。どれが欠けているのか、クラブのカードを数えながら確認していってください。欠けているカードが選ばれたカードであると高らかに宣言しましょう。じゃじゃーん。

Presentation

　私のアプローチですが、あたかも観客にカードを返してもらうのをうっかり『忘れて』しまったかのように進めます。そして最後に、選ばれたカードを見つけるのは『不可能』であると言うのです。それはカードがめちゃくちゃに混ぜられてしまった状態だから、というように。しかしそこで一転して、実際『不可能』なのはそういう理由ではなく、そもそもカードを返してもらっていないからだ、と繋げます。これはどうやら観客にとってあまり予想外ではないようなのですが。

　「ラケル、ストップと言ってくれるかな。素晴らしい。ではそこのカードを1枚引いて」

　「さて、こんな風なシャッフルは見たことあるだろう［表向きで、トップのスタックを維持したリフル・シャッフルをする］半分くらいの人はこんなシャッフルをする」

　「あとこんなシャッフルも見たことあるよね［オーバーハンドでのジョグないしはリフト・タイプのフォールス・シャッフルをする］」

　「だが、私がこれからやるようなシャッフルはきっと見たことがないと思うね。たった3種類の人間だけがこういうシャッフルをする――マジシャン、酔っ払い、そしてクレイジーな連中」

　「まずはだいたい4等分にデックをカットしよう。それから、そのうち2つを表向きにひっくり返す。あとはこっちの2つで混ぜて、表向きと裏向きのごちゃ混ぜにしてしまうんだ。［パケットAとBをシャッフルする］マジシャンたちめ［非難めいた感じで］」

　「さて、こっちの2つを混ぜてしまおう。［パケットABとCをシャッフルする］まるで悪夢だね。酔っ払いたちめ［非難めいた感じで］」

　「それからこの2つを混ぜよう。［パケットABCとDをシャッフルする］ますますどうしようもなくなっていくな。クレイジーだ！」

　「いいかい、こんな、こんなにもめちゃくちゃに混ざった中から君のカードを見つけられると私が考えているとしたら、私の頭も相当クレイジーだ。これは、不可能だ。なぜか？　なぜなら……、君はカードをデックに戻してくれてないものな」

　「私が気づいてないなーと思ってたんだろう？　カードは何……いや、スートは何だった？　スートだけでいい、それで何とかするから」

　「クラブ？　ほら、クラブは『全部』、『順番通り』にあるね。エース、2、3、4、5、6、……7が無いね。7を選んだのかい？　さあ、みんなにそれを見せて」

「さっき言っただろう？　クレイジーだな！」

Post Mortem

(Triumph)[2]

　以前にも言いましたが、"Bannon Triumph"はヴァーノンのオリジナルの"Triumph"に続けて演じるのに最適です。最初に２枚のカードを選ばせ、１枚を返してもらい、それで"Triumph"を行います。皆さんの大部分は、"Triumph"のシャッフルがフォールス・シャッフルであることはご存知でしょう。そうしたら、ここで"Bannon Triumph"にいくのです。２番目のカードはまだデックに戻されていないという事実に気づいていない感じで。すべてのシャッフルを終えてから、カードが返されていなかったということに『気づいて』ください。そうしたらスートを聞き、当てましょう。

　これはいい相乗効果を生みます。まず、"Triumph"のあと、観客はほぼ間違いなくじっくりと見てくるでしょうが、"Bannon Triumph"なら大丈夫です。そして、『何故なら、あなたは選んだカードをデックに戻してくれていませんから』というアプローチを採る場合、ルーティーンの最後になる頃には、カードを戻していないことを２番目の観客が忘れている可能性が高まります。

Historical Note

　このトリックは元々"Play It Straight (Triumph)"のタイトルで、私の初めてのレクチャー・ノート『Cosmic Debris』(1987) に載せ、そして後に『Impossibilia』(1991) に再掲したものです。

　本作は私の作品の中でももっとも人気の高い、長きにわたって評判のものであることは間違いありません。もし私がカード・トリックで人々に記憶されているとすれば、おそらくこの作品でしょう。この四半世紀、これは広く（出所明示なしで）借用され、一部のマジック・サークルでは単にこういうトリックの『古典的』なやりかただと思われています。

　ああ、こんなことなら最初から"The Bannon Triumph"と命名しておくべきでした。(2009年のレクチャー・ノート『Six. Impossible. Things.』と、DVD『Bullets After Dark』から始めたのですが、) この再ブランド化の取り組みは、ひとえに、私のあの迂闊な過ちを正すのが目的なのです。

Fractal Re-Call (Remix)

　1993年の発表以来、ずっと私のお気に入りであった"Call of the Wild"、これは古典的な『ワイルド・カード』のプロットに、いくらかの論理性と一貫性を与えようという試みでした。そこから長いあいだ、このパケット・トリックは一貫して高い評価を受けており、今日に至るまでよく売れています（極端に難しいものではないとはいえ、このトリックはたくさんの技法を使うものなのに。驚きです）。これからご紹介するのは、同様の現象を、レギュラーの、何の準備もしていないデックで起こすことを可能にする、そんな方法です。セットアップが必要ですが、論理的なオープニング・シークエンスのあとには、トリックに必要な8枚を除いてデックは片付けてしまいます。それでいて先述の作品"Call of the Wild"同様、数多くの現象が意外なかたちで、しかしながら一貫性をもって起こるのです。

Précis

　マジシャンは、自分がかの有名なシカゴのギャンブラー、ステート・ストリート・エディに初めて会ったときのことを物語ります。そのとき、エディからこんな勝負を持ちかけられたのです。マジシャンとエディがそれぞれ4枚のランダムなカードを受け取り、それをいかにして『良いハンド（手札）にできるか』――言うなればイカサマ勝負というわけです。

　マジシャンはシャッフルされて順序もばらばらなデックから8枚のカードを表向きで取り出します。パケットを裏向きにひっくり返し、4枚はマジシャンの手札として脇に置きました。残った4枚はエディの手札として反対側に置かれますが、さてその内の1枚は偶然にも♠Aでした。

　マジシャンが先攻です。エディの♠Aを借り受けると、マジシャンは自分の4枚のカードをすべて♠Aに変えてしまいます。

　とりたてて反応も示さず、エディは♠Aを取り返すと、自分の4枚のカードをそれぞれ違ったA、つまり♣Aと♡Aと♠Aと◇Aへと鮮やかに変えてしまったのです。

　マジシャンは♠Aを再度手に取ります。「エディ、君は私が『エースを見せた』と思っているかもしれない。でも実際は、『スペードを見せていた』に過ぎない。……さてエディ、私がカード・ゲームをする場所では……」

　マジシャンがカードを1枚ずつ表向きにしていくと、スペードのロイヤルフラッシュが完成しているのです！

「……ロイヤルストレートフラッシュはフォーエースに勝つのさ。今日が何曜日でもね」

Mise En Scéne

Set-Up

レギュラー・デックの表の側から、以下の順で17枚を並べましょう：7枚のXカード、♠A、Xカード、その他3枚のA（順序問わず）、♠K、♠Q、♠J、♠10（順序問わず）、ひっくり返したカード（理想的には1枚のジョーカーか、ジョーカー2枚とも）。

裏向きデックの上から下へ以下のような状態になっています：

〈デックのトップ〉
裏向きのデック
表向きのジョーカー（1枚か2枚）
スペードのフラッシュ構成カード
スペードのフラッシュ構成カード
スペードのフラッシュ構成カード
スペードのフラッシュ構成カード
A
A
A
Xカード1枚
♠A
Xカード7枚
〈デックのボトム（表側）〉

　見た感じよりも単純なセットです。お分かりになると思いますが、ひっくり返したジョーカーはナチュラル・ブレイクになるのでクリンプ・カードのように振舞います。そうしたら、ボトムの17枚を崩さない限りで、好きなだけフォールス・シャッフルをしてください。

Cut The Slug

　『スラグ』は、私が『フラクタル』のワイルドカード・ルーティーンを弄っている中で辿りついた、スイッチの手法に関するコンセプトです。アイディアとしては『必要よりも多いカードで始める』というものですね。たとえばブランク・カードからなるパケットを持っていたとして、必要な枚数だけ数えとっていきます。もちろん、表向きで。そうしたら残りを脇にどけます。

　まず、カードの『スラグ（かたまり）』が必要です。これは要するに、デックの適当な場所から、枚数にもあまりこだわらない感じで抜き出したように見えるパケットです。これを行うため、ボトム16枚のカードの上にブレイクを取る必要があります。ここでひっくり返ったカードが役に立ちます。ひっくり返ったカードはクリンプ・カードのように振舞いますので、デックの上部分を持ち上げれば、

ひっくり返ったカードの下で分けることができます。その箇所で、左手小指をひっくり返ったカードの下に入れてブレイクを取ります。

さてこれから、デックの真ん中あたりから16枚のかたまりを適当にカットして取り出したように見せたいのですが、これは以下のように行いましょう。右手でデックの上からカードを取り上げては、テーブルに落としていきます。2つかそこらのパケットをカットして落としたら、今度はブレイクのところでカットし、左手に16枚のカードが残るようにしてください。パケットを表向きにひっくり返します。

The Veeser Switch
さて、Xカードのパケットをスペードのフラッシュと各Aにすり替えるために、ここでヴィーサー・タイプのスイッチを使うことにしましょう。

この時点で、セットした16枚は表向きで左手にあり、『ランダムな』パケットであると思われています。♠Aの下にある1枚のXカードの下にブレイクを取る必要があります。これを密かにやるいい方法というのは実際ありません。その代わり、パケットを自分のほうに傾け（いわゆる、『ネクタイ』・ポジションです）、さっとスプレッドします。目的のカードを見つけたら、スプレッドを閉じてパケットを下ろしながら、その下に必要なブレイクを確保します。

右手をパケットの上へと持っていき、右手親指にブレイクを移してください。ここからスイッチを行うことになります。パケットの観客側の縁を、ほんの少し下に傾けるのが見え方としてベストです。ここでは、表向きのパケットから8枚のカードを左手へと引き取ったかのように見せたいのです。

左手で、いつもよりやや深めにパケットを保持します。ブレイクを左手小指に移し、ブレイクより下のカードは左手に置いて固定してください。そうしたら、左手親指でトップ・カードを押さえ、右手でブレイクより上のカードを右に動かします（写真1）。この最初のカードの下にブレイクを取ってください。

写真1

1枚のカードを取ったように見えますが、実際には8枚のカードを取り、かつトップ・カードの下にブレイクを取っています。これがヴィーサー・コンセプトです。8枚を1枚として数える、これはちょっと怖いですね。ここでは、カウントがひとたび始まったら、カウント／スイッチが終わるまで**常に両手**を動かし続けておくというのが重要です。

動きを止めず、右手パケットの続く6枚を1枚ずつ引き取り、左手パケットの上に載せます。これをやる際、私はカードの数値を声に出して言っていくのが好きです。

ここで、左手には7枚の表向きのカード（スタック部分）が、そしてその上にブレイクがあって、さらに7枚のXカードがあります。右手のパケットから左手へと、7枚のXカードが置かれたように見えるのです。

右手は2枚のカードだけしか持っていません。♠Aと、その下にXカードが1枚。カウントの最中、パケットを下向きに傾けることと、間断ない両手の動きとが、パケットの実際の厚みをカバーしてくれるでしょう。

♠Aに注目を集め、それから他のカードと同じようにパケットの上に引いて取ります。ですが、♠Aを取るときに、クラシカルなビドル・スティールのやり方で、左手小指のブレイク上にあるXカードをすべて、右手のXカードの下にスティールしてしまいます（写真2）。

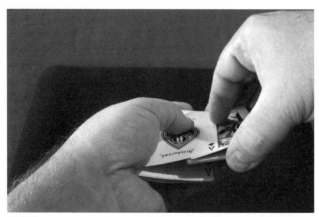

写真2

これは右手のパケットから左手へと、7枚のXカードと、『たまたま』♠Aが数え取られたように見えるでしょう。実際には左手のパケットは、スペードのフラッシュのカードとそれ以外の3枚のAからなっています。

仕上げに、右手で右手のパケットを裏向きにひっくり返し、なにげなくデックの上にぽんと載せてください。

この手順はお考えになっているより複雑なものではありません。これをやりおおせる、論理的な

リズムがありますからね。やったのは、デックから何枚かカードを取り出し、8枚数え、そして使わないカードはデックに戻した、ということです。

　左手のパケットを裏向きに返し、4枚ずつに分けましょう。トップの4枚のカードをあなたの前に置きます。これはスペードのフラッシュ・カードであり、『あなたの』手札になります。そして下の4枚については少し左前方に置きます。これはA群であり、エディーのカードになります。

　これを済ませながら、『イカサマ勝負』を持ちかけられた、という説明をしてください。8枚のランダムなカードがデックから取り出され、私と彼、双方が4枚のカードを『知恵と技巧を駆使して』何とかするわけです。

　これで『イカサマ勝負』を始めることができます。

Five Identical Aces

　「この『イカサマ勝負』は、私が先攻だった」と言います。そして『あなたのハンド』である4枚のカードを取り上げこう言います。「私はエディにスペードのエースが行ったことに気づきました」と。エディの4枚のカードから一番下のカードを抜き出します——♠Aのはずです。Aを見せて、そしてこれを裏向きにして自分のパケットのトップに加えます。そうしたら♠Aがボトムから2枚目になるようにシャッフルしてください。もっとも単純な方法はオーバーハンド・シャッフルで、最初にカードを引き抜く際にトップとボトムを同時に取ってシャッフルすることです（ミルク・ビルド・シャッフル）。そのあとは普通にシャッフルしていきます。Aは『ボトムから2枚目』、ディミニッシング・リフト・シークエンスのための位置につきました。

　左手にパケットを持ってください。左手親指をパケットの左側エッジぎりぎりにあて、ボトム・カード以外全部を右側に押し出します。同時に右手を下から、親指をトップにその他の指は下側にあてがうかたちで、ブロックの右端をつまんでください。そしてこの4枚を左手パケットの上でひっくり返すのです。これは、『単にパケットのトップ・カードをひっくり返し、♠Aを見せた』ように見えます。この『ブロック・ターンオーバー』を再度行い、♠Aを裏向きにします。パケットのトップ・カードをテーブル上に置いてください。これで、♠Aが1枚。『ブロック・ターンオーバー』の手続きを繰り返し、2枚目の♠Aを見せ、ひっくり返し、テーブル上に配ります。同様のことを3枚目の♠Aでも行います。

　4枚目のAは単純にパケットのトップで1枚ひっくり返すだけです。最後の『A』を示すのに、手の中でメキシカン・ターンオーバーをやりますが、これは以下のように行いましょう。まず右手を手のひらが下になるように返し、Aの下に親指を入れるかたちでつまみます（写真3）。

　右手を上に向け、Aを裏向きにします。裏向きのAを左手に残ったカードの下に入れてください。右手でいっとき両方のカードをつまみ、この2枚を左手の指先へと引いていきます（写真4）。

写真3

写真4

　これをする際、右手の指先で下側のカード（A）を左へと押し出します。続けて、右手をさっと上にあげ、これによって下側のカードを表向きにひっくり返してください。これはクラシックなメキシカン・ターンオーバーの技法です（写真5と6）。

写真5

写真6

　右手の裏向きのカードをテーブルに置いたカードの上に落とします。そして残りの♠Aを表向きでエディーのカードの上に載せます。見た感じとしては、演者は♠Aを借り、それを使って自分の4枚のカードをすべて♠Aに変えてしまい、そしてそれを返した、という状況です。

Not An Occupational Hazard
　お話は続きます。「エディはこう言いました。『4枚のスペードのエースのハンドだと？　そいつはやりすぎだぜ』」エディのカードを取り上げ、トップの表向きの♠Aを裏向きにします。トップの2枚を右手に、ボトムの2枚を左手に持ち、それぞれのペアで前後に何度かこすり合わせてください（写真7）。これは昔からある『スクィグル・フラリッシュ』です。そうしたら右手の2枚を左手の2枚の下に回し、左手の中で揃えます。♠Aは、いまトップから3枚目にあります。

　ここで、アッシャー・ツイストの1フェイズを使いますが、『ツイスト』というより、『チェンジ』とも言えるものです。『ブロック・ターンオーバー』を使って、トップ3枚のカードを表向きにひっくり返し、♠Aを示してください（トリプルリフト＆ターンオーバーと同じです）。タイム・ミ

スディレクションはここでは明らかに不要なので、間を空けずにアッシャー・ツイストを行います。これでカードがすべて表向きに、かつそれぞれ違ったAになっていることを示すことができるのです。

ちなみに私は少しだけ違ったハンドリングでアッシャー・ツイストを行っています。元々のムーブだと、ボトム・カードをハーフ・パスでひっくり返す際、『横向きに広げるアクション』をカバーに使っています（このムーブこそが、あの技法の核です）。一方私は前後の動き、ほとんど『スクィグル・フラリッシュ』のような動きを技法のカバーに用いています。以下のようなかたちです：

♠A（実際は3枚ですが）を表向きにひっくり返したあと、左手小指でボトム・カードをプル・ダウンします。カードのこの側をさらにプルダウンしていくと、最終的にはハーフ・パスのかたちでひっくり返ることがお分かりになるでしょう（写真8）。

写真7

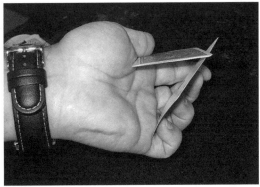
写真8

この動きを隠すため、プルダウンを始めたらパケットの右サイドを右手親指を上、それ以外を下にして摘みます。そうしたら右手親指を前に、それ以外の指を後ろに動かし、同時にトップの3枚のカードを前後にスプレッドしましょう（写真9）。これと同時にハーフ・パス・ムーブを行います。これは様々な角度に対して、強力なカバーとなります。

続けて、右手の指を先ほどと逆に動かして、いまや4枚となったAのスプレッドをある程度閉じます。それからトップとボトムのカードを左手に残し、真ん中の2枚を右手に取ってください。そうしたら先ほどもやった、スクィグル・フラリッシュを行います（写真10）。

他の3枚のカードまで魔法のように表向きになり、しかもそれらはAではない別のカードと思われていたので、観客はAの出現にもびっくりするでしょう。この部分は全体的に、カードが単に『表向きになった』というより、一瞬で、かつ鮮やかに『変化した』ように感じられるものです。これはアッシャー・ツイストという技法の、かなり効果的な使用法といえます。

写真9

写真10

（もしあなたがアッシャー・ツイストに熟達しているのであれば、♠Aをトップに表向きしたままにしておき、3回それぞれ別のAが表向きになっていく、というようにもできるでしょう。先にも述べましたが、ひっくり返すだけではなく、変化するというまた別の側面がありますので、それぞれが相乗効果をもたらします）

Spades, Not Aces

演者は『4枚の♠A』を見せ、対してエディはあなたをからかったあと4枚のAを見せました。さあ今度は再びこちらの番。演者は自分の側のパケットを取り上げます。そしてエディのパケットから再び♠Aを取り上げ、自分のパケットに加えましょう。さあ、キメ台詞の時間です！「エディ、君は私が（同じ）『エース』を見せたと思っているかもしれない。でも、実際のところは『スペード』のカードを見せただけなんだ。そしてエディ、私がカード・ゲームをするところでは……」

ポーカーでよくやるように、自分の前にハンドを広げ、それから1枚ずつ表にしてロイヤルフラッシュであることを明かします。

「……ロイヤルストレートフラッシュはフォーエースに勝つのさ。今日が何曜日でもね」

Presentation

私はここでは『ギャンブラー vs. 困難な状況に置かれたマジシャン』というシナリオのため、お話仕立てのプレゼンテーションを用いています。

『初めてシカゴへと引っ越してきたとき、有名なギャンブラーである、ステート・ストリート・エディと同席する機会があったんだ』

『私がカードについていくらか知識があることが分かったエディは、ちょっとした"競技"を持ちかけてきた』

『彼はデックを取り出し、シャッフルし、何度かカットをして、「8枚のランダムなカードが要るんだ」と言ったんだ』

『ええと……4、2、クイーン、8、3、10、ジャック、それからスペードのエース、と』

『それぞれ4枚ずつ取ったんだよ。私は一応ゲスト扱いだから、先攻でね』

『私はエディのほうにスペードのエースが行ったのに気づいていたので、それを借りることにした』

『まず、私はこんなテクを使って、スペードのエースを1枚じゃなく2枚獲得した。それから、こんな感じで"ツイスト"して、3枚目と4枚目のエースを手に入れたんだよ。彼に、彼のだったスペードのエースを返してこう言った。「さあ、あなたの番だ、ステート・ストリート・エディ」』

『しばらくのあいだ、彼はじっと私を見ていた。それから彼はこう言ったんだ。「ボウヤ。お前がどういうところでカード遊びしていたか俺は知らないがね、全部同じスペードのエースなんてハンド出してみろ、そんなイカサマ師は廃業待ったなしだ。よく見ておけ」』

『私には何も怪しい動作は見えなかったのだけれど、エディはいつのまにやら4枚全部のエースを持っていたんだよ。彼は言った。「お前さん、こういうのが、病院送りにならずに金をせしめる方法さ。自分がやったことがどういうことか、理解できたらまたおいで」』

『私は少し侮辱されたんだよ。でもまあ、私はなんたって世界的に有名なマジシャンだからね。私はスペードのエースを取り戻して、そして言ったのさ。「ちょっと待って、ステート・ストリート・エディ。あなたは私が5枚のエースを見せたと思っているかもしれないが、私が見せたのは5枚のスペードだ。そしてエディ、私がカード・ゲームをするところでは、ロイヤルフラッシュがエースのフォーカードに勝つのさ。今日が何曜日でもね」ってね』

『私たちはこのとき以来、ずっと友達なんだ』

Post Mortem

Background And Credits

フランク・ガルシアの"Wild Card"ルーティーンから始めました。それからフリップ・ハレマの"Flip's Wild Card Routine"（J. Racherbaumer、『Kabbala』、1972 December）でスピードアップ。そしてJ. C.ワグナーのアイディア（彼の"Wild Thing"）を加えました。色々な要素を力強く混ぜ込んではかき回し、プロットにも強烈なひねりを加え、それから少しスピードを落としました。そして1993年、私は"Call Of the Wild"としてひとつの作品を仕上げることとなりました。論理的なカード群を変化の『対象』として扱うようにしたことと、予想だにしない、思わず二度見してしまうようなクライマックスにより、元が"Wild Card"であったことはほとんど見てとれないくらいでしょう。さらに、グループを基本としたかたちで再構築をすることで、論理的で一貫性のあるプレゼンテーションへの新たな道をも開いたのです——Wild Cardという古典プロットには、いかなる演出をつけたところで満足いく解決などできはしないだろう、と考えている人（まあ、私のことですが）にとってもね。

Origami Prediction

数理に基づいたトリックです。

『Dear Mr. Fantasy』で初めて探求したオリガミ・カード・トリック、その準備をするための新たなる自動機関(セルフワーキング・エンジン)をご紹介しましょう。私はCATTOの原理と『折りたたみ』の要素を統合して、現在私がオリガミ・カード・トリックと呼んでいるものを作り、様々なハンドリングを拙著『Dear Mr. Fantasy』(2005) に載せました。ここに紹介するのは合理化されたセルフワーキング式のハンドリングで、新しく、一番簡単で、もっともやりやすい方法です。

"Degrees of Freedom" でも言ったように、これは単なるいちカード・トリックではなく、おもちゃのようなものです。自分で自分自身をも引っ掛けてしまうことでしょうし、その他の誰であっても引っ掛かるでしょう。誰でもです。

そしてなんらのスライト・オブ・ハンドも必要ありません。

Précis

シャッフルしたデックから、少枚数のパケットを出して観客にシャッフルさせ、さらに表向き裏向きでごちゃごちゃに混ぜてもらいます。

にも関わらず、マジシャンの予言はまず表向きになっているカードの枚数を、次にその中の赤と黒それぞれの枚数を正しく当ててしまいます。ところが3番目の予言、これは赤いカードのスートについてなのですが、そのうち1枚分についてだけは間違ってしまっているのです。

幸いなことに、予想だにしていなかった4番目の予言によって先ほどの間違いは正され、マジシャンは最初から最後までずっと正しかったことが鮮やかに示されるのです。

Mise En Scéne

必要なのはデックひとつに加えて、予言を作るための厚紙と封筒だけです——しかも何度も繰り返して使用できます。

Multiple Sliding Prediction

まずは予言です。両面が白の厚紙を入手しましょう。そして、その厚紙カードが楽に引き出せるような、上側が開いた封筒を用意します。サイズについてはお好みでどうぞ。

その紙の片面に、以下の３つの予言を書いてください：１つ目の予言はカードの上端近くに、３つ目の予言は下端近くになるようにあいだを空けてください。

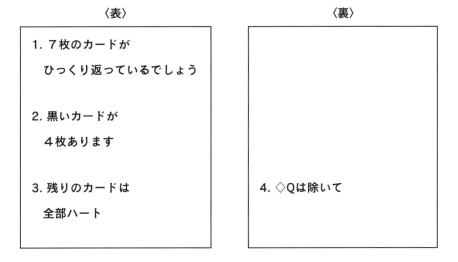

厚紙の裏面には、下端近くに４つ目の予言を書きます。

この厚紙を封筒に入れ、フラップの側を見ながら引っ張り出したときに、最初の３つの予言が出てくるような方向でセットします。

こうしておくと、演者はフラップを開けてカードを徐々に取り出していけますし、最初の予言を見せているときに、その他は隠れたままにできますからね。あとはもうだいたいお分かりでしょう。

最後に、デックにごく僅かですが準備をする必要があります。

Potent Prior Prearrangement
デックのトップ７枚のカードは、順番は問いませんが以下で構成されている必要があります（すぐに表向きにして配ることになります）：

◇Q
♡カード
♡カード
黒いカード
黒いカード
黒いカード
黒いカード
残りのデック

シンプルでしょう？　もしカードの扱いに慣れているのなら、デックを『おもちゃ』のように弄

びつつ、観客のまさに目の前でこのセットアップを行えるでしょう。これをやる手っ取り早い方法、それは単純に何でもいいのでスペード、ハート、クラブのカードをアップジョグし、それからもう1枚スペード、ハート、そしてクラブとアップジョグすることです。また◇Qも見つけ次第アップジョグします。これらのカードを抜き出しトップへと置きます。実に簡単ですね。これらがあなたの『ターゲット』・カードになります。

In Concert

　見えやすい位置に予言の封筒を置いてください。

　カードを箱から出して、フォールス・カットを行います。ここでは私はジェイ・オスィーのフォールス・カットを行うのが好きです。分かりやすくするため、以下の図をご覧ください。

A B C

　さて、デックを3分の1くらいでカットして、これをテーブルのAの位置に置きます。

　残りの半分をBの位置に、残ったものをCの位置に置きます。

　ここで3つのパケットを再度集めていきますが、AのパケットをBのパケットに載せます。そうしたらパケットABをパケットCに重ねてください。

　（信じられないかもしれませんが、デックは開始時と全く同じ状態です。いい感じに見えるでしょう？）

　もしお望みなら、他のフォールス・シャッフルやフォールス・カットをするでも構いません。

　そうしたら、順序を逆にしないで16枚のカードを数え取ります。デックのトップから広げていって取ってもいいですし、もしそうしたければ、表向きにしながらテーブルに配っていっても構いません。

　デックは脇にどけてください。

　まずは、これらのカードをシャッフルして『混ぜ』ましょう。パケットを取り上げ、裏向きのオーバーハンド・シャッフルの位置に持ってください。本当にパケットをシャッフルするように、1枚ずつ計7枚を左手に取っていきます。読者の皆さんの中には、4枚引き取り（もしくはランして）、一呼吸おき、それから3枚のカードをランしたいと思う方もいるかも知れませんが。

　7枚のカードをラン し終わったら、残りの9枚のカードについては本当にシャッフルして構いません。実際やったことは、トップの7枚のターゲット・カードを、パケットのボトムへと移しただけです。

Face-Up Face-Down Mix Up

パケットをスプレッドし、密かに9枚のカードを数えます（これはターゲットではない、Xカードです）。9枚のカードを表向きにひっくり返し、それを残った裏向きのカードと一緒にシャッフルします。これをするには数多くの方法があります。

2つのパケットをかみ合わせる（『ウィーヴ』・シャッフルとして知られる方法）、2つのパケットをテーブル上でリフル・シャッフルする、もしくは9枚のカードを裏向きのカードの上で表向きにひっくり返し、パケットを右手で取り上げ、左手の親指を上、残りを下に当て、パケットのトップとボトムのカードを同時に取り、それをテーブルへ落とし、これをもうカードが残ってないというところまで続ける、などです。

表向きのカードと裏向きのカードが混ざったら、このパケットでオーバーハンド・シャッフルを始めましょう。面白いのは、ここでは好きなだけシャッフルができるというところです。大げさにやるといいでしょう。パケット全体をひっくり返して、そしてシャッフルを続けてください。

ここに本当に素敵なパートがあります。観客にも同じくカードをシャッフルしてもらうのです。

個々のカードがひっくり返されたりしない限り、観客が好きなだけシャッフル（オーバーハンド、リフル、ウィーヴ、あとその他なんでも）することが可能ですし、同じく好きなだけカットしてもらっても構いません。私は観客にオーバーハンド・シャッフルをさせ、そしてパケットをひっくり返して、さらにいくらかシャッフルしてもらいます。パケットをひっくり返すということによって、観客が表向きか裏向きかについて何らかのコントロールができたかのような気がしますが、実際にはそうではありません。

観客の気が済んだらカードを返してもらいましょう。さて、続いては――

Folding Matrix

これより、パケットを『4×4』の格子状に配っていきますが、以下のような方法でやってください。

まず、行ったり来たりの『蛇行』パターンで配らなければいけません。以下の図を見てください。これはあなたが配る順序になります。

```
 1   2   3   4
 8   7   6   5
 9  10  11  12
16  15  14  13
```

それから、カードを配る際は1枚おきにひっくり返して配ってください。ときに表向きのカードを裏向きにひっくり返すことがあるでしょう。ときに裏向きのカードを表向きに返すこともあるで

しょう。とにかく、表の『偶数』のところに配るときにはカードをひっくり返してください。

```
1    2*   3    4*
8*   7    6*   5
9    10*  11   12*
16*  15   14*  13
```
(*は配るときにひっくり返す)

これをするのに最適な方法は、普通の配り方（カードの裏面に親指を当てる）と、スタッド・ディール（カードの表側に親指を当てる）を交互に行うことです（写真1）。

写真1

カードを配り終えたら、この格子は1つのパケットになるまで『折りたたまれて』いきます。よりカードが混ざったように見えるでしょう。さらにいいことに、この過程では観客がすべて指示を出すのです。

観客に、格子の外側の縦列ないし横列を言ってもらいます。ここでは一番上の横列だったとしましょう。この列を隣（ここでは下側）の列の上へ『折りたたみ』ます：：カード1をカード8の上にひっくり返して置き、カード2をカード7の上にひっくり返して置き、カード3をカード6の上にひっくり返して置き、最後にカード4をカード5の上にひっくり返して置きます（写真2）。

続いて、左端の縦の列が選ばれたとしましょう。8の位置にあるカード（カード1とカード8）をカード7の上にひっくり返して置き、カード9をカード10の上にひっくり返して置き、カード16をカード15の上にひっくり返して置きます（写真3）。

こうやって、格子を『折りたたんで』いき、最後に1つの山になるまで続けてください。ご存じの通り、私たちはすこしばかりジョークを嗜んでいますので、ここで観客に、「最後にもう1回、折りたたんでもいいですよ」と言ってパケット全体をひっくり返させてもいいでしょう。

さて、何種類もの異なった方法を繰り返してカードを『ランダム化』したあと、私たちは盛大なフィナーレに向けて進むことにしましょう。

写真2

写真3

You Aren't Going To Believe This

テーブルの上にパケットをスプレッドしてください。すべてのシャッフルと『折りたたみ』を終え、これから驚くべきことを明らかにしていくとしましょう。まず、スプレッドは裏表どちらか9枚が同じ方向で、残る7枚が別方向を向いていますよね？ 7枚のカードがどちらの面を向いているかを確認します。簡単な方法は◇Qを探すことです。もしあったなら、7枚のターゲット・カードは表向きになっています。

そうしたら予言の封筒を取り上げます。開けて、封筒の口から最初の予言だけが見えるように引き出し、それを演者（観客でも構いません）が、声に出して読み上げます。「7枚のカードがひっくり返っているでしょう」この予言は表裏どちらに『ひっくり返っている』かについては、意図的に曖昧にしてあります。確かにぴったり7枚のカードが『ひっくり返っている』（表向きにか裏向きにか、どちらか）ことを指摘します。演者の予言が100％正しかったかのように、7枚のカードを抜き出したら、残りの9枚についてはどけてしまってください。

2番目の予言を見せるため、さらに封筒からカードを引き出します。『黒いカードが4枚あります』と読みます。もしまだであれば、ここで7枚のカードを表向きにひっくり返してください。黒は4枚あるでしょう。そうしたらパケットから取り除きましょう。

予言の紙を全部引き出し、封筒の上に載せます。紙の裏面にある、サプライズ予言がうっかり見えてしまわないように気をつけて。予言を見せてから読みます。『残りのカードは全部ハート』

あれれっ。3枚のカードが残っていますが、ハートは2枚だけ。3枚目はダイヤ、◇Qです。

観客は間違いなくこれを指摘するでしょう。演者は「ほぼ正しかった」と言います。全部ハートでした。「ダイヤのクイーンは除いて」。正確に台詞を言うようにしてください。「ダイヤのクイーンは除いて」大声でね。

一拍おき、予言はもうひとつあった、ということを『思い出し』ましょう。

最後の予言を見せるため、厚紙をひっくり返します。そうしたら文章を見せ、読みあげます。「『◇Qは除いて』」嵐のような喝采です！

Post Mortem

Background and Credits

基本となる数理トリックは、ボブ・ハマーのCATTO（Cut And Turn Two Over）の原理です。『折りたたみ』は、ヘンリ・デュードニーの折り紙実験から生まれました。格子状にしたカードを『折っていく』というのを始めたのが誰なのかは不詳ですが、多分マーティン・ガードナーでしょう。私はレナート・グリーンがやっているトリックで初めて見ました。

間違いの訂正を含んだ多段式の予言は、アルド・コロンビニや、後にアリ・ボンゴにと様々な人たちにクレジットされるものです。後述しますが、多段式の予言を『展開していく』というのはアリ・ボンゴのものです。

『Dear Mr. Fantasy』のオリガミ・テクニックを研究したシェーンが、『展開していく』予言の使い方やコントロール方法について実にいいアイディアを思いついてくれました。シェーンの『Automata』（Leaping Lizards, 2006）のp. 118に"Folding Space"として載っています。ここで示したセルフワーキングな手法は、特にターゲット・カードが半分、ないし半分程度である状況にきわめて適しています。多段式の予言を適用することで、実にうまいこと働くのです。最初のトリプル・カットは、素晴らしきジェイ・オスィーのフォールス・カットです。

Fabulous Folded Future

私は元々、間違い訂正付きの段階的な予言には、アリ・ボンゴの折った紙でのアプローチを用いていました。

まず紙について。私は21.5cm x 28cmの紙を1枚使っていました。紙の中ほどにはこう書きます：『◇Qは除いて』

そうしたら長いほうの辺の半分のところで折りたたみます。そこの真ん中あたりにこう書きます：『その他のカードはすべてハート』

再度半分に折り、こう書きます：『黒のカードが4枚』

また半分に折ってこう書きます：『7枚のカードがひっくり返っている』

さらにもう一度折ったら準備完了です。折った紙が開かないようにペーパークリップで留めようと思われる方もいらっしゃるかもしれませんね。この予言は何度も繰り返し使うことができます。

Shufflin'/Origami Prediction

One Extra Layer Of Deception

　これでも、『オリガミ統合』に詳しくない人はみんな引っかかります。みんなです。

　しかしながら、『賢い人』を本当に引っ掛けるには、16枚のカードをデックから抜いてくる前に、デックをリフル・シャッフルさせると良いでしょう。その名も高いギルブレスの原理は実に素晴らしく、ここでもその力を発揮してくれます。いささか多めのスタックが必要にはなりますが、レギュラー・カードしか使いません。カードを以下のように並べてください：

◇Q
♡カードなら何でも
♡カードなら何でも
黒いカード
黒いカード
黒いカード
黒いカード
［デックの半分］
表向きのジョーカー
黒いカード
黒いカード
黒いカード
黒いカード
♡カードなら何でも
♡カードなら何でも
［残りのデック］

　デックを取り出し、１～２度フォールス・カットをします。なにげなくカードをスプレッドし、表向きのジョーカーがあることに『気づき』ましょう。ジョーカーの上の部分をカットしてテーブルに置きます。ジョーカーはしまってください。残りのカードは、最初に置いたパケットの横に置きます。

　観客には、この２つをリフル・シャッフルして混ぜあわせる機会を与えましょう。

　信じられないかもしれませんが、トップの７枚は◇Qと、ハート２枚と、黒４枚になります。

　こうならないことは事実上あり得ません。しかしながら、デュプリケートの◇Qを使わないため、ごくごく稀にうまくいかない可能性はあります。下半分（Qが入っていないほう）が７枚以上、もう片方のパケットより上にシャッフルされてしまう場合、言い換えれば７枚以上のカードが、もう片方のパケットの最初のカードより上に来てしまう場合、これはうまくいきません。他方、Qを含む側のパケットからなら、何枚でもトップにシャッフルされても大丈夫です。つまり、本当にお粗末なリフル・シャッフルをされると失敗してしまう、とお分かり頂けるでしょう。やはり、これを

331

やってもらうのに誰を選ぶのかについては注意が必要です。無論、シャッフルはあなた自身でする こともできます。もしあなたが自分でやるのであれば、必ず仰々しく、大袈裟にやってください。

Historical Note

元々『Six. Impossible. Things.』(2009) で "Four Fold Foretold" を書いたとき、私はアリ・ボンゴの紙を『展開していく』予言を使っていました。サイモン・アロンソンの "Shufflebored" の手順と組み合わせて使われる、展開していく間違い訂正付きの多段式予言は、かなり長いあいだ大流行していました。

それから私は、スライドさせていく予言を使うことで、徐々に予言していくという考えを持つに至ったのです。賞賛すべきポール・ウィルソンは、同じようなセットのものを全く違う目的で彼のL&L DVDシリーズの中で使っていました。カードが封筒から抜き出されたときに、いってみればそこにある３つの予言、『それ以外には何もない』ように見え、またそう感じられるところが特に好きでした。

幸運なことに、『Bullets After Dark』のDVD撮影のために大西洋を渡っていたまさにそのとき、心の中にそのアイディアがありました。DVDにはその考えについても含めています。

最後の違いとしては、フェアにリフル・シャッフルをしてもらっても大丈夫なように、オプションとしてギルブレスの原理を使うところです。私は普段は使っていませんが、必要になるときのために知っておいて損はないでしょう。

訳者あとがき

訳をさせていただきました富山と申します。お読みいただきましてありがとうございます。……本当にありがとうございます。心から感謝を。

本書は米国のマジシャン、ジョン・バノンの『High Caliber』(2013)、その日本語完訳版です。発行翌年4月、まだ肌寒いシカゴのフランシス・デリにて、何度目だったか、バノンに会った際に原著にサインを頂いたのがずいぶんと昔に感じられます。ちょうど2013年に彼の前著、『Dear Mr. Fantasy』の邦訳本を出させていただいていたこともあり、サイン本を手にしての帰宅の途では、『High Caliber』も絶対日本語版出そう、と、気軽な気持ちで決意だけはしておりました。しかし大幅に見誤っていたのです、分量を。

本書に収録されているレクチャー・ノートのひとつである『Mega 'Wave』、これは私が初めて和訳して販売をしたものなのですが、それなりの量があります。それはつまり、『High Caliber』を訳すといっても、そのぶん、すでに20〜30%は終わっているも同然よ、などと思っていたのです。しかし現在、『Mega 'Wave』日本語版を作った当時より、文体も訳し方も結構変えたりしておりますし、他の部分との平仄を合わせるには結局全部見直すことになるのです。「そこはコピペできるからラクだな」などと思っていたのは浅はかでした。

なんだかんだ言いつつ、2016年秋頃には本書の校正を3周は済ませていたのですが、その後は別の諸々が重なり、どんどんと本書の作業が後ろにずれ込んでいきます。2018年に東京堂出版の名和様からGoサインが出たあとで、ようやく覚悟を決めて最後の詰めを行いました。これだけやって結局出さない、というのは悲劇すぎますし、出す、と決定したことは、きっかけとしてとても重要な出来事でした。そこから2ヶ月あまりで本書をもう4周直し、40もの手順を実際にたどるというのはやったことのない難事業でした。1周が大変長いのでございます。ちなみにご存じない方も多いと思いますが、校正作業は手品より不思議なのです。見直すたびに誤字脱字、分かりづらい表現などが『発生』します。チャーチルの言をもじっていえば、「校正は、謎の中のなぞに包まれたナゾである」。

さておき、お読みいただいている方にはお分かりだと思いますが、やはりバノンの手順というのは練られ方のレベルが極めて高いと思います。訳しているからそう思うとか、そういうことではなく。マジックをセンスよく『ととのえる』能力がとても高いのでしょうね。さすが、世界的に高評価を得ているだけのことはあります。ちなみに、最近はセルフワーキングのDVDシリーズやら、メンタル・マジックでのリリースが多く、本人もあまり表立って使いはしないようですが、実はテクニック・レベルも大変高い方です。シカゴでも何度も手品を見せていただきましたが、実にうまかったです。なお私は私で、小説文体に出てくる『私』氏とまったく同じことをバノンに言ったりしていました(「さっきは手順の中で、リバース・ファロでコントロールしてましたよね?」など)。訳してみて己の道化ぶりに顔から火が出そうです。「いや、してないよ?」と言ったときのバノンは、

いま思えばニヤリとしていた気がします。ぐぬぬ。

　私をはじめ、手品は本でもDVDでも手順を一度たどって終わり、という方も多いと思います。ですが校正しながら本書を何度も読んでおりますと、『夜寝る前に、お気に入りの本を開いて1作品だけ読み、手順をなぞってみる』のような楽しみ方は、このご時世、とっても贅沢なのではないか、と思うようになりました。楽しみ方は人それぞれなので、ぜひそういう楽しみ方をしましょうよ、というわけではないのですが、本書は個々の作品の完成度も高く、読む側・演じる側も長く楽しめる1冊なのではないかと思います。楽しんでいただければ訳者として望外の喜びです。なお、裏面のデザインが違うエースなどは揃えるのが面倒かもしれませんが、『Spin Doctor』DVDや、『Fractalicious』DVDを買うと、セットで付いてきますので楽です。特に後者は"Montinator 5.0"で使う、裏にクイーンだのジョーカーだのと書かれたカードも付いてきていたはずです。あと"MAG-7"の、同一カード8枚にブランク・フェイス7枚、などもやや用意しづらいですが、……それは、頑張ってください。昔『Mega 'Wave』日本語版を出したときは、そのへん含め、おまけで20枚くらいからなるパケットをプレゼントしていたのですが、いま思うと謎のサービス精神です。果たして使ってくださった方はいたのでしょうか……。

　訳文の確認・校正については毎度おなじみ、奇術研究家の岡田浩之さん＆こざわまさゆきさん、ご両名に多大なるご協力をいただきました。特に岡田さんは、ご自分の翻訳もあるのに3周以上緻密かつ膨大なチェックをしてくださいました。この場を借りて御礼申し上げます。
　このご時世に、本書のような分厚い手品本の企画を通してくださった東京堂出版の名和さんのマジックについては、あえて魔法のままにしておこうかと思います。さておき感謝を。

　最後に、本書をお手に取ってくださったあなた──ええ、あなたです。本当に、本当にありがとうございます。皆さんが思っているよりも遥かに、『読んで頂けていること』は訳者として嬉しくてたまらないことなのです。
　またどこかでお会いできますように。

2018年9月20日　東京にて

富山　達也

【著者略歴】

ジョン・バノン（John Bannon）

1957年生。普段はシカゴの法律事務所にて、複雑な企業関連訴訟に関わる弁護士として腕を振るい、仕事の後はカードと戯れるのを趣味とする。主な著作に『Impossibilia』『Smoke & Mirrors』『Dear Mr. Fantasy』『High Caliber（本書）』の他、レクチャー・ノート多数。映像媒体は『Impossibilia』『Smoke & Mirrors』『Bullet After Dark』『Bullet Party』など。カードに限らず、極めて緻密な考察と、無理なく洗練された手順構成に定評があり、米国をはじめ、世界各国でのレクチャーも数多くこなしている。

【訳者略歴】

富山達也（とみやま・たつや）

1980年東京都生。慶應義塾大学経済学部卒。これまで訳書に、Pit Hartling『CARD FICTIONS』（2013）、John Bannon『ジョン・バノン カードマジック Dear Mr. Fantasy』（東京堂出版、2013）、John Guastaferro『ジョン・ガスタフェロー カードマジック ONE DEGREE』（同、2015）、Boris Wild『ボリス・ワイルド Transparency』（同、2017）、ほかにRoberto Giobbi『Card College Light』『Card College Lighter』（2018、齋藤修三郎との共訳）などがある。

ジョン・バノン　カードトリック
HIGH CALIBER

2018年10月30日　初版印刷
2018年11月10日　初版発行

著　者──ジョン・バノン
訳　者──富山達也
発行者──金田　功
ＤＴＰ──(有)一企画
印刷・製本──中央精版印刷株式会社

発行所──株式会社 東京堂出版
　　　〒101-0051　東京都千代田区神田神保町1-17
　　　電話 03-3233-3741

ISBN978-4-490-20994-5 C2076　　　©2018
Printed in Japan

図解カードマジック大事典	宮中桂煥著 TON・おのさか編纂	B5判700頁 本体6,400円
エリック・ミード クロースアップマジック	エリック・ミード著 角矢幸繁訳	A5判180頁 本体3,200円
ジョン・バノン カードマジック	ジョン・バノン著 富山達也編	A5判196頁 本体3,000円
カードマジック カウント事典	ジョン・ラッカーバーマー著 TON・おのさか和訳	A5判260頁 本体3,600円
カードマジック フォース事典	ルイス・ジョーンズ著 土井折敦訳	A5判416頁 本体3,700円
ホァン・タマリッツ カードマジック	ホァン・タマリッツ著 角矢幸繁訳・TONおのさか編	A5判368頁 本体3,200円
ジェイ・サンキー センセーショナルなクロースアップマジック	リチャード・カウフマン著 角矢幸繁訳	A5判184頁 本体2,800円
カードマジック事典 新装版	高木重朗編	A5判378頁 本体2,800円
ビル・スイッチ 千円札が壱万円札に	ジョン・ロヴィック著 滝沢敦訳・TON・おのさか編	B5判392頁 本体4,500円
世界のカードマジック	リチャード・カウフマン著 壽里竜和訳	A5判296頁 本体3,600円
世界のクロースアップマジック	リチャード・カウフマン著 TON・おのさか和訳	A5判336頁 本体3,500円
ブラザー・ジョン・ハーマン カードマジック	リチャード・カウフマン著 TON・おのさか和訳	A5判400頁 本体3,900円
デレック・ディングル カードマジック	リチャード・カウフマン著 角矢幸繁訳・TONおのさか編	A5判432頁 本体3,900円
ラリー・ジェニングス カードマジック	リチャード・カウフマン著 小林洋介訳・TONおのさか編	A5判334頁 本体3,800円
アロン・フィッシャー カードマジック	アロン・フィッシャー著 小林洋介訳・TONおのさか編	A5判172頁 本体2,800円
ロン・ウィルソン プロフェッショナルマジック	リチャード・カウフマン著 角矢幸繁訳	A5判238頁 本体3,200円
マーク・ウィルソン マジック大百科【クロースアップ・マジック編】	マーク・ウィルソン著 TON・おのさか監修	B5判492頁 本体6,800円

（定価は本体＋税となります）